THE INFINITE MACHINE
点对万物
以太坊与未来数字金融

How an Army of Crypto-hackers Is Building
the Next Internet with Ethereum

〔美〕卡米拉·鲁索 (Camila Russo) 著
吴绪瑶 译
孙 铭 校译

中国出版集团
中译出版社

图书在版编目（CIP）数据

点对万物：以太坊与未来数字金融 /（美）卡米拉·鲁索（Camila Russo）著；吴绪瑶译. -- 北京：中译出版社，2022.10

书名原文：THE INFINITE MACHINE: How an Army of Crypto-hackers Is Building the Next Internet with Ethereum

ISBN 978-7-5001-7068-6

Ⅰ. ①点… Ⅱ. ①卡… ②吴… Ⅲ. ①区块链技术－应用－金融－研究 Ⅳ. ①F83

中国版本图书馆CIP数据核字(2022)第086796号

THE INFINITE MACHINE: How an Army of Crypto-hackers Is Building the Next Internet with Ethereum, Copyright © 2020 by Camila Russo.
Published by arrangement with HarperBusiness, an imprint of HarperCollins Publishers.
The simplified Chinese translation copyright © 2022 by China Translation and Publishing House
ALL RIGHTS RESERVED

版权登记号：01-2022-1417

点对万物：以太坊与未来数字金融
DIAN DUI WANWU: YITAIFANG YU WEILAI SHUZI JINRONG

出版发行	中译出版社
地　　址	北京市西城区新街口外大街28号普天德胜大厦主楼4层
电　　话	（010）68359373，68359827（发行部）68357328（编辑部）
邮　　编	100088
电子邮箱	book@ctph.com.cn
网　　址	http://www.ctph.com.cn

出版人	乔卫兵
策划编辑	郭宇佳　赵　青
责任编辑	郭宇佳　赵　青
文字编辑	赵　青
校　　译	孙　铭
封面设计	潘　峰
营销编辑	张　晴

排　　版	北京竹页文化传媒有限公司
印　　刷	北京中科印刷有限公司
经　　销	新华书店

规　　格	880毫米×1230毫米　1/32
印　　张	13.25
字　　数	231千字
版　　次	2022年10月第1版
印　　次	2022年10月第1次

ISBN 978-7-5001-7068-6　定价：79.80元

版权所有　侵权必究
中译出版社

我的母亲总喜欢说:
"你是一个作家,这比什么都重要。"
谨以此书献给她。

任何足够先进的科技，皆与魔法无异。

———

亚瑟·查理斯·克拉克（Arthur C. Clarke）

名词解释

中央银行数字货币

通常是由银行发行，由指定运营机构参与运营并向公众兑换，以广义账户体系为基础，支持银行账户松耦合功能，与纸钞和硬币等价，并具有价值特征和法偿性的可控匿名的支付工具。

非同质化代币

即 NFT（Non-fungible Token 的缩写），指在区块链中注册的唯一数字证书，用于记录艺术品或收藏品等资产的所有权。

加密货币

一种使用密码学原理来确保交易安全及控制交易单位创造的交易媒介。加密货币是数字货币（或称虚拟货币）的一种。比特币在 2009 年成为第一个去中心化的加密货币，这之后加密货币一词多指此类数字资产，如本书中提及的"以太币"。加密货币基于去中心化的共识机制，与依赖中心化监管体系的银行金融系统相对。非同质化代币与加密货币的区别在于，前者之间无法互相交换。

本书作者对加密货币的观点不代表本社观点，
请读者在阅读过程中自行判断。

推荐序一

以太坊的"上海时刻"

2022年9月15日,以太坊将迎来它继2013年底初版白皮书发表、2015年7月主网上线之后的又一个历史时刻:"合并"(The Merge)。以太坊的共识机制将从工作量证明(POW)转为权益证明(POS)。"The Merge"将使得以太坊的能源消耗减少99%,ETH的发行量减少90%,"燃料"(Gas)的费用在通过分片和L2(二层协议)发生合并后将趋近于零。在网络安全性和健康性完全不受影响的同时,"The Merge"将在未来3年助以太坊提升到10万/秒,未来10年1 000万/秒的高性能以及极灵活的可扩展性。这将进一步确立以太坊作为元宇宙通用基础设施的地位。

"The Merge"不仅是以太坊发展史上的重要时刻,也注定是区块链技术发展史上的重要时刻!而"The Merge"之后,以太坊要恢复正常转账功能,还需要在6个月后再次升级。这个再次升级时刻,被以太坊社区命名为"上海"!

2016年9月,继在柏林、伦敦举办前两次全球开发者大会后,以太坊第三次开发者大会(DEVCON2)在上海北外滩的茂悦酒店举办。近千人的参会者中(现在的以太坊DVECON已经是万人大会了),90%是从海外赶来参加会议的。亲耳聆听全球区块链意见领袖的发言,极大地推动了区块链技术在中国的普及速度。一位与会的中国科技媒体记者在微博上写道:一脚踏入会场,看见90%的参会者是外国人面孔,让我以为这是在欧美举办的会议。

5年前这场在中国上海举办的、让人产生"时空错乱"感觉的以太坊全球开发者大会,是由万向区块链实验室鼎力引进、全程赞助的。按照几年前开始的以太坊POW转POS流程,每一个关键节点都以DVECON举办城市来命名。以太坊的"上海时刻",就是这么来的。

2014年12月,在《财经》杂志举办的"三亚财经国际论坛"上,我组织了一场"数字货币分论坛",演讲嘉宾包括金融监管领域曾经的专家、银行家、数字货币从业者等。我的演讲主要围绕发布白皮书满一年的以太坊来进行,而主旨演讲嘉宾的主题则以比特币为研究主体。这应该是国内第一次在著名财经媒体举办的高规格论坛上,探讨在当时本不入流的、以比特币和以太币为代表的数字货币话题。这当然就引起了国内区块链和数字货币从业者的注意。

就在分论坛结束后的午餐期间,我收到了一个添加微信好友的请求。他说,从互联网媒体上看到我的演讲内容,此刻正和以太坊创始人维塔利克·布特林（Vitalik Buterin）坐在韩国仁川国际机场的咖啡店里等待飞机起飞。就这样，我与维塔利克终于联系上了，介绍人是沈波。

维塔利克身背一个印着一只猫的布包，2015年4月来了上海。这不是他第一次到中国。初次见面，我非常惊讶他能够用中文发微信，也能使用不是很流畅的中文进行对话，这对于一个没有专门学过中文的外国人来说非常不错了。维塔利克的中文程度和别的外国人不一样，他的书面表达能力比口头表达能力强。他跟我介绍过他学习中文的独门秘诀：找翻译成中文的，包括比特币和以太坊白皮书在内的任何区块链、数字货币资料，然后对照英文原版来学习。有一次，我们3个人在纽约共坐一辆出租车，他在听我们中文聊天时，会不时掏出手机，查看汉英词典，然后求证我们刚才在谈话中提到的词语是否与他理解的一样。2016年，上海万向区块链国际周上，维塔利克的演讲PPT就是他自己用中文写的。

在上海生活的1个多月里，维塔利克就住在沈波家。对于生活，他没有任何奢求，甚至几乎没有任何温饱之外的诉求，唯一的爱好可能就是喜欢猫吧。我出差到香港，在逛书店时找到一本知名摄影家出版的关于猫的摄影集并带回上海，送给了维塔利克。摄影集很重，四海为家的他，估计欢喜之余，也无法随身带着这本摄影集吧。2015年，维塔利克前后几次，在上海待了超过3个月的时间。这本摄影集，也许能够给他在上海的生活带来一点慰藉。

我们经常见面，讨论区块链、以太坊的话题，当然，焦点肯定是万向公司如何与以太坊合作，以此来推动区块链技术在中国的研发与应用。2015年4月的一个上午，维塔利克来到万向大厦，他的神情略显疲倦，很明显昨天晚上没有休息好。沈波把我拉到一边，跟我说昨天晚上以太坊社区开了一晚上的会议，而会议争论的焦点是有人看到以太坊基金会账上的现金留存状况，怀疑能否有足够的资金支撑到以太坊主网上线。

20岁的维塔利克显然面临着来自社区开发者的压力。这种具有改变世界潜力的基础技术设施，应该得到各方的大力支持。直觉告诉我，这也许是上天赐给万向、赐给我的一个机会，我们如果在这个关键时刻能积极资助以太坊的开发，一则可以成为这个里程碑式工程的参与者，二则可以借由这个着力点，实施万向的区块链战略规划。

于是，我向维塔利克提议以"万向区块链实验室"的名义，向以太坊基金会资助50万美元。如有需要，来年也可以继续资助，以帮助消除开发者们的疑虑，让开发者们能全力以赴地工作，为以太坊主网如期上线提供我们力所能及的帮助。

以太坊基金会是在瑞士注册的非营利性法人机构，因此双方律师帮助起草了捐赠协议，以太坊基金会接受这笔捐赠，也将会在主网上线后，从基金会解锁的以太币（ETH）中，赠送约定数额的ETH给捐赠人。鉴于"万向区块链实验室"还在注册过程中，同时为遵守外汇管理方面的法规，这笔资金是由万向体系内的海外公司支付的，但区块链合作事宜则指定即将设立的"万向区块链实验室"来负责执行。

尘埃落定后,维塔利克以给社区写信的方式,宣布了以太坊基金会得到了一家中国背景机构的捐赠,以及该机构承诺对以太坊基金会持续性的支持。如此,开发者社区对以太坊未来几个月现金流的担心也就平息了下来。事后来看,其实这些担心是不必要的。但在当时面对这么一个号称"世界互联网计算机"的全球项目,尤其是如此巨大的工程由一位20来岁的技术极客领导,有人喊出"究竟能支撑多久"的疑问,也是很正常的事情。

这件事情也标志着万向正式启动了在区块链方面的战略部署和工作进程。2015年下半年,万向区块链实验室成立,第一届万向区块链全球峰会举办,亚洲第一家专门投资区块链的分布式资本设立(万向公司是单一有限合伙人),万向区块链实验室向全球发布"区块链创业项目资助计划",万向区块链实验室丛书出版,万向区块链实验室联合中国的区块链技术专家举办区块链培训班,等等。

2015年10月中旬,以区块链技术为基础、推动区块链技术在中国普及的第一届万向区块链全球峰会在上海举办。万向全力借助以太坊社区的资源,广泛征集全球前沿区块链话题,广邀全球区块链大咖,动员国内区块链从业者一起参与。在维塔利克的号召和邀请下,许多全球顶级的区块链从业者到场,可谓代表了当时全球区块链技术的最高水平。第一届峰会共举办了两天,第一天是公开论坛,第二天是邀请制的闭门讨论。峰会的活动得到了国内业界的大力支持和广泛好评。一家国内的行业先锋企业来了8位同事参加峰会,由于闭门讨论会场的空间限制,这8位同事并未完全受到邀请,他们直接找到我,强烈要求参加全部6个场次的闭门讨论会。这种热情让我感动不已。

直到2016年1月初,第一届区块链黑客马拉松在上海举办,万向在区块链领域的第一阶段行动计划才算完美落幕。第一届区块链黑客马拉松是万向与德勤①一起举办的,同时以太坊基金会派来3位技术大咖作为指导和评委,维塔利克也亲临现场。来自全球的120多个参赛者三五成群,现场组队,临场发挥。获得一等奖的小组中有一位成员是高中生,自费从意大利专程来中国参赛。在48小时紧张的比赛后,这位高中生问我们能不能接收他全职加入万向区块链实验室,我们一番苦劝,总算让他坐上了回程的航班。1年后,我们开始有些许后悔,因为他最后还是在欧洲参与发起了一个区块链创业项目,并且担任了这个热门项目的技术核心角色。少年心事当拏云!联想到维塔利克创业初期也不过20来岁,不由得让人感叹:在区块链这个行业里面,后生尤其可畏!

2016年5月,我们一行9人从浦东机场出发,首站旧金山湾区,然后去纽约参加"共识大会",绕道伦敦,再返回上海。这是一场与维塔利克一起策划的欧美区块链考察之旅,他在旧金山与我们会合。我们一路拜访了很多大咖,一路学到很多新的创意,也一路看了很多好项目。这次欧美之行,还有一个目的是为第二

---

① 指德勤会计师事务所。——编者注

届万向区块链峰会挖掘几个神秘演讲嘉宾。我们在硅谷山景城的一家餐厅与"智能合约之父"尼克·萨博（Nick.Szabo）一起共进午餐，邀请他来上海参加当年的区块链峰会。尼克非常谨慎，约他见面已经是颇费周折，经过两年多次的邀请，他终于参加了2017年第三届万向区块链全球峰会。

2016年9月下旬，第二届万向区块链全球峰会如期而至。不过，这次峰会已经扩大成为"区块链国际周"了。国际周的前3天是第二届以太坊全球开发者大会（按照计算机系统开发的惯例，第一届开发者大会命名为DVECON0，这次举办的是DVECON2，应该算是第三次），第4天是区块链项目路演（Demo Day），第5—6天才是全球峰会。正是由于2015年万向公司对以太坊社区的资助承诺，才使得区块链全球峰会扩大为国际周。当时万向除捐赠的50万美元外，还承诺2016年会按需求继续支持以太坊发展。在以太坊主网成功上线后，以太坊基金会显然没有这方面迫切需要了。但是万向也不能让自己的这个承诺变为"空头支票"。于是我们提议，如果本届以太坊全球开发者大会移步中国举办，万向区块链实验室将赞助全部费用，其间产生的任何门票收入和赞助收入都归以太坊基金会。"上海区块链国际周"就此诞生了。

2022年9月15号，以太坊"The Merge"即将降临。我仿佛看到一个区块链协议堆栈，将围绕以太坊而集大成的前景。20世纪80年代，互联网也是各种协议纷繁杂呈，互不相通，后来被市场的力量统一为TCP/IP协议堆栈，越是底层基础协议，越是被统一为全球唯一的标准协议，比如IP协议、TCP协议、HTTP

协议。而到了应用层,互联网协议才开始多样化,比如互联网在应用层的协议可能多达百种以上。区块链目前的多链现象,类似当年互联网协议还没有被统一的年代。市场对于无缝衔接的互联互通的需求,一定也会推动区块链协议堆栈的集成。而只有以太坊目前有意无意之间在架构区块链协议堆栈,一方面从L0(分布式通讯、分布式存储、分布式计算)到L1,再到L2,甚至L3……另一方面在"The Merge"之后,以太坊在性能、可扩展性方面也可以为大规模应用提供支持。按照以太坊基金会的说法,10年时间内,以太坊将能达到1 000万次/秒的事务处理量(TPS)。根据我个人的观察,类比互联网协议的发展过程,未来几年时间,区块链协议也会逐步被市场的力量推向集成为统一的协议堆栈;而以太坊之外的其他公链,可能会成为以太坊的子链、侧链,或者分片、分区,从而达到一个区块链世界互联互通的理想世界。

如今,站在这个以太坊甚至区块链发展的关键时刻,《点对万物:以太坊与未来数字金融》中文版的出版可以说是功莫大焉!

谨以以太坊在"上海时刻"的点滴记忆,作为这本书的背景补充。

这本书,你绝对值得拥有!

肖风

万向区块链公司董事长

2022年8月16日

推荐序二

久违了的极客故事

维塔利克的创业故事"很硅谷"。他是一个"90后"（1994年生人），生在俄罗斯，后与父母移民到加拿大。他也是一个高中时17岁就迷上比特币的年轻人，20岁出头就写出《以太坊白皮书》，希望用世界计算机来解决全球问题的理想者。这是一个久违了的年轻"极客"。

但维塔利克与传统的硅谷创业者又有着显著的不同：他并没有像扎克伯格或贝索斯那样创建一个富可敌国的企业帝国。以太坊构建的是一场互联网的新浪潮，而Web3.0所代表的去中心化自治组织（DAO）也并不需要中心化的"大脑"。虽然他本人的数字货币资产蔚为大观，但他更像是一位布道者，不断推动基于区块链、数字货币、智能合约的数字基础设施建设，以求在其之上延伸更为实际的、可以替代传统业务的解决方案。

2020年,我在一次高山大学组织的在线论坛上主持过一次维塔利克参与的区块链和加密货币研讨会,镜头那边的维塔利克是一个腼腆的年轻人,背景是新加坡一家青年旅社的高低床。他很谦虚地说自己的中文说得不好,但已经可以和其他几位嘉宾简单互动,毕竟他在国内的拥趸不少。

《点对万物:以太坊与未来数字金融》是出身阿根廷的彭博社记者撰写的以太坊传记,维塔利克无疑是主角,但这本书绝不是在为他唱独角戏。强调阿根廷是因为这个国家饱受高通胀和多次汇兑危机的困扰,阿根廷人对数字货币可能带来的抵御通胀和不受国家干涉有着天然的敏感。强调这不是一本关于维塔利克的传记也很重要,因为以太坊作为最活跃的区块链社群和平台——如果可以这么去定义它的话——是一群人努力的结果,也得益于更多人在这一平台上不断探索解决真实世界问题的应用。

这也是一部断代史,在加密货币、区块链和Web3.0飞速发展的世界,在2020年成书之后,这个世界早已改天换地。不过,断代史留下了2014—2020年的纪事,这段在非同质化代币(NFT)和元宇宙兴起之前的以太坊传记,有助于透过当下火爆的潮流(谁都很难确认任何当下的潮流是否可以持续)思考加密货币和区块链真正带来的本质性改变是什么。

其实我们可以从三个方面去理解以太坊的创建和发展。

首先是撰写《以太坊白皮书》的维塔利克。如果说比特币的创始人中本聪一直神龙见首不见尾,甚至不知道是否真实存在,维塔利克则是具备理想色彩和想象力的年轻人。他早在2014年就对以太坊的未来设计出宏大的构想,希望以太坊成为世界计算机,成为去中心化的数字基础设施,一个面向未来的技术框架,在此之上支持数字货币、套期保值合约、域名系统、信誉系统,甚至颠覆传统的企业。谈到理想主义,去中心化是这场运动的核心,维塔利克希望几乎任何可以想象到的交易都能以点对点、不可入侵、不受审查的方式进行,从冗余的资本家手中夺取权力,让世界变得更高效、更公平。

作为一个年轻人,他保持了极客的本色,并不会被财富乱花迷眼,当然也没有像其他"独角兽"的创始人那样成立自己的帝国。帝国本身就与 Web3.0 去中心化的价值观格格不入。区块链和加密货币就是基于一个信念而兴起的社区和社群,一种极客的运动,一种众创。作为布道者的他,一直在努力建立一个规模广泛的社区,为此他不断参加各种社区聚会、黑客马拉松和各种商业会议。

其次,历数一下以太坊的创业经历,其背后是一群人从无到有去创造一种全新基础设施的努力。这期间有争执,有分道扬镳,有另起炉灶,也有相互之间的批评,但其核心是"众创"。

事实证明,比特币和以太坊扎下了根,创造出巨大的财富。早期的弄潮儿都挖到了一桶金。在一个需要不断用金钱激励去推动创新的社会,加密货币催生出泡沫很正常,创新需要润滑剂。以太坊之所以成功,也是因为数字货币的增值和去中心化的交易本身就为创造者带来了金钱的激励。

但以太坊的创业历程不仅仅是淘金潮。加密货币或许是数字黄金，但区别真正的信徒和单纯的淘金者不难。2017年末，在上一次加密货币的高潮期，维塔利克就很清醒地指出：要分清楚获得数千亿美元的数字账面财富和真正实现社会价值的区别。如果只剩下炒作，就像到2018年被玩坏了的首次代币发行（ICO）一样，发起者可以很容易圈地、割韭菜、然后携巨款逃逸，那么泡沫终归会破裂，不会留下任何技术的进步和社会的改良。

最后，以以太坊为代表的Web3.0的数字基础设施，对传统产业的颠覆才刚刚开始。

大多数人看到的是加密货币的火爆和造富效应。兼具投资和投机属性的加密货币，在2021年被华尔街关注到后，逐渐成为媲美黄金的另类资产类别。2021年同时也见证了NFT的火爆。NFT市场的交易价值就高达410亿美元，相比之下，当年全球艺术品市场价值也才501亿美元。

数字资产市场上至少有三大原因推动一个又一个泡沫的出现，NFT只是最新的一个。

首先，数字化本身就容易催生指数型增长；其次，在这一市场上"担心错过"（FOMO）效应特别明显，尤其当财富效应快速显现的时候；最后，投资NFT也是一种新社群成员的标志，一张进入高净值人群圈子的门票。换句话说，极客利用NFT赚钱，而有钱人则需要NFT装点自己能理解新科技的敏锐度。而市场的火爆和赚钱效应也会吸引更多的追求者。

如果说加密货币是一种挑战法币（央行货币）的运动，NFT是不断出现的加密货币、区块链和Web3.0的浪潮中的一股大浪，两者都因为造富效应而持续汹涌。但要真正理解 Web3.0，需要透过造富的现象看本质。

推动加密货币的广泛应用，提升交易的速度（即可扩展性）和降低交易的能耗是必须。无法直接支撑大规模交易的媒介是很难被称为货币的。微信和支付宝每秒钟支持几十万笔交易不在话下，相比之下，比特币和以太坊的交易验证可谓龟速，根本无法支持日常大规模交易结算。此外，如果交易的验证仍然依赖非环保的挖矿模式——比特币挖矿一年消耗的电能相当于一个欧洲小国一年的耗电量——那么加密货币注定在不久的将来被唾弃。以太坊在推动权益证明，即共识机制，取代传统矿机花费大量算力解谜的"工作量证明"，就是环保的努力。

去中心化金融（DeFi）则是另一个蓬勃发展的领域。智能合约、去中心化、匿名属性、全球套利机会，这些都让去中心化金融有机会在某些领域取代传统的银行网络。书中举了两个阿根廷的例子，一个是以以太币作为抵押短期借贷的案例，另一个是以以太币作为抵押的 P2P 案例。在一次又一次国家债务危机中，阿根廷当地的货币总是陷入困境，高通胀、贬值、无法兑换成美元，这些都构成了当地人巨大的困扰，让找到一种不受当地环境干扰的加密货币，以及基于加密货币的信贷业务，变得特别具备吸引力。

最后，去中心化自治组织（DAO）很可能彻底改变公司未来，也为如何将一群人组织起来共同创业给出了全新的组织形式和全新的可能性。

在当下元宇宙和 Web3.0 的讨论日益火爆之际，梳理维塔利克和他的伙伴自 2014 年开启的拓荒历程反而变得更重要，因为区块链和加密货币不只是一股淘金潮，它真正的意义是有可能为各种传统行业带来巨大变革。加密货币、DAO 和 DeFi 会为未来的企业、金融和交易提供另一种可能性，甚至重新定义组织，重新建构人与人的协作机制，这才是极客理想的美丽新世界。

吴　晨
《经济学人·商论》总编辑

致 读 者

我觉得自己不算是一个电子计算机极客。我不会总是盯着屏幕，连续好几个小时都沉迷其中，也不喜欢金融投机。我的爱好是对事物进行理性观察并进行客观记录。我不常把钱置于时少时多的境地，因为这样的起起落落让我（以及我的胃）很不舒服。

那么，为什么要花好几年时间来研究加密货币呢？我问过的每个人答案都略有不同。但于我而言，这与自由有关。如果还要继续追问下去的话，我甚至会说这关乎革命。

2013年的时候，我第一次听说比特币。当时我住在布宜诺斯艾利斯，为彭博社报道阿根廷经济市场。但除了报道，我也在亲身经历那一切。当时阿根廷的年通货膨胀率达到了10%以上，我刚报道完这一新闻，写稿赚来的比索①很快就贬值了。我开始一拿到工资就马上兑换成美元，直到有一天，阿根廷总统幡然醒悟

---

① 指阿根廷货币单位。——编者注

并表示：不，你们不能再这样做了！

难道政府可以禁止我购买美元吗？毕竟我只要在银行的网站上点击一下就能买入了。我去确认了一下，果然，本地账户中已经找不到兑换外币的选项了。明明前一天还有，第二天就不见了。政府的民粹政策让货币贬了值，经济管理不善影响到了我的储蓄，现在却不允许我自行补救。

那么我能向谁求助呢？大概就是那个时候，另一位同事向我介绍了某种奇怪的数字货币——"比特币"，说阿根廷人正在用它来应对我遇到的问题。于是我决定写一篇关于比特币的报道。文中所涉及的采访对象以及他们的父母，或多或少经历过通货膨胀或货币控制（也可能两者都有），他们能迅速理解购买一种不受任何人控制的货币是多么重要。也正是因为不受任何人控制，这些货币才不会停止流通或被回收。数字货币的发行率由算法和计算机代码决定，而非由政治家和中央银行拍板。

不敢相信数字货币竟展现出了高度的创新性，于是我继续观望比特币，关注不断增长的加密货币市场。2017年，我有了再次报道比特币的机会。而这次我住在纽约，仍然在彭博社报道金融市场，并注意到市场对加密货币的关注度正在持续升温。一开始我并不是很熟悉加密货币，那时有关它的报道也并不多。但很快，报道加密货币就占据了我的大部分时间，随着加密货币价格的不断攀升，更多的代币不断发行，数字加密货币初创公司在几秒钟内就能筹集数百万美元。于是从名人到基金经理，再到企业高管，人人都在谈论它。到了2017年底，市场上的经济泡沫显然爆裂在即。这是有史以来最不可思议的投机狂热之一，我十分荣幸能在最权威的财经媒体之一的彭博社报道它。

2017年底，回顾这一切，我想我应该把我在数字货币领域的所见永久地记录下来。从很小的时候起，我的梦想就是用戏剧化和充满刺激的情节来描写现实世界，但这样的桥段通常只会在小说中出现。因此，我开始在数字货币领域寻找最精彩的故事。我发现，在我想写的同类型的书里，之前已经有一些作品写过比特币了，但以太坊还没有人写过。以太坊是第二代区块链公链①。过去这一年中，以太坊将人们追逐数字货币的狂热浪潮掀得更高了。更重要的是，以太坊的独特之处在于，它试图将比特币这种初期加密货币的底层区块链技术向前更加推进一步。比特币想做的是"点对点货币"；而以太坊想做的是"点对点万物"，打造"世界计算机"，成就一个更加去中心化、更加自由的世界。即便以太坊的这个愿景没能实现，但其自身的创新和引起的狂热也是值得写成书的。

就这样，我开始着手写第一本关于以太坊历史的书。

为了写这本书，我首先采访了创建这个网络的小组，也就是最初的联合创始人（目前这个术语用词存在一些争议），包括平台的创建者维塔利克·布特林（Vitalik Buterin）本人。跟联合创始人谈话之后，我建立了基础年表，梳理了以太坊的发展历程、重大里程碑和主要理念。然后，我联系了项目每个主要阶段的核

---

① 也被称为"公有链"，指任何人都可以读取数据、发送可确认交易、竞争记账的区块链。——译者注

心成员，他们是亲身经历这段历史的人。在他们的引见下，我还联系到了其他一些密切参与的人，而这些人又向我推荐了更多参与者。之后，我又跟他们中的许多人进行了二次访谈。两年中，我进行了大约6个月的全职研究，最终汇编了100多份访谈，整理了时长难以估计的对话录音。

在这期间，当事人无论在哪里碰面，我都尽量跟在身边。以太坊社区本就遍布全球，所以对于许多人来说，会议和黑客竞赛特别重要，因为这是一年中为数不多的能看到同行和以太坊朋友的机会。在美国、南美、欧洲和亚洲参加的十几场活动中，我有机会认识了更多的人。从他们的谈话内容到他们的穿着和聚会方式，让我更大范围地了解了社区的情况，也得到了更丰富的信息，他们就是一群生动有趣的人。

我收集的信息部分来自当事人的电子邮件、图片、聊天记录和对话录音。他们中的一些人真的很慷慨。此外，我还会参考其他的一些原始材料，如存档网站、博客文章和视频等。

我进行这次研究的目的，是想重现以太坊的历史，极尽可能地精确，极尽可能地还原现实。我所描述的一切，都基于对当事人的采访和当时的材料。我没有为了达到戏剧效果而改写或精简当时的情况。只有对话是我细心设计过的，这是书中最接近小说的部分了，但也都是我依据对话或事件当事人的回忆写的。书中所使用的名字也都是真实姓名，所有人物都是真实的，我没有刻意捏造或虚构人物。我只答应了一个人的要求，为他使用了化名，他的角色并不重要，所以隐去他的名字并不影响我记录以太坊的历史。这一点在书中有说明。

写这个故事最大的挑战之一，是当被采访者们对事件的记忆不一致时，我需要为各个事件确定一个唯一的版本。完成这件事尤其困难，特别是有时候除了采访之外，就没有其他的辅助材料了。在这种情况下，我选择了大多数参与者都认同且我认为最合理的说法。在这些少数情况下，读者需要相信我的判断。我会尽我所能做出可靠的判定。

当然，借由这本书，我希望爱好以太坊的朋友们可以享受其中，更了解这个你们所支持和为其工作的网络并一睹其早期的发展历程。但是，如果你是一个像我一样的非技术人员，甚至可能直到现在才听说"以太坊"这个词，那么这本书就是为你准备的。我的目的是任何人在任何地方，都能随手拿起这本书，不需要事先了解区块链技术，就能沉迷于这个引人入胜的故事：一个理想主义的英雄，带领着一群不合时宜的技术人才，面临诸多挑战，把难以置信的雄心壮志从梦想变为现实。

当你看到最后几页，我希望你能对这个梦想有更多的了解，知道这群技术专员的梦想是为世界构建一种新的运作方式。他们试图使人们更加自由地选择如何使用资产和数据。

我希望你们也能了解这项技术，这项技术会一直存在并更加流行。

目 录

第一部分：准备工作
1 奔向月球 / 3
2 密码朋克的炽热之梦 / 13
3 杂志 / 29
4 兔子洞 / 37
5 瑞士军刀 / 47

第二部分：启动前
6 白皮书 / 65
7 头号响应者 / 77
8 迈阿密之家 / 95
9 宣布 / 107
10 楚格镇 / 115
11 宇宙飞船 / 123
12 顶级律师 / 135
13 血色婚礼 / 147
14 不是投资 / 157
15 以太币发售 / 165

第三部分：启动

16 起飞 /179

17 跑道变窄 /197

18 首批去中心化应用 /209

19 有魔力的锁 /219

第四部分：绕月飞行

20 硝烟四起 /229

21 分叉 /251

22 系统攻击 /263

第五部分：即将着陆

23 引爆导火线 /273

24 意外的以太币财富 /281

25 新型募股 /293

26 鬼马小精灵 /305

27 繁荣一时 /313

28 期货与猫 /333

第六部分：回到地面

29 崩溃 /351

30 再聚首 /373

致谢 /393

准备工作

ETHEREUM

第一部分

1

奔向月球

2018年5月中旬，纽约

一场派对正在游艇上进行，在这儿抬眼就可以看到自由女神像，酒精和电子舞曲让派对的气氛持续高涨。当晚派对结束时，两个被随机选中的嘉宾各得到了一辆"阿斯顿·马丁"作为礼物。其中一辆车的车门上印有比特币的首字母"B"，另一辆车印有以太坊的标志；一场在布鲁克林仓库举办的活动中，健康大师迪帕克·乔普拉（Deepak Chopra）带着大家上冥想课，该活动供应的寿司上印着"可以在区块链上追踪[①]"的标语；一场艺术拍卖会上，一只由代码和像素组成的数码猫拍出了14万美元的价格；一场由

[①] 制作寿司使用的鱼在以太坊区块链上用"RFID"标签进行了注册，以实现每条鱼从捕获到放上餐桌整个过程的追踪。——译者注

加密货币公司赞助的活动上，说唱歌手史努比（Snoop Dogg）在舞台上和观众分享一根卷烟；一间位于纽约 SoHo 商业区的顶层公寓里，华尔街银行家出身的加密货币投资人拉着从硅谷辍学转到加密货币行业的创业者们高谈阔论；一场在脱衣舞俱乐部里举办的聚会上，一名说唱歌手正站在油腻的钢管舞杆旁，唱着加密货币主题曲，比特币兄弟们则向身穿丁字裤的舞者们举起了香槟酒杯。

3 辆兰博基尼停在希尔顿酒店前，时代广场迎来了约 8 500 名参会人，这些人以 2 000 美元一张的价格购买入场票，想在加密货币淘金热中分一杯羹。有数十名 20 多岁的年轻人通过出售自己的数字货币，在一夜之间筹集了数百万美元。他们在活动现场把自己的展位布置得绚丽多彩。

短短 7 天内，所有这些都发生在同一个城市。这就是纽约"区块链周"，在此期间，来自各地的加密货币团体聚在一起，以小赌大，在大大小小的聚会和会议中上演"一诺千金[①]"。

事实上，在这 7 天里，16 家初创公司在一次被称为首次代币发行（initial coin offering，以下简称 ICO）的众筹机制中融资近 3 亿美元，ICO 这种形式，让世界上任何地方的人都可以发行加密货币并出售给全球各地的投资人。

市场在经历了令人瞠目的回升后，依然出现了大幅下跌，所有人都在问最近的暴跌是暂时回落，还是崩盘的预兆。兴奋中夹

[①] 后文中，会议上的任意一个决议都会使得区块链将来的资金价值翻倍或贬值。——编者注

杂着一丝绝望的气息,这让市场上本就过多的投机行为更加紧迫。在会上融资和发言的大多数初创企业除了能在网站上给出承诺外,什么也没有,而3辆兰博基尼也是被租来的。

就在几个月前,即2017年12月,加密货币的价格曾出现过一次高点,当时的比特币还是规模最大、最早出现的加密货币,其价格从2017年年初的1 000美元左右飙升至近20 000美元。这次下跌对于资深人士来说很是平常,因为他们清楚,自2009年推出这款数字货币以来,比特币的价格曾经有过3次指数级的上涨和暴跌。在过去的那些高峰时期,比特币曾代表了大部分加密货币的市场行情。但这一次,情况有所不同。

2015年,以太坊推出了数字货币——以太币。两年后,其价格的上涨速度甚至超过了比特币。2018年1月,以太币的价格达到峰值,超过了1 400美元,而在12个月前,其价格仅为10美元左右。这意味着,要是有人在2017年年初购入了总价约1万美元的以太币,然后在峰值期卖出,那他就已经是个百万富翁了。有的投资人一度猜测以太币的市值将超过比特币,因为在某一个回升的节点,以太币的增速甚至超过了比特币。

一些人也表示,以太币的价格一路飙升是有其充分理由的。以太坊不只是数字货币的网络。若是将以太坊作为基础层,开发者能创建他们能想到的任何应用,包括发行自己的货币。只用推送几行代码,就可以铸造加密货币,然后用来换取比特币或以太币,再换成美元,这就是所谓的ICO。这样一种融资机制,联结了需要融资的人和愿意出资换取发财机会的人。得益于这种新颖的筹资方式，数以千计的新币不断涌现，加剧了人们对加密货币的狂热追捧。

任何能上网的人都成了投资人，这些人狂掷资金，把钱砸进加密货币领域，砸向年轻有为的加密货币开发者们。数百万美元的融资目标，区块链初创公司在短时间内就能达成，这样的ICO通常在几分钟内，有时甚至是几秒钟内就结束了。其实用加密货币能做的事情不多，毕竟它们只属于互联网，交易也局限于监管不严的在线平台。大多数商家不承认加密货币，而能使用这些货币，被称为"dapps"（decentralized applications）的去中心化应用，仍然在实验阶段，使用过程中还故障不断。但是，对于这些虚拟货币来说，使用并不是关键，关键是要在价格飙升之前买入，然后在下一个峰值期卖出。至少，理论上是这样的。

就区块链初创企业的融资金额来看，ICO在2017年首次超过了传统风险投资。到2018年年底，有近100亿美元在这一年涌入ICO。换言之，这金额大约是加拿大、墨西哥和巴西股票市场那段时间的融资总和。这种能为早期企业筹集资金的新形式，为科技初创企业提供了投资的新渠道。而在此之前，普通人是无法参与其中的。

由于市场资金淤积，一些小型加密货币的价格飙升速度甚至超过了比特币和以太币。如果你访问加密货币价格查询网站，目之所见都是绿色数字和上涨箭头，图表中所有的线条都呈抛物线趋势。选择哪种货币好像都无关紧要，因为任意一种货币的价值都会随着时间的推移而发生变化。

每个人都想通过加密货币摇身一变成为百万富翁。人们在谷歌上搜索比特币的次数超过了搜索唐纳德·特朗普（Donald Trump）的次数。一些名人从加密货币公司那里获得了丰厚的报酬，尝到甜头的他们开始在社交媒体为 ICO 站台。帕丽斯·希尔顿（Paris Hilton）在推特上写道："期待参与全新的 @ 吕底亚币（Lydian CoinLtd）代币发行！# 这不是一条广告 # 加密货币 # 比特币 # 以太坊 # 区块链"。弗洛伊德·梅威瑟（Floyd Mayweather）发照片墙（Instagram，以下简称 ins）称："8 月 2 号斯托克斯网站（Stox）① 首次发行代币，我已经准备好大赚一笔了。"

不只是名人在关注加密货币。突然间，银行大亨和蓝筹公司的首席执行官们（以下简称 CEO）都开始议论纷纷，对加密货币和区块链（加密货币的底层技术）评头论足。富达投资集团的阿比盖尔·约翰逊（Abigail Johnson）说"我相信比特币"；摩根大通公司的杰米·戴蒙（Jamie Dimon）说"这就是个骗局"；高盛集团的首席执行官劳尔德·贝兰克梵（Lloyd Blankfein）称"这东西不足挂齿"；而沃伦·巴菲特（Warren Buffett）则直言不讳，表示比特币"可能与老鼠药一般"。

与此同时，由于数以百万计的美元搅动市场，监管部门争先恐后地想知道如何处理这些新奇的玩意儿（如果能监管的话）。加密货币是证券，是软件，是货币，还是商品？前加密货币创始人卷款逃跑；黑客从 ICO 的数字钱包和交易所窃取比特币；机器

---

① 区块链预测市场平台。——译者注

人在社交媒体上投饵、发文章，试图诱骗人们发送加密货币等，这样的故事比比皆是。加密货币简直是诈骗、盗版和谣言的完美"温床"。

还有一些由衷地想利用区块链技术的人，他们希望开发出能够改变世界的应用程序。在他们梦想的世界里，人们可以避开传统机构，用户之间直接进行价值转移，不必通过银行和其他中介。他们想让数据和金钱重归用户控制，而不是放在中心实体的计算机服务器和金库中。对他们来说，区块链技术（以及比特币和以太坊）将从掌控科技和金融的巨头公司手中分一杯羹，然后将权利交到人们手中。

当然，没有人真的要推翻政府，在银行门口抗议，或在街上与警察发生冲突。这其实是一场基于技术和密码学的革命，将在一个平行宇宙中开展。在那里，传统的金融法规不再适用，一切都从头开始建立。起初，没有人会注意或关心这些黑客异类，如果就这么忽视下去，再注意到这些黑客的时候可能就已经晚了。这场革命始于比特币，而现在，以太坊在这场走向"去中心化未来"的地下战斗中开辟了一个全新的武器库。

这样一场革命，至少是许多开发者的梦想，让他们放下一切，加入了不断壮大的"以太坊大军"。

为了写这本书，我潜入了这支"军队"。

2013年，我第一次为彭博新闻社撰写有关比特币的文章。当时我住在阿根廷，看到了普通人如何使用数字货币来保护他们的储蓄不受通货膨胀的影响，以及如何使用数字货币来规避货币管制。当我在2017年搬到彭博社的纽约办公室时,"区块链"已经成了每个人的口头禅,变成了一个空洞的流行语。当时,在彭博社以及其他主流的财经媒体中,每天都在报道加密货币和区块链的记者不多,我是其中之一。2013年底,在报道了史上最疯狂的经济泡沫之一后,我终于有机会喘口气,决定将这次爆发事件更持久地记录在案,而以太坊则是记录中最浓墨重彩的一笔。

我进行了100多次采访,每次采访都持续好几个小时,采访对象是所有致力于以太坊协议开发的创始人和开发人员,从早期到如今的所有参与了搭建的人都算在内。与我交流的人中有投资人、律师、监管者、通信员、设计师和研究人员,他们也曾为打造以太坊出力。这些与我交谈的人都非常热心,帮助我翻出了几十份尘封的旧电子邮件、聊天记录、文件和图片。我还深入研究了在线论坛、博客文章和存档网站。我跟随这个妙趣横生、满怀理想、才华横溢的团队在布拉格、布宜诺斯艾利斯、多伦多、柏林、丹佛、巴黎、纽约、旧金山和大阪参加了各种会议和黑客马拉松活动。

我感觉自己就像是爱丽丝跟随白兔般,进入了一个梦幻的世界。在这里,人们办理银行业务不需要银行,养猫养的是数字猫,公司的组织架构中不需要CEO,大家都在讨论加密货币的价格一路飙升,就像乘坐飞船一样奔向月球[①]。年轻的开发者们蓬头垢面、不修边幅,无论他们是从计算机科学课程中辍学而来,还是从加

[①] "登月"本意是指航天行为,这里还指加密货币的价格大幅上升的情况,即价格蹿升到遥不可及的高度。——译者注

密货币行业以外的其他公司逃离而来，他们都是让梦想成为现实的魔法师，在充斥着表情包、彩虹般的幻想、"独角兽"公司和计算机代码的旋涡中前行。

他们是极客、金融家，是不合时宜、离经叛道的人。在这一群人围成的圆圈中心，站着维塔利克·布特林，一个19岁的天才黑客，以太坊就是从他的一个想法演变而来的。一群来自五湖四海、拥有不同背景的人，因为信仰维塔利克而加入了他的行列，想要一起将这个梦想变为现实。他们技术研究的核心是改变世界的运作方式。而这一宏伟愿景吸引了更多的人，现在已有成千上万的人共同建造它。人们试图从中合法或非法地牟利。维塔利克在改变世界的道路上稳步前行。经过5年的不断努力，他带领团队建立起了价值数十亿美元的网络，但过程并非一帆风顺：嫉妒的黑客恶意攻击、艰难的技术挑战、早期团队的内讧以及数量惊人的财富诱惑，这些都在威胁着维塔利克的理想主义追求。

最让人分心的是加密货币市场的增长，简直令人眼花缭乱。在2018年年初的市场高峰期，数字资产的价值已经从一年前的150多亿美元膨胀到超过8 000亿美元。在这段时间里，许多新的加密货币如雨后春笋般涌现。但维塔利克并不高兴。

维塔利克在2017年12月12日发了一条推特："加密货币总市值今天刚刚突破5 000亿美元，但这是我们'赢得'的吗？"

"我们为多少没有银行账户的人提供银行服务？"他继续发问，"有多少区块链应用拥有了大规模用户，又有多少应用积累起了大体量？有多少人得到了保护，免受恶性通货膨胀的影响？"他在一系列的推文中质疑加密货币迄今为止的影响力是否配得上目前的市场规模。

"所有这些问题的答案绝对不是零，在某些情况下，数量甚至相当可观。"他写道，"但还不值 5 000 亿美元那么多，还不够。"

本书在美国付印时，以太币的价值正徘徊在 200 美元以下，是 2018 年年初价格的十分之一。许多投机者已经套现，但真正的信徒，如维塔利克等，还在继续奋力推进他们的愿景。与前几代基于互联网的革命一样，保持纯粹和质朴是很困难的。很多时候，愿景在现实面前会变得模糊，甚至混乱不堪。像维塔利克这样有远见的人，梦想着登上月球以及更远的地方，却经常低估了人类的野心、贪婪和恐惧等世俗力量所能施加的引力。

2
密码朋克的炽热之梦

2008 年，比特币诞生了，在这之后 5 年，以太坊的想法才在白皮书中出现。但即使是比特币，也不是凭空出现的。早在 20 世纪 80 年代，就有密码学家一直试图研发一种私人的、点对点的数字货币。计算机科学家大卫·乔姆（David Chaum）就是其中一位。他发现电子支付的出现威胁到了隐私，随即将研究重心放在防止隐私泄露的方法上。他发明了"盲签"（blind signatures）系统，使数字支付无须披露个人信息。1983 年，他利用该技术创建了一种匿名数字货币，名为"电子现金"（eCash）。

电子现金系统由于依靠银行来签署数字货币，电子现金仍然容易受到腐败的影响。不过，乔姆的创新还是开了先例，引领了一场运动。电子现金的研发开始得很低调，可以追溯到位于旧金山湾区的一间办公室,在互联网和个人计算机出现的时候,一小群计算机科学家和工程师聚在这里,讨论如何用密码学确保用户的隐私不受侵犯。

像这样的新兴团体被称为"密码朋克"(cypherpunks),该词语来源于黑客犹大·米尔洪(Jude Milhon),她更为人们熟知的是她的化名圣·犹大(St. Jude)。她把"密码"(cypher,一种加密信息的方法)和"赛博朋克"(cyberpunk,科幻小说的一个分支,描绘了社会已经崩坏的高科技世界)这两个词结合起来,因此有了"密码朋克"的概念。对于密码朋克来说,密码学是一种影响更广泛的社会变革和政治变革的工具。他们中的一些人甚至提倡加密无政府状态,相信密码学将使世界摆脱企业或国家的控制。密码学家蒂莫西·梅(Timothy May)在宣言中写道,这项技术将成为"剪开知识产权周围铁网的剪刀"。

密码朋克团体没开几次会,就有了订阅邮件列表,以便将讨论范围从旧金山扩大到其他地方,后来列表迅速扩展,有了数百个订阅者。

密码朋克取得进展,开源软件运动也在顺势增加,同样影响着区块链技术的发展。据称,这一切都始于20世纪70年代末麻省理工学院里一台卡纸的打印机。实验室的打印机位于另一楼层,为了节省时间,麻省理工学院的一名编程职员理查德·斯托曼(Richard M. Stallman)为打印机编写了代码,这样打印机卡纸的时候,实验室的中央计算机就会收到一条信息。换了一台新的打印机之后,斯托曼发现他再也不能以同样的方式修改代码了,打印机代码变成了专有信息。

为了解决这个问题，1983年，斯托曼创建了一个名为"GNU"的操作系统，该系统后来免费向所有人开放。接着，他成立了自由软件基金会，还发行了"GNU通用公共许可证"（GNU General Public License），规定任何人都可以自由使用、复制、发布和修改基于该许可证创建的软件，要遵守的唯一条件是共享对代码的更改。一种基于GNU许可证运行的操作系统"Linux"在20世纪90年代中期开始流行起来。

1997年，埃里克·斯蒂芬·雷蒙（Eric Steven Raymond）发表了《大教堂与集市》（*The Cathedral and the Bazzar*）一文，比较了两种软件开发模式："大教堂模式"和"集市模式"，前者的代码开发被限制在某一个开发者团队，后者的代码在开发过程中被公开至互联网。美国网景公司（Netscape）在1998年发布了其网络浏览器摩斯拉（Mozilla）的源代码，这篇文章被认为是促成此事的最后一次推动。此后的几十年里，开源模式继续发展，催生出了世界上最流行的移动操作系统安卓，以及价值数十亿美元的红帽公司（Red Hat）和开源项目托管平台（GitHub），而且现在大多数计算机服务器都在使用Linux操作系统。"软件理应免费"仍然是世界各地程序员的战斗口号。

1999年，纳普斯特（Napster）上线（现已停止服务），允许用户在共同参与的网络中分享数字文件，如此一来，世界上任何人都能免费享有数十万首 MP3 歌曲。2001 年，"比特洪流"[①]（BitTorrent）发布，除了具备纳普斯特的功能以外，还能共享电影和更大型的文件。它们将点对点（peer-to-peer, P2P）应用变成了主流。点对点网络将具有同等权限的节点联结起来，允许用户不再依靠中心服务器就能共享和传输数据。使用这种架构的系统在面对审查、攻击和操纵时能迅速复原。就像神话中的九头蛇一样，砍掉任何一个头都不能杀死它，每次攻击反而都会让它变得更加强大。[②]

如果是按照万维网发明者蒂姆·伯纳斯·李（Tim Berners-Lee）所想，万维网的最初设想更接近于 P2P 网络，而不是它今天的运作方式，如今的万维网，外部是一系列的防火墙，我们在墙内，只能通过谷歌、脸书（Facebook），也许还有其他一些大型公司获取信息。这样的网络状况曾让伯纳斯·李公开哀叹，但万维网最初的愿景激发和推动了密码朋克，这些人想要为钱打造一个 P2P 网络。

在达到这一目的之前，处于 20 世纪 80 年代到 90 年代之间的密码朋克们还有一些关键问题亟待解决。其中之一是所谓的"双重花费"（double spend）问题。与现金不同，数字货币仅仅只是计算机代码，很容易被复制和伪造。这个问题可以通过中心服务器对货币进行记录和认证来解决，但挑战在于如何在不需要信

[①] 一种内容分发协议。——译者注
[②] 据传说，每砍掉九头蛇的一个头，都会从截断面上长出来两个头，如此循环。详见《希腊神话全书》（典藏版）中第 5 卷《英雄记：赫拉克勒斯》。——编者注

任第三方的情况下进行价值转移。另一个在点对点的匿名系统中需要解决的问题是"女巫攻击"(Sybil attacks)①。正如货币可以在数字世界中被复制一样,身份也可以。这在点对点网络中是一个难题,因为攻击者可以创造大量的匿名身份来获得不相称的巨大影响力。

研究人员辛西娅·德沃克(Cynthia Dwork)和莫妮·纳尔(Moni Naor)在1993年提出了"工作量证明"(proof-of-work)的概念,首次在解决这些问题上取得了突破。工作量证明旨在防止网络中的攻击或垃圾信息,要求想要使用服务资源的人进行一定量的工作,是一种避免产生无效或恶意数据的经济对策。二人论文的研究重点是要求发件人解决一个函数问题或其他难题,以此消耗发件人一些计算能力,从而防止垃圾信息。5年后,另一个工作量证明版本由密码学家亚当·巴克(Adam Back)提出,名为"哈希现金"(Hashcash),这个版本使用加密哈希函数②来证明工作已经完成。

1998年,计算机科学家戴维(Wei Dai)提出了"B货币"(B-money)加密货币系统,尼克·萨博(Nick Szabo)发明了"比特金"(Bit Gold),即"去中心化货币协议"。他们提出的方案都允许用户不依赖中介进行数字货币交易。但由于没有完全解决双重花费和女巫攻击问题,这些方案并未实施。

---

① Sybil,原意指女巫,女预言家。作为人名时常译为"西比尔"。——编者注
② 哈希函数又称散列函数,能够将任意长度的输入值转变成固定长度的值输出,输出值通常为字母与数字组合,该值被称为哈希值(散列值)。加密哈希函数是加密货币催生出的一种哈希函数,安全性更高。——译者注

对于那些生活在发达国家的人来说，他们的货币相对稳定，国家机构也值得信赖，因而难以理解密码朋克们对不受银行和政府控制的货币的痴迷。在他们眼中，想必这只是毒贩子和逃税者的诡计。但在世界的大部分地区，财政稳定和财政安全仍然不是常态。

以阿尔瓦罗·叶尔马克（Alvaro Yermak）为例，他是阿根廷一个偏远城市的银行出纳员。

2001年12月，阿尔瓦罗的心里就埋下了一粒种子，引领他在日后追寻一种相对稳定的货币。过去8年里，阿尔瓦罗一直在阿根廷北部山区图库曼省的一家银行担任出纳员。这天，他在早晨近8点时赶到了银行，在柜台后就位。刚喝了一口马黛茶，胃里就开始翻腾起来。他瞥了一眼银行大门，人们在门外已经排起了长队，只要一开门，银行就会被人群淹没。他和坐在他身边的其他几十名出纳员都知道，这将是难熬的一天。

那天是12月3日，星期一，阿根廷政府在周末发布了一项法令，规定存款人每周最多只能提取250美元或250比索，并禁止了大多数的国际汇款。从本质上讲，这意味着人们的储蓄被冻结在了国家银行系统中。这会导致经济流动性变差，甚至是商业瘫痪，令那些在非正式部门工作的人（大约占劳动人口的50%）失去收入。

政府试图通过这一举措阻止存款暴跌，因为阿根廷人担心经济危机迫在眉睫，纷纷取出存款购买美元，还有一些人将这些美元汇入到国外的银行账户。

前几届政府出售了一大堆美元债券,疯狂地开支乱用,遗留下的问题让整个国家都感到头痛。债务支付不断增长,赤字危机不断加剧,国家财政系统再也无法维持,人们开始担心市场即将陷入债务违约。政府将阿根廷比索与美元挂钩(1比索约合1美元),这在抑制通货膨胀方面发挥了些许作用,但也使该国的出口缺乏竞争力,经济增长放缓。费尔南多·德拉鲁阿(Fernando de la Rua)的政府曾向国际货币基金组织承诺会大幅削减开支,换取贷款帮助国家度过经济难关。但这些措施让本已低迷的经济进一步紧缩。

到2001年底,阿根廷人经历了大起大落的繁荣转萧条的经济周期,已经做好了最坏的打算。他们一直在等待一个确认。12月初的那个周末,限制提款的法令出台,这表明危机已经开始了。

成群结队的人冲向银行,阿尔瓦罗惊恐地看着焦虑不安的取款队伍延伸到了3个街区外。每个进入银行的人都想把他们毕生的积蓄取出来,但阿尔瓦罗只能遵守新规定,回答道:"我只能帮你取出250(美元或比索)。"他忍受了一连串的辱骂,尽可能地帮助大家。其实,他理解站在玻璃窗口对面的人,因为他也是他们中的一员。

为了养活自己的新婚妻子和孩子,阿尔瓦罗来不及完成经济学和信息技术大学学位,就在银行找了一份基础工作。他跟其他许多30岁出头的阿根廷男人没什么区别,突然间他却代言了这个国家摇摇欲坠的经济。他被安排在前线,而那些认为应对危机的最佳方式是规定人们如何使用钱财的人,却像战争中懦弱的指挥官一样,躲在布宜诺斯艾利斯巴洛克式的政府宫殿里。

整个国家都陷入了混乱,每个人都在主干道上游行,从住在封闭社区的富人,到住在郊区住宅的穷人,都在敲打着锅碗瓢盆,金属碰击发出的声音如同在咆哮。狂怒的暴徒放火烧毁了他们途经的一切,外国公司和银行更是首当其冲。

阿尔瓦罗害怕去上班。当他走过愤怒的人群时,他就死盯着自己的鞋子。有人发现他在银行工作便辱骂他时,他会选择尽量忽略。白天的时候,银行将外墙的钢制防盗卷帘保持在半关闭状态,每次只让10个人进入。有些时候,银行干脆就不开门了。

德拉鲁阿启动了紧急状态,给予武装部队更多的权力,换来的却是骚动升级。12月20日,总统辞职,数千人聚集在总统府前的五月广场附近,没过多久,一阵轰鸣声湮没了人群的喧嚣。大家抬起头望向天空,一架直升机正从他们头上飞过。当直升机从玫瑰宫上空降落时,人群中激起了一阵愤怒。他们意识到,直升机是来接德拉鲁阿的。直升机在靠近总统府屋顶的地方盘旋,没等飞机停下,德拉鲁阿就跳了上去。逃走的人感到宽慰,站在原地的人或怀疑或愤怒,当直升机飞走时,人群也只能发出嘘声和吹吹口哨。

紧急接任德拉鲁阿的人任职只持续了一个星期,其后的爱德华多·杜阿尔德(Eduardo Duhalde)废除了将比索与美元挂钩的做法,制定了新的官方汇率,即1.4比索兑1美元,令货币贬值了40%。所有的美元存款都按官方汇率兑换成比索,这实际上大量削减了储蓄。钱存在银行里,人们仍然不能提取。全国有25%的人失业,50%的人生活在贫困线以下。

在那一刻,像阿尔瓦罗这样的人并没有多少选择;但很快,就会有解决办法了。

密码朋克们一直在不断地改进已有的工作,直到2008年10月,终于取得了重大突破,当时有一位(或多位)匿名人士以中本聪[①](Satoshi Nakamoto)的名字向该组织发来了电子邮件。邮件是这样开头的:"我一直在研究一个全新的、完全点对点的电子现金系统,不需要信任第三方。"邮件还链接了一份长达9页的PDF文件,文件中强调了该系统的工作原理。发件人建议通过使用"点对点网络将交易链接到一条不断延伸的基于哈希函数的工作量证明链上,给交易打上时间戳"来解决双重花费问题。

在题为《比特币:一种点对点的电子现金系统》(Bitcoin: A Peer-to-Peer Electronic Cash System)的论文中,中本聪提出了一种计算机网络。在这种网络中,每台计算机都会备份整个网络的交易历史,形成一个账本,账本上记录了网络上每个人拥有的交易数据。任何人都可以自由地将账本下载到他们的计算机上,自由地加入网络。完整的交易历史是公开的,任何人都可以查看,但交易背后的用户是匿名的,只能通过他们的公钥来识别用户身份。公钥是一串混排的字母和数字,而访问与比特币地址绑定的

[①] 中本聪,自称日裔美国人,日本媒体常译为"中本哲史"。此人是比特币协议及其相关软件Bitcoin-Qt的创造者,但真实身份未知。——编者注

资金需要使用私钥，私钥只能由用户自己控制。这是第一次人们真正能掌控自己的"银行"。

交易执行会被广播给网络中的所有计算机，计算机的账本随之更新。执行后的交易被合并在一起形成一个数据区块，一旦这个区块的空间耗尽（现在的空间大小是1兆字节），计算机就会进行算力竞争①，解决一个复杂的数学难题以验证交易，然后打包该数据块并在账本上记下。

这里的数学难题是由加密哈希函数生成的。函数的工作原理就像一台神奇的加扰机，任何长度的输入都会输出一组固定长度的字母和数字。计算机，或者说节点，使用所有最新的未经确认的交易作为哈希函数的输入，然后将其与任意数据结合，这样一来，输出结果将以特定数量的0开始。反向求输入值是非常密集的计算工作，需要消耗大量的能源，但一旦其中一台计算机算出了答案，其余的计算机就很容易检查，只需把结果输入哈希函数并验证输出的答案所含零的数量是否符合要求即可。一旦节点认可区块的封装有效，该区块就会被记录下来，并使用公认的哈希值链接到前一个区块，形成一条连串区块的链，因此被称为"区块链"。

成功解决问题的计算机会获得比特币和交易费作为奖励。交易费很少超过1美元，不过曾经在高峰期一跃涨到近40美元。在比特币区块链中，形成新区块的过程被称为"挖矿"，每个区

---

① 在区块链中，计算机解决数学问题的快慢用算力表示，算力竞争指所有计算机比拼计算速度，最先算出答案的计算机获得记账权。——译者注

块的形成大约需要10分钟。

"在系统中，消耗中央处理器（CPU）时间和电力来稳定地增加恒量新币，类似于黄金矿工消耗资源将黄金加入流通。在我们的例子中，所消耗的是CPU时间和电力。"中本聪在论文中写道。

若是要修改账本，所有的矿工都必须同意并进行同样的改动，因此黑客很难入侵这样的网络。

区块链技术的创新之处在于创建了一个分布式参与者的网络，允许任何人加入，使用一个被称为"共识算法"（consensus algorithm，在比特币中是工作量证明）的系统来验证交易，无须第三方。每一个已确认区块将包含前一个区块的加密哈希值，这样将区块链接在一起的方式，让区块链基本不可能被篡改。

比特币是区块链的首次应用，但创建不同类型的网络，原理都相同。比特币既是区块链的名称，也是加密货币本身的名称（大写字母"B"用于网络，小写字母"b"用于加密货币）；而以太币是在以太坊区块链上运行的货币。会有一些区块链没有自己对应的加密货币，并非只存在单一的那条区块链。每条链都会有自己独一无二的特征，这就是为什么在人们翻来覆去地说"在区块链上"时，应该立即追问"在哪一条区块链上"？

比特币秉持开源精神，是一种开放协议，允许任何人加入、修改，甚至用副本创建自己的独立版本。不过，要修改协议并非易事，需要协议开发者将改动加入软件执行，还需要大多数节点和矿工运行该软件的新版本。

比特币区块链的第一个区块于2009年被开采，此后该区块链持续增长,每10分钟确认一个新区块。随着挖矿难度的增加,比特币的发行量不断减少。比特币的发行总量最后将达到2 100万个。收到第一笔来自中本聪的比特币交易的人是哈尔·芬尼(Hal Finney),他也在密码朋克的邮件列表中,后来还对工作量证明的研究做出了贡献。已知的首次用数字货币进行的购买行为发生在2010年。当时程序员拉兹洛·汉耶茨(Laszlo Hanyecz)用1万个比特币买了两个比萨(截至本文撰写时,这些比萨已价值8 500万美元)。

2008年,比特币的诞生并非巧合,那一年正是全球金融危机爆发的时候。大萧条时期之后,美国经济面临着最严重的衰退,人们对金融系统丧失了信心。在腐败的评级机构和无能的监管机构的眼皮下,银行把抵押贷款出售给无力偿还的人,把贷款重新打包成他们可以做空的复杂衍生品。在一切崩溃时,大多数银行都依靠政府纾困。

中本聪在挖出的第一个比特币区块中留下了一条信息,内容如下:

《泰晤士报》2009年1月3日:财政大臣正处于实施第二轮紧急援助银行的边缘。

这段文字指的是《泰晤士报》当天的头版文章标题。这证明挖出第一个区块的时间是在那一天或之后,同时这条线索也说明了最初是什么激发了这种点对点数字现金。那就是密码朋克们认为国家金融系统存在严重缺陷,他们在用点对点数字现金反抗系统。

历史上第一次,数字货币让人们能够在几分钟内跨大洲转移价值,无须中介,不受审查。没有中央银行发行货币和支配货币政策,无须银行账户,没有中介在交易过程中收取高额费用,也没有货币管制,所需要的只是接入互联网,决定货币价格的是自由和开放的市场。

一直以来,在传统银行进行国际转账通常需要长达一周的时间,费用最高可达50美元,银行还可以拒绝为他们不认同的业务提供服务,甚至直接欺骗客户。政府为了增加支出经费可以不计后果地印刷新币,致使当地货币贬值;此外政府还能禁止人们购买外币并限制提款。

2013年,正值克里斯蒂娜·费尔南德斯·德·基什内尔(Cristina Fernandez de Kirchner)担任阿根廷总统。2001年,阿根廷政府实施所谓的"小畜栏"(corralito)经济政策[①],禁止大量提款,让大部分国民的财富化为乌有。当时的情况虽然并不像2001年危机那样糟糕,但阿根廷政府还是再次限制了人们自由支配自己的钱。费尔南德斯禁止人们购买外币,以此来阻止因国内反复出现的通货膨胀和比索贬值问题而导致的美元外流。

就在那时,阿尔瓦罗看到比特币突然出现在新闻中,因为它的价格在最近首次突破了1 000美元。他一下就看懂了不受审查的货币的价值,随即上谷歌搜索"如何在阿根廷购买比特币"。

---

① "corralito"在西班牙语中有小畜栏的含义。这项政策限定每位居民每月从个人活期户头上提取现金不得超过1500比索。——编者注

阿尔瓦罗没有多少存款,但他觉得把钱换成比特币比换成比索更好。他当时买入比特币的价格在 600 美元左右,而阿根廷比索的价格是 6 比索兑 1 美元。从那以后比索下跌了 90%,在撰写本文时已跌至约 60 比索才能兑换 1 美元;而比特币的价值较 2013 年的峰值期翻了 8 倍多,最近的交易价格为 8 500 美元左右,当然,中间出现过很多次价格波动。

在 2011—2013 年间,世界各地的开发人员试图将区块链技术应用到其他产业,不仅仅是将价值从 A 点转移到 B 点。他们还在比特币的基础上构建了应用程序,使用比特币的代码创建独立的区块链,甚至从零开始创建自己的网络。他们正在探索去中心化证券交易、去中心化产权和去中心化身份等用途。

这些项目和商家们对比特币的采用令人兴奋,促使比特币的价格被推到了 100 美元以上,在 2013 年首次达到了 1 000 美元。但比特币的实际用途仍然鲜为人知,其价格很快就跌回 500 美元。这些积极探索也随着加密货币寒冬的初降而止步不前。忠实的信徒们继续修修补补,比特币社区也在不断壮大,主要由一些具有技术或经济背景的年轻人组成,他们都是自由意志主义者,聚集在"谈谈比特币"(BitcoinTalk)在线论坛和红迪网(Reddit)上。大多数人从未见过对方,甚至不知道对方的真实姓名,但这些都不重要。对他们来说,比特币不仅仅是数字货币,更代表了一种信仰体系,而这些论坛往往是仅有能让比特币人感到被人理解的地方。

2011 年 3 月,比特币社区新添了一名成员。那就是维塔利

克·布特林。17 岁的他在"谈谈比特币"论坛上发表的第一篇帖子中写道:

> 我可以写文章聊一些关于经济学的概念,比如围绕金钱的社会禁忌以及支付额小于 5 美元时,使用信用卡或贝宝(Paypal)等传统工具支付带来的实际不便……还有比特币如何解决这一问题。

这个人后来在区块链领域产生了自中本聪以来最大的影响。但当时,他还没有比特币,于是便萌生了为"比特币周报"博客(Bitcoin Weekly blog)撰写文章赚取比特币的想法。

3
杂志

这里是克里斯蒂安小镇，位于罗马尼亚的特兰西瓦尼亚地区。街道上公交车正缓缓行驶，米哈伊·阿利齐（Mihai Alisie）坐在车上，看着通勤的人们。他看到有个女人手上提满了大包小包的东西，不得不停下来换换手；有个男人满脸皱纹，爬在油杆①上两眼空洞；还有一个少年戴着耳机，寻求片刻的逃离。米哈伊心里一股幸福感油然而生，他躲开了系统桎梏的束缚。因为没有固定的工作，米哈伊因此逃过了这种日复一日的折磨。

米哈伊高瘦白净，一副文弱模样，是那种会把音响拆开，在

---

① 爬油杆是部分地区的一项传统活动，参与者需要爬上涂满油脂的木杆顶部，摘取杆头的旗帜以赢得奖品，这里可能是在街边的油杆上练习或表演。在中国云南地区的少数民族也有类似的传统活动。——译者注

扬声器里找磁铁的小孩。这种好奇心在他十几岁时发展成了对计算机的兴趣，他最后也因此进入了布加勒斯特经济研究大学攻读经济控制论①学位。

一上大学，米哈伊就利用空闲时间学习扑克，在大学图书馆阅读相关的技术和理论，跟朋友一起在线下玩，还用牌技挣钱。他的女朋友罗克珊娜（Roxana）第一次到学校看他时，两人一同挑选并购买了6本内容不同的扑克书。

米哈伊下定决心要变得更厉害，于是开始找教练指导他的扑克打法，提高赢率。2011年夏天，他自己也成了一个教练。生日当天，他在西班牙庆祝他扑克出师。用向姐夫借来的50欧元，米哈娜最后赢得了500欧元。当时，罗马尼亚人的平均月收入约为200美元，而米哈伊在状态好的时候可以赚到350—500美元。

但靠打牌谋生不稳定，所以米哈伊开始考虑相关的商业机会，在他的脑子里萌生了某种扑克玩家社交网络的想法。他之前在一个网站上下载扑克书，于是他联系了那个网站的所有人，想更好地了解这个遍布全球的社区，这时他第一次听说了比特币。

该网站的所有人提到他的许多客户都用点对点数字货币支付，由于不经过银行，所以这样的交易是伪匿名的，因此理论上很难追踪到交易背后的人。在那次讯佳普（skype）②网络通话中，

---

① 经济控制论是应用现代控制理论和方法来研究经济系统的演变规律和最优控制的学科，是控制论的一个重要分支。——译者注
② 微软公司用来取代MSN的即时通信软件，具有如视频聊天、多人语音会议、多人聊天、传送文件、文字聊天等功能。——译者注

数字加密货币的概念在米哈伊的脑海中一闪而过，但几周后的一个下午，他躺在床上又想起了那段对话。

为了了解更多有关这种数字货币的信息，他把从谷歌上查到的链接都翻了一遍。而这些页面又链接向了更多的页面，而且他一搜比特币，又搜出了一堆密码学术语，这对于他来说更加晦涩难懂，他把能读懂的资料读完，一眨眼就过去了好几个小时。

米哈伊跟许多其他的比特币爱好者一样，明白区块链技术的伟大创新在于它可以免去中介，将省下来的钱直接转给大众。有了区块链技术，有权势的人也会被问责，因为公共账本是不可改变的；没有银行账户的人也可以进行点对点和跨境转账。对于米哈伊来说，这个概念极为震撼，因为在他的人生中，随手打开电视、翻开报纸，看到的都是国家的腐败。

相比之下，扑克显得毫无意义，所以米哈伊决定放弃扑克，专注于比特币。与其为扑克社区打造某种形式的平台，不如去为加密货币打造。

随着米哈伊继续搜索，深入挖掘论坛页面、鲜为人知的博客和油管（YouTube）视频，维塔利克·布特林这个名字不断出现在他眼前。这个名字经常在各个网站上发表文章，如资讯网站"比特币周报"（Bitcoin Weekly，现已停载）、红迪网上的比特币页面以及"谈谈比特币"论坛。这个叫维塔利克的人，写的专栏能够把复杂的概念变得可读又准确。2011年8月，被"比特币周报"的负责人拒绝后，米哈伊给维塔利克发了封电子邮件，问他是否有兴趣共同创办一本比特币领域的杂志。

那年早些时候，维塔利克一直在逛"谈谈比特币"论坛，还主动写文章换比特币，他很快就成了"比特币周报"的撰稿常客。2011年5月，他正写文章讨论近期比特币价格的飙升，他的文章开头是："比特币的价格在过去一个月里暴涨了10倍以上，很多人都想知道原因，还想知道这种增长到底会持续下去，还是只是一个投机泡沫，随时都有可能突然破裂。"这个文章开头的日期设定在2013和2017年也完全适用。

研究一个自己越发感兴趣的话题，维塔利克倒是乐在其中，因为他不光能为此获得报酬，还能在这个狂热的加密货币信仰者部落中备受推崇。因此，当他在收件箱中看到米哈伊·阿利齐提出想开办比特币杂志时，他立即接受了这个提议。

维塔利克和米哈伊素未谋面，甚至都没有视频通话过，而且维塔利克的帖子就是他们唯一的报刊经验。但通过Skype聊了几句，说了下杂志想做成什么样子之后，二人就十分坚定要一起合作。他们将他们的出版物命名为《比特币杂志》(*Bitcoin Magazine*)，决定杂志上将主要刊登关于比特币社区、业务和市场的文章，旨在将杂志打造成一个值得主流媒体记者信赖的消息来源。通过"谈谈比特币"论坛，他们邀请了其他一些志同道合的比特币爱好者加入，很快就有了一个团队，尽管团队成员都没有出版业经验，甚至大多数人连简单的商业经验都没有，却依然经营起了史上首次出版的比特币杂志。

出版的第一步，是需要创办公司。根据一个新员工的建议，他们决定在英国完成这件事，因为速度最快、成本最低。米哈伊将负责处理行政事务,而其他成员则开始编写和设计第一期杂志。一切都安排好了,但还有一个问题摆在面前,那就是米哈伊微薄的扑克牌收入已经用光了,他没有足够的钱从罗马尼亚去英国。

米哈伊经常在母亲面前说起比特币这种未来货币,一谈起来就没完没了。米哈伊的母亲不想让几百美元横亘在儿子和他的梦想之间。于是米哈伊的母亲打开了她的珠宝盒,拿出了一条金项链让米哈伊当掉,这可是她最贵重的首饰之一。米哈伊还从罗克珊娜的父母那儿借了一些现金,有了这些钱他才买得起机票,才有钱在英国短暂停留。

杂志的最初计划,只是办一个电子(PDF)版本,至少米哈伊是这样想的。下载杂志的人,可以用比特币或"法币"(比特币爱好者喜欢用法币来指代政府支持的货币,如美元)支持杂志的出版工作。一旦杂志有了读者,总有出版商慧眼识珠,去跟广告商接洽,或许杂志自然就能印刷了。

不过团队中有个新成员却认为应该加快杂志印刷,他的网名叫作马修·赖特(Matthew N. Wright)。这个人有许多争议,加密货币社区的人都很讨厌他,因为他发在油管上的视频冗长而没有重点。他在杂志差不多准备好时,就开始推动第一期杂志的印刷工作。

"有梦不嫌大。"马修在《比特币杂志》的讯佳普聊天室里发送了这样一句话,彼时他身处韩国的家里,正试图召集团队出版一份实体杂志。马修得到的支持不冷不热,米哈伊却认为团队资金不够、经验不足，那时候他刚在英国注册了比特说媒体有限责任公司（Bittalk Media Ltd.），正准备返回罗马尼亚。米哈伊以为事情就这样打住了，于是登上了回布加勒斯特的飞机。但当他有时间打开计算机时，讯佳普群组上弹出了几百条信息。他向下滚动着，想要了解发生了什么，然后点进了一个链接，那是一个新闻稿，上面用粗体字写着"第一期比特币杂志开始印刷"。声明宣称，该出版物将是"一份行业标准的64页光面杂志，初始发行量为5 000份"。

米哈伊继续读着新闻稿，心生担忧。

"美国的订阅用户将在2012年5月16日之前收到他们的第一份《比特币杂志》，"这一日期距离该新闻稿发布还剩不到两周的时间，"国际用户的交付时间可能有所不同……当然，比特币是可用的支付方式之一。"

一言既出，驷马难追。罗克珊娜和米哈伊感到责任重大，但下定决心要说到做到。杂志写作和设计主要是维塔利克负责，已经完成了，现在就剩下印刷和运输的问题，这担子完全落在了他俩身上。这些杂志在美国印刷，用集装箱运货船送到英国，然后再从那里用卡车运到罗马尼亚。米哈伊去海关办公室取货的时候，警察打开箱子，那个面带黠笑的白色面具，全世界的黑客和反抗者都在使用的标志，在新印刷的杂志封面上格外耀眼。米哈伊忐忑地看向罗克珊娜，但警官只询问了杂志是否跟占领华尔街运动有关。"算是吧。"他们回答，然后警官就只是要了一本杂志以备案。罗克珊娜松了一口气，给了他两本。

寄送杂志的准备工作在米哈伊的父母家里进行，随着订阅量的增加，罗克珊娜把订阅信息录入电子表格，在标签上写下姓名和地址，贴在信封上，然后将杂志装进去。一箱箱的杂志开始摆满客厅，然后他们把这些杂志搬到村里的邮局，却发现邮局的邮票不够寄出所有的杂志。这是小邮局一年中生意最好的一次，所以邮局职员说他们会想办法解决。

订户们晚了好几周才收到杂志，愤怒地在"谈谈比特币"论坛上抱怨，指责整个操作是一个骗局，但杂志的出版工作仍在继续：维塔利克和其他一些铁杆"粉丝"继续写文章，米哈伊和罗克珊娜买了一台标签打印机，让整个流程稍微有点自动化了。很快，这个团队就成功地实现了他们的目标，打造出了最值得信赖的比特币新闻来源。

在某种程度上，这要归功于马修，他一心想要印刷杂志，当时看来他的锐意进取和雄心壮志有些过激，但正是他，才让团队走到了这一步，不过他并没有在杂志团队里待很久。2012年9月，当时是杂志主编的马修辞职，这距离第一期杂志发货才过去了4个月。他离开是因为他决定支持一个名为"海盗"（Pirate）的加密货币项目，有传言称，这个项目是一个骗局。

在"谈谈比特币"论坛上，有人说这个项目是庞氏骗局，是在诈骗。马修发帖回击道"这个项目是合法的"，让他们在他的帖子下留言，写下他们愿意投资多少钱。如果他们投资失败了，马修将向投资的人偿还双倍金额。不出所料，后来有很多在线论坛都在讨论这个项目的投资损失，这个名为"海盗"的项目被终止了。那些欠下的资产,马修并没有还清;他的声誉被毁,写给社区的道歉信被大家无休止地质疑和嘲笑。最后,马修辞去了比特说媒体有限责任公司董事和《比特币杂志》主编的职务。

这下,就只剩维塔利克和米哈伊继续将杂志办下去了。

4

兔子洞

维塔利克在加拿大滑铁卢大学听阿尔弗雷德·梅内塞斯（Alfred Menezes）教授讲课时，总是坐在同一个位置：前排左手边。他从2012年12月开始上这门计算机科学课，这对他来说很轻松。在教授眼中，最让他震惊的不是维塔利克超群的考试成绩，也不是他在课堂上时常出现的精彩发言，而是他留下来跟人谈论比特币的次数。梅内塞斯曾与人合著过几本关于应用密码学的书，所以维塔利克在谈到这个话题时表现出的清晰透彻让他印象深刻。维塔利克通常会跟人聊上一两分钟，然后就得匆匆离开，他的日程安排得太满了：除了要上5门高等大学课程外，他还担任著名密码学家伊恩·戈德堡（Ian Goldberg）的助教，伊恩与人合写了"不留记录协议"（Off-the-Record Protocol），现在已被广泛应用于加密即时信息。除此之外，维塔利克仍在为《比特币杂志》

撰写文章，并且还兼任了一些编程工作。

维塔利克的生活被这些工作挤占，没有留出多少时间给朋友，所以那段时间他也会感到孤独。维塔利克没有像很多大学生那样经常参加派对，沉迷酒精，而是待在学校或家里，无论是工作日还是周末，在计算机前工作一个又一个小时。他利用上厕所和吃饭的时间来换工作的地方，这样他就不会连续几天都坐在同一个位置了。

维塔利克虽然享受工作，但他也渴望一些人际关系。他那双蓝眼睛看起来就跟他本人一样冷静，当眼前的事情不能引起他的兴趣时，他便开始眼神恍惚；有时他还会喃喃自语或是自顾自地笑起来，好像沉浸在自己的思绪里。就是这样一个人，也会为越来越多的比特币聚会和会议（近来甚至连多伦多都有了）感到欣慰。

在离滑铁卢大学不远的地方，有个多伦多本地人也一直在寻找现实中的加密货币社区，那就是安东尼·迪·约里奥（Anthony Di Iorio）。安东尼之前只在网络上看到过加密货币社区，由于最近迷上了比特币，他想联系该地区志同道合的爱好者，却一无所获，所以他自己在网页上创建了一个交流会小组（Meetup.com）。

第一次小组聚会定在了 2012 年 11 月，"穷鬼酒吧"里只来了十几个人。其中有一个刚高中毕业、略显窘迫的 18 岁孩子，就是维塔利克·布特林。维塔利克弓着背坐在酒吧里一个高脚凳上，前伸的手臂又瘦又长。据安东尼回忆，维塔利克基本不怎么说话，有人跟他说话的时候，他似乎还会错愕一阵，然后再回答。

在那次聚会之前，安东尼的生活无忧无虑却漫无目的。他的父亲利诺（Lino）经营着一家建筑公司，还做玻璃推拉门生意，另外还发明了冰壶设备并申请了专利,大多数奥运会奖牌得主现在都在使用这种设备。这些投资带来的收入让迪·约里奥一家在多伦多拥有一栋超大的英式庄园。家里的孩子们上的是该地区最好的私立学校,但安东尼讨厌循规蹈矩,所以学习成绩也一般。他更喜欢去踢足球或打冰球,不然就是坐在计算机前。

1986年,安东尼拥有了人生中的第一台计算机——盒式个人计算机(IBM PC junior)。计算机被放在书房里,当时他才11岁。从那时起,他就好似上瘾了一般。他去参加计算机夏令营,在那里他不光可以划皮艇,划独木舟,还能学习使用大型主机,那时的计算机带有穿孔卡片,还没有显示器。

尽管家里很富有,但利诺希望孩子们有正确的金钱观,所以安东尼在成长过程中做过很多工作,比如在高尔夫俱乐部打工、当酒保以及在商场的雕刻店打杂,但他一直想从事与计算机相关的工作。安东尼的父亲有一个表弟,叫雷诺(Reno),他经营着装配调制解调器的生意,11岁时,安东尼就在他那里帮忙。后来安东尼进入了瑞尔森大学读商业管理学位,在他上大学的第一年,他就开始与他的好朋友埃利奥(Elio)一起开发网站,只是这项业务并没有做起来。

到那时,计算机对于安东尼来说,还只是一个有意思的爱好。大学一毕业,他就去了一家催化转化器公司做营销,但他很快就辞职去了欧洲旅行。当他回到加拿大时,他的父亲帮他在约克大学附近买了一栋房子,他搬进去后把其他房间租给了大学生。2008年,他父亲卖掉了玻璃推拉门的生意,问安东尼是否有什么事他能帮上忙。就这样，安东尼最终拥有了一个价值百万美元的钻头。他觉得清洁能源很有吸引力，刚好他父亲的一个朋友有一家地热钻探公司，他们公司不借助燃烧，就能利用贯穿地面的管道帮助冷却或加热建筑物，现在公司业务蓬勃发展，钻探需求多了起来，安东尼的公司就将负责钻探。

但是，安东尼被另一件事吸引了。事情起源于安东尼的好朋友埃利奥，他曾敦促安东尼"学学钱是什么"。埃利奥未来的政治生涯一路向前，看上去前程似锦。他在2004年当选为加拿大绿党的国际秘书，但不到两年他就辞职了，指责该党的领导人财务管理不当。埃利奥的选举之路虽然短暂，但已经让他厌倦不堪，所以他在开车时用不挂车牌来宣示他的独立性。埃利奥坚信银行是一个披着合法外套的骗局，他曾经在法庭上用一张写有"消费者购买"字样的纸（类似于欠条），为需要支付17多万美元的贷款与道明银行抗争。

安东尼有一双狭长的深棕色眼睛，薄薄的嘴唇，稀疏的黑发，身材矮小却匀称，看起来像是不愿意听人建议的人，却决定听从他好朋友的意见，研究金钱。大概就是从那时起，贪婪的华尔街银行、腐败的信用评级机构，充满希望或孤注一掷的美国购房者，再加上单纯好骗或老谋深算的投资人，让世界陷入了金融危机，并让这场危机在10年后仍有余威。因此，如果你像安东尼一样，在2008年上网搜索关于钱的问题，YouTube上随处都是以事后反思为主题的视频，要么是解释这场危机，要么就是分析处理危机的方式有什么问题。在搜索过程中，安东尼在网站上看到了彼得·希夫（Peter Schiff）的视频。希夫是一名股票经纪人，举着牌子参加了"占领华尔街"抗议活动的游行，其牌子上写着"我是那1%[①]，我们需要谈谈"。希夫的视频显示，2006—2007年间，希夫曾在各大新闻台警告大家金融危机将要来了，他认为政府印钞、对企业征税过重、福利支出过度，导致了资产价格上涨、经济失衡，安东尼对这些观点都很赞同。

到2012年，安东尼已经把YouTube上的视频看得差不多了，就开始学习奥地利经济学，读安·兰德（Ayn Rand）的书。从那时起，网上那些关于比特币的信息就进入了他的生活。他在自由主义电台节目《自由谈》（*Free Talk Live*）中第一次听说了比特币，然后立即买了1个，当时的价格是10美元左右。几天后，他又以差不多的价格买了800个。

就这样，自己的工作换来换去，上班也总心不在焉，于是安东尼慢慢变成了一个铁杆比特币玩家，在"穷鬼酒吧"主持了比特币爱好者多伦多的第一次聚会。

到2013年初，安东尼就不再是孤身一人了。2013年5月的圣何塞会议（简称为"比特币2013"）是加密货币世界在全世界前的一个亮相派对。过去的会议只能吸引几百名观众；但这一次足足有1 000人，挤满了整个场馆。以往的会议只有比特币名人在发言名单上；而这次在圣何塞，温克莱沃斯（Winklevoss）兄弟发表了主题演讲，德雷珀资本（Draper Associates）和基准资本

[①] 指"占领华尔街"抗议活动发起者认为的，与社会上99%普通人相对的1%极富人群。——译者注

（Benchmark Capital）等风险基金公司也屈尊从硅谷赶来了。这是一场皆大欢喜的会议。比特币的价格刚从年初的15美元左右涨到如今100美元以上，这是一个里程碑。

大多数比特币界的知名人士也出席了会议。加密货币交易所比特时刻（BitInstant）的联合创始人查理·史瑞姆（Charlie Shrem）也是演讲者之一，但这个人在2014年12月因协助和教唆营运与丝路①（Silk Road）相关的无证汇款业务而被判处了两年监禁。罗杰·维尔（Roger Ver）也参加了会议，他热情十足，将比特币当作福音在传播，因此被称为"比特币耶稣"。他后来成了比特币分叉币比特币现金（Bitcoin Cash）的拥护者。其他知名人士，包括比特支付（BitPay）的联合创始人兼首席执行官托尼·加利佩（Tony Gallippi）和比特币开发核心人物加文·安德森（Gavin Andresen），也出现在了会议现场。

维塔利克站在《比特币杂志》的展台后面，与展台前络绎不绝的忠实读者聊天。他可以和他们一起聊别人听不懂的密码学和去中心化，讲些书呆子的数学笑话，双方都能领会到其中的妙处。这是他第一次成为受欢迎人群中的一员。但更妙的是，这种感觉就像是跟失散已久的部落重聚，他终于找到了他的族人。

在大学期间，维塔利克参加了一个项目，允许他学习8个月，工作4个月，然后再学习8个月，工作4个月，如此重复5年，直到毕业。他的目标是在一家加密货币初创公司里获得一些经验。

---

① 一个黑市购物网站。——译者注

2月，维塔利克向开发了数字支付协议瑞波（Ripple）的杰德·麦卡勒布（Jed McCaleb）询问自己能否加入他的公司。麦卡勒布答应得很爽快，但要得到这份工作，维塔利克首先得拿到美国签证。当时，瑞波公司资历尚浅，无法为维塔利克提供签证担保。经过长时间、多途径的尝试，他们最终在5月左右放弃了。

后来，在维塔利克放假期间，米哈伊邀请他去欧洲为《比特币杂志》继续工作，同时开发一个名为"易构网"[①]（Egora）的新项目。比特币一开始是作为数字货币出现的，其货币性质到如今却依然作用甚微。比特币业已成为贩卖非法商品的暗网中使用的主要货币，到2013年，比特币还基本占领了"丝路"。但是，许多拥护比特币的人的目标是让主流在线贸易采用这种数字货币，这样比特币才能真正成为中本聪在白皮书中提到的"点对点电子现金系统"。考虑到这一点，米哈伊开始建立易构网，这个在线市场旨在成为一个"去中心化的易贝网（eBay）"，买家和卖家将不必依赖平台本身，资金将被转移到一个存储在去中心化账本的第三方账户中，只有当买卖双方都解锁账户时，这笔钱才会被释放。

在一起为杂志工作了两年之后，维塔利克和米哈伊终于在巴塞罗那的一家爱彼迎民宿里见了面。他们在那里还没待多久，著名的比特币开发者阿米尔·塔基[②]（Amir Taaki）就劝他们加入附近的无政府主义社区卡拉福（Calafou）。他们决定去看看，一方

[①] 英文单词"electronic"（电子的）和古希腊语"agora"（聚集地）的缩写，意为一种新型、合理、高效且廉洁的组织形式。——译者注
[②] 俄裔美国人，20世纪著名的哲学家、小说家和公共知识分子。她的政治理念被形容为小政府主义和自由意志主义。

面是因为去一趟也不贵,另一方面是因为他们希望能遇到一些有趣的人,跟他们一样认同最小政府和最少企业控制的价值观。

坐90分钟的火车,就可以从巴塞罗那到达瓦博纳达诺亚,一个小而古老的村庄,这是离卡拉福最近的一个车站。这个农业小镇坐落在加泰罗尼亚的乡村,十几条铺好的道路纵横交错,农场和工厂错落其间。去往无政府主义社区的路两旁全是房屋,屋顶铺着红色瓦片,墙体是泥土色,还有带铁栅栏的阳台。路上很少有汽车驶过,人行道上也几乎空无一人。房屋前一些低矮的墙壁上,仍然可以看到褪色的红星、锤子和镰刀的喷绘图案,以及某些涂鸦口号。

在该镇的郊区,有一片破旧不堪的建筑,窗户都是破的,建筑群和一堵砖墙构成了群落的边界。内部有一栋建筑的状况稍微好些:窗玻璃仍然完好无损,大部分墙壁都涂有白漆。墙上有一幅色彩斑斓的壁画,画上是一个大树干,树枝上挂着带着笑脸舞动的果实和一些奇幻的形状,树枝向上延伸至紫色的天空,整幅画照亮了原本黯淡的外墙。

卡拉福社区是由西班牙反资本主义者恩里克·杜兰(Enric Duran)创办的。杜兰因策划了一场金字塔骗局而臭名昭著。他从一家银行借钱来支付另一家银行的贷款,这样的操作不仅提高了他在银行的贷款限额,还能让他借到更多的钱,然后再用这些钱支付第三家银行的贷款。如此循环,最终他从39家银行借了49.2万欧元。

但杜兰拒绝偿还这些债务,然后逃离了西班牙。2008年时,世界正沉浸在经济危机中,西班牙受到的冲击尤其严重。为了解释自己提出的所谓"公民不服从行为",杜兰出版了一本小册子。他声称自己在没有担保的情况下就获得了近50万欧元,而且在某些情况下还使用了伪造文件,这揭露了银行系统将"累累负债加之于万千家庭",并且不顾风险和常识。虽然在此后1个月,比特币白皮书才被公布,提出了无须信任第三方的系统,但杜兰在抗议中表明的观点跟比特币的初衷不谋而合。他写道:"这个系统基于信任才能运作,所以,如果我们通过类似行为使不信任泛滥,那我们是不是也能废除(甚至摧毁)这个系统?"

杜兰本可以把在骗局中得到的这笔不义之财从银行账户中提取出来,然后卷款跑路,但是他没有(至少没有把所有的钱都收入囊中)。他用其中的一部分来资助反资本主义运动和无政府主义运动。他跟其他人共同创立了加泰罗尼亚整体合作社(Cooperativa Integral Catalana,CIC),目的是在国家之外创造一个自持续的经济体。社内比较积极的成员通过谈判买下了一大片地,附带一个破旧的工厂群。业主本来准备卖给另一个人,那人想把这片地变成垃圾处理厂,但业主最终还是被成员们口中更宏大的愿景所打动。双方达成了先租后买的共识,于是30多个满怀激情的成员搬了进来,把这个地方称为"后资本主义经济工业殖民地"。他们建起了车间用来做金属焊接和木工,种植了一些农作物,还成立了卡拉福的"黑客实验室",这便是米哈伊和维塔利克安顿下来工作的地方。

黑客实验室里,几张桌子挤在角落,还有一台计算机,几台显示器以及快速可靠的网络,这是开发人员赖以构建开源软件的条件。建筑内的空间其实很大，社区成员从旧货店淘来各种家具，但是再多的沙发、椅子和桌子也无法放满这个地方。这些工厂是为存放进行工业量产的机器而建的，一群无政府主义者搬来的家具当然放不满。现在工厂里任何能让这个地方看起来稍微宜居一点的东西都早已经被拿走了，室内看起来就像是空荡荡的混凝土箱子，每隔几米就有几根水泥柱子把空旷的空间分隔开。墙壁上离地几米高的地方是巨大的窗户，光线能透过窗户照射进来，由于不是所有的地方都有电，所以这还算幸运。成员们已经与镇上的超市达成了协议，回收超市里那些再也卖不出去的易腐食品。

照维塔利克看来，卡拉福最糟糕的地方是厕所。厕所搭在建筑外，里面其实就是在地上挖了个坑，厕所里很少有卫生纸，还总是有苍蝇在乱飞。他尽量忽视这些苍蝇的存在，但有时他会放弃抵抗，然后去树林里解决。完事之后，他得再走百来米才有地方洗手。维塔利克觉得冲冷水澡的体验也不是很好，而且他睡的床垫薄到他躺着都可以感觉到地面。

但他喜欢置身于大自然。在为易构网工作以及与人谈论加密货币的可操作性之余，他会一边思考着下一步该怎么做，一边在树林中散步，不一会儿他瘦弱的身躯就会消失在林间，只听见树叶被他的运动鞋踩得嘎吱作响。

8月初的时候，维塔利克已经在卡拉福住了大概两个月，他给学校发邮件说想休学1年从事加密货币项目。那时候，他还认真地觉得他之后还会回到学校。

5

瑞士军刀

新罕布什尔州是维塔利克开启全球比特币之旅的第一站,该州的自由主义倾向让维塔利克心驰神往。在去新罕布什尔州的两年前,维塔利克在"谈谈比特币"论坛上写道:"你可以把世界想象成一个自由市场的状态,各个国家各自合法占有土地,而你我要在一定条件下才能在某片土地上生活。"

在维塔利克眼中,过度冗余的政府会因为缺乏竞争而产生不良影响,如此一来,即便税收水平、公共服务、个人自由不平等,大多数人也只能接受。维塔利克认为政府就像大型企业一样,"一旦超出了规模限制,就会变得低效"。

新罕布什尔州的州训是"不自由,毋宁死[①]",维塔利克驱

[①] 原文是"Live Free or Die."——译者注

车驶入这个州时,路边的一个指示牌让他印象深刻,指示牌上要求不满18岁的人必须系上安全带。维塔利克在《比特币杂志》的一篇文章中解释道:"这规定跟其他州不同,只对18岁以下的人适用。"他去那参加"豪猪自由节"(Porcfest)①。这节日每年由一个名为"自由州项目"(Free State Project)的自由主义运动举办。自由节会持续一周,其间有以自由为主题的专题讨论,还有一个交易市场,市场上商家接受的付款方式有白银、黄金和比特币。

比特币在当地得到发展,主要是因为越来越多的商家开始接受比特币这种支付方式,但与之相比,新罕布什尔州的政治更让维塔利克印象深刻。维塔利克发现,当地人对政府很满意,"只要联邦政府不插手",这里将会是一个理想的居住地。在新罕布什尔州参加一次比特币聚会时,维塔利克曾经被赶了出来,因为州内饮酒和进入酒吧的年龄限制是21岁,而当时的他才18岁。"参加聚会的人很好(而且义愤填膺),最后他们转移到另一个地点聚会。"维塔利克这样写道。

接下来,他飞往欧洲到阿姆斯特丹参会,会议主题是比特币业务。这次会议跟当年早些时候在伦敦举行的一次会议不同,没有主流金融社区参加。维塔利克觉得这是大势所趋。他全神贯注地听荷兰央行代表和阿姆斯特丹的警方代表讨论监管问题,维塔利克希望比特币的诸如提供交易公共账本、交易所能将资金存在

---

① 全称是"The Porcupine Freedom Festival",节日名来源于自由主义团体的豪猪图标。——译者注

可验证的离线存储中等特点,能够让代表们为加密货币的可能性感到兴奋,而不是反过来打击比特币。

在阿姆斯特丹会议上,相关发言人表示点对点的数字支付网络瑞波将成为一个开源网络,对于维塔利克来说,这是本次会议中他听到的最重要的消息。当时瑞波最受诟病的问题在于,瑞波始终为一家中心化公司所控制,名为瑞波实验室(Ripple Labs)。该公司可以随意修改代码,无须经过社区同意。此外,瑞波实验室还拥有瑞波全部的加密货币——瑞波币(XRP),共计1 000亿个。

"瑞波公司只计划将瑞波币中的一部分发给社区,其余的部分将留给早期投资者和公司创始人,在圣何塞举行的比特币会议上被问及相关问题时,CEO 克里斯·拉森(Chris Larsen)只是回答说,公司选择这种分销模式是为了更好地吸引硅谷的顶级人才和投资。对于那些认为当前金融体系的主要问题就是不平等和贪婪的人来说,这种说法不尽如人意。"维塔利克在一篇文章中写道。

维塔利克认为,公开代码并没有改变人们对瑞波实验室控制瑞波币的批评态度,但瑞波开源确实带来了改变:任何人都可以审查代码的内部运作;任何人都可以加入网络;如果在协议的某些点有分歧,大家都可以自由复制代码,修改代码,甚至运行一个新的瑞波协议。

在会议上,维塔利克遇到了阿米尔·切特里特(Amir Chetrit),这个人在以色列为彩色币(Colored Coins)工作。彩色币项目旨在将现实世界的资产转变为代币,基于比特币网络进行代理和管理。阿米尔身材高大，秃头，留着黑胡子的脸上总是带着轻松的微笑，在意识到比特币能够提供一个替代性的货币体系，改善现有的经济、金融和社会结构之后，他加入了比特币队伍。至于他为什么在以色列，是因为他父母的工作性质，他和4个弟弟妹妹从小就在以色列和美国之间来回奔波。

从马里兰一所大学的计算机科学专业退学后，阿米尔在该州的一个地方政府短暂工作了一段时间，职位是软件工程师。上班的时候，他在工位上通常一坐就是好几个小时，期间没有任何事情可做，所以他亲身体会到国家系统也可以非常低效、缓慢甚至腐败。他辞去工作后搬到了纽约，跟随他母亲进入了房地产行业。当时是2005年，华尔街里高风险的抵押贷款被重新打包成金融衍生品，日复一日催生了经济泡沫。在这种情况下泡沫会破灭也在所难免。

阿米尔茅塞顿开，明白这个世界并不是按照公平和既定规则运作。他开始相信当地政府从根本上就有缺陷，货币和银行系统是为少数精英设计的。由于阿米尔非常认同自由主义价值观，所以他支持罗恩·保罗[①]（Ron Paul）竞选，在研究自由主义相关的博客时，他看到了比特币，一个标榜不受制于任何中央机构的系统。

就这样，阿米尔开始与以色列的彩色币团队合作，该团队正在建立一个允许在比特币网络上交易不同货币和资产的系统。对

---

① 美国得克萨斯州众议院前译员、总统候选人，自由意志主义者。——译者注

加密货币刚产生的兴趣驱使阿米尔参加了2013年9月在阿姆斯特丹举行的比特币会议，他在那儿遇到了维塔利克。维塔利克告诉他，以色列是他比特币之旅计划中的一站，他会在某个时候去一趟，于是阿米尔提出帮他联系自己的朋友奥菲尔（Ofir）。他也在特拉维夫一个比特币相关的创业公司工作。

很快，维塔利克就到了特拉维夫，寄宿在了奥菲尔家的沙发上。这是他喜欢的旅行方式：用一个背包背上所有家当，在朋友或朋友的朋友家里当沙发客。

阿米尔顺便去了奥菲尔的公寓找维塔利克。阿米尔发现在他来这里的短短两天时间里，维塔利克就为他朋友的初创公司建好了一个网站，奥菲尔原以为这需要几周才能完成。紧接着阿米尔向维塔利克提出了一个统计数学问题，不出几分钟，维塔利克就写出一个计算机程序解决了这个问题。阿米尔目瞪口呆地坐回到椅子上，维塔利克却若无其事地在自己的计算机上打字。

特拉维夫这片沙漠之地，遍布古老的宗教遗址，鹅卵石街道蜿蜒穿过喧闹了3 000年的市场。在这儿，维塔利克找到了一群创业者和开发人员，这群人在区块链的世界中突飞猛进。当地的团队都在试图拓宽比特币的边界，测试它是否有除数字货币以外的其他用途。他们相信当一项技术拥有不含中心故障点、不受审查、无须中介以及不可篡改等特性时，那一定也可以造福货币之外的其他应用程序。股票和债券等金融工具以及黄金等商品，很明显都在区块链技术的辐射范围之内，但人们也在讨论把其他一些价值形式，比如房产证和医疗记录放在区块链上。所有这些努力的方向统称为"比特币2.0"。考虑到比特币当时没有，现在也仍然没有成为被广泛使用的货币，这些想法令人钦佩。

在特拉维夫跟罗恩·格罗斯（Ron Gross）的见面让维塔利克很兴奋，罗恩是带领万事达币（Mastercoin）团队的人。在一家咖啡店里，罗恩向维塔利克说明了他正和一群来自世界各地的开发者在比特币网络上建立的平台，这个平台允许任何人创建自己的加密货币以及用这些货币筹款。

万事达币的创始人是威利特（J.R.Willett），他雄心勃勃地将他在2012年1月发表的协议提案称为《第二比特币白皮书》（*The Second Bitcoin Whitepaper*）。该项目于2013年7月上线，以为期1个月的筹款活动为开端，参与筹款的人需要将比特币发送至数字钱包地址才能获取万事达币（1个比特币可以兑换100个万事达币）。

罗恩最初在谷歌工作，后来他从谷歌辞职加入了一家创业公司，然后又退出创业公司进入了比特币领域。2012年，他在"谈谈比特币"论坛上看到威利特发布的白皮书时，在项目下提出了自己的建议。然后在2013年7月，威利特发布了修改后的白皮书，并宣布他要出售万事达币以换取比特币。罗恩是第一个回帖的人，他给出的第一条建议就是他认为威利特应该推迟出售，给社区足够的时间来审度这个项目，尤其是因为项目的早期投资者能够得到奖金；他还建议成立一个董事会来管控资金，避免让资金流入威利特的个人钱包。他写道："只有放弃救世主角色，避免单点故障，你才能赢得万事达币更多的信任。"

威利特顶着"去中心自治货币大教堂"(dacoinminster)的名字,罗恩顶着"开膛手234"(ripper234)的名字,两人在论坛上讨论了一会儿,但最终万事达币的出售还是如期进行,此次项目共筹集了5 120多个比特币,相当于当时的50万美元左右。出售结束后项目组成立了一个基金会,罗恩以董事会成员的身份加入其中。这是第一次有区块链初创公司通过出售数字代币来筹集资金,这种众筹机制后来被称为"首次代币发行"(initial coin offering,以下简称ICO),这个名称从"首次公开发行"[①](initial public offering,以下简称IPO)演变而来。

以比特币和其他加密货币为例,数字货币的运转机制是:由计算机网络创造,依靠计算机耗费巨大能源以确认交易(也就是"挖"币),成功用计算机完成交易确认的人可以获得货币作为奖励。因此,一个像万事达币这样凭空造币的项目必然会遭受比特币社区的批评。不仅是因为万事达币的所有权很集中(威利特拥有总数的30%),而且万事达币基金会也享有特权,因为它会向每笔交易收取费用。对于许多比特币爱好者来说,这使万事达币失去了可以被归类为加密货币的资格。

虽然如此,在维塔利克看来,万事达币的方式还是比瑞波好。他的理由是,至少万事达币在出售时会被分配给社区,而不是完全由中心化的一方拥有。另外,将筹集到的资金交由非营利基金会管理也是更佳的方式,因为跟脱离社区的企业高层相比,基金

---

① 又称首次公开募股,指一家企业第一次将它的股份向公众出售。——译者注

会更能站在广泛社区的角度看问题。

在2013年上半年举行的圣何塞会议上,威利特就曾提到过这种新型的筹款方式。

"未来的可能性我们已经聊过了,我们还应该提一下目前有什么事情变得毫不费力了。如果你今天想在比特币的基础上启动一个新的协议,你可以不用去找一群风险投资人,说嘿,我有个想法,"他说,"你大可以说……我们是谁,这是我们的计划,这是我们的比特币地址,任何向这个地址发送货币的人都拥有我们的一份协议,所有人都可以参与。"

在《第二比特币白皮书》中,威利特写道万事达币将成为现有比特币区块链和用户的货币之间的一个协议层,这一软件将会"包含一些简单的工具,允许任何人依照自己的规则设计和发布自己的货币,无须做任何软件开发"。这些在比特币网络基础上发行的新型加密货币将会有许多潜在用途,筹款只是其中之一。万事达币软件将允许用户在比特币生态系统中创建所谓的智能合约[①](smart contracts)。智能合约由代码组成,当满足一组预定义的规则时,这些代码就会自动执行。

在1998年发明了数字货币"比特金"的密码学家尼克·萨博在20世纪90年代初提出了"智能合约"这一术语。在1997年的一篇论文中,他说智能合约"结合了协议与用户界面,通过计算机网络建立起安全和正式的关系"。由于合约中的协议是通

---

① 区块链领域中旨在以信息化方式传播、验证或执行合同的计算机协议。——译者注

过计算机程序执行的，故系统不需要付款给如审计师、会计师、律师和公证人等第三方，也无须信任他们。不起眼的自动售货机其实是智能合约的雏形，萨博在论文中这样写道。

比特币也使用了这种技术，因为系统也是在满足某些条件时，才会将价值从一个人转移给另一个人。比特币的脚本语言考虑了其他智能合约，如多签账户①（multi-signature account）、支付通道、第三方托管、时间锁等，但这种技术只限于几种特定用途，而万事达币想要改变这种情况。

万事达币于 7 月出售，4 个月后罗恩升任该项目的主管，正如他告诉维塔利克的那样，万事达币的开发人员正在努力设置不同的功能模块，在比特币的基础上进行扩展。维塔利克问的问题让罗恩感觉到，这个年轻的《比特币杂志》作者已经读完了所有的文件，可能比他更了解这个技术。在他们聊天结束的时候，维塔利克问有什么他可以帮忙的，罗恩指了指团队的在线公开板，上面跟踪记录了他们正在进行的十几个任务和研究项目。他说："你随便选一个你感兴趣的就行。"

维塔利克还在以色列会见了尤尼·阿西亚（Yoni Assia），尤尼领导的 e 投睿（eToro）是一个股票和外汇交易平台，已经开始涉足比特币交易并正在与彩色币团队合作。与万事达币类似，彩色币团队的人正试图将现实世界的资产如股票、房地产和黄金附加到比特币区块链上。维塔利克自 2012 年年底以来一直在关注

---

① 通常指需要 2 个及以上密钥进行一定授权才能交易的账户，常用于资产的安全存储。——译者注

这个项目，并为其开发了一些代码。当他到达以色列时，他问尤尼有没有需要他做的工作，他在以色列期间可以专心完成。尤尼知道维塔利克能把复杂的想法变成文字，他在《比特币杂志》的文章中见识过维塔利克的文字能力，便提出让他写一份新的彩色币白皮书，并表示可以支付一些比特币给他，另外告诉维塔利克如果他愿意，还可以到 e 投睿的办公室工作。

从公寓到 e 投睿在市郊的大楼，维塔利克几乎每天都要徒步跋涉 1 小时，他想节省几块钱的公交车费，刚好他也喜欢步行。走到办公室后，维塔利克会在公共区域落座，然后打开他的笔记本电脑开始工作。很多时候，尤尼都找不到机会跟维塔利克闲聊，但只要谈话转到与技术或加密货币有关的话题上，维塔利克就会精神抖擞，如果尤尼能跟上他的思路，他们就会兴致勃勃地聊上几个小时。

维塔利克在大约两周内写好了白皮书，并于 11 月 13 日将其发送到了彩色币的谷歌小组。在简单介绍了比特币的创造过程以及比特币相对于现有支付系统的优势（不可逆的交易保障了高度的安全性，去中心化使其不受审查，交易公开带来了前所未有的业务透明度等）之后，他问道："鉴于所有这些优势，自然会有一个问题：是否也可以将同样的功能用于其他应用？事实证明答案是肯定的。"由加密工作量证明保护的分布式数据库，"不仅适用于中本聪在 2009 年最初设想的单一的限量供应的货币"。维塔利克认为，同样的技术可以用来保障公司股份、财产、银行存款的所有权，基本上任何可以用数字资产表示的东西以及所谓的"竞争性商品"(在同一时间只能属于一个人)都在此技术的应用范围内。然而在默认情况下,比特币并没有如此的能力。因此我们需要一个额外的协议,"一个发行不同工具的覆盖网络①(overlay network),封装在我们称之为'彩色币'的设计中",他写道。

接着,维塔利克更细致地解释了每个用例,然后详细说明了代码。有许多人感谢他所做的一切,但也要求他进行修改并解答疑惑,还有少数人对维塔利克没有引用之前的工作极其不满。

跟维塔利克共同撰写白皮书的尤尼站出来为他辩护:"维塔利克从第一天起就跟每个参与这个项目的人一起工作,我们到目前为止有了很多进展,他把这些工作都整理进了一篇文章里,已经做得很好了,上次有人评论之后,他已经加上了很多参考文献,如果需要的话还会添加更多。"

在撰写白皮书的同时,维塔利克也在研究万事达币。他回顾了迄今为止所做的研究和工作,然后给罗恩和威利特发了一封电子邮件,提议为差价合约(contracts for difference,一种对证券未来价格进行投注的方式)编写规范。罗恩回复说这听起来"好极了",在发邮件与威利特进行了一番讨论后,他俩决定付给维塔利克1 000美元。很快维塔利克就跟他们同步最新进展,说他的"广义的金融合约想法实际上能以最低复杂度的方式同时实现差价合约、投注、保险和无须信任骰子②(trust-free dice),而复杂度应放在每个具体应用之中。我可以在几天内完成协议的规范说明。"

---

① 即应用层网络。——译者注
② 一种以加密货币作为筹码的骰子游戏。——译者注

两天后,也就是 11 月 13 日,维塔利克再次给他们发了邮件。

我之前的想法太简单了,没想到这样的合约竟然可以如此强大(原文如此):

http://vbuterin.com/ultimatescripting.html

链接里有很多描述,但不要被吓到,直接滚动到示例部分,你会看到这种合约能以一种更彻底、更通用的方式取代所有我们想做的事情。

在文件中,他写道:

万事达币基金会打算整合更复杂的合约(不只是比特币或其他区块链),包括投注、差价合约和在区块链上掷骰子。然而,到目前为止,万事达币实现这些想法的过程是相对非结构化的(原文如此),基本上把每一个想法都作为一个独立的"功能",有自己的交易代码和规则。

维塔利克认为与其给协议增加功能,不如建立一个灵活的网络层,允许每个人创建他们想要的任何东西。

他在电子邮件中写道:"本文件概述了为奉行开放可扩展理念的万事达币拟定合约的方法。"新的方法将"只规定基本的数据和运算部件,允许任何人任意制定复杂的万事达币合约以满足他们自己的需求,包括一开始没能被我们预料到的需求也能支持"。

在这段介绍下面是该协议运作的代码和算法。罗恩和威利特觉得这份文件很了不起，但并没有马上放弃他们当前的进展而转向维塔利克的提议。最让威利特担心的是一个如此开放的平台会缺乏安全性，因为没有办法确保编写在平台上的代码不出错。

"哇哦，我就知道我们雇用你准没错！"罗恩写道。

不过，这概念要是实现起来似乎更为复杂。这问题相当重要，我们需要与开发者们讨论。目前我们项目的关键优势就是我们的动能势头，我不想阻碍我们的进度，让开发者们费力实施这个规定，先实现差价合约/广义差价合约[①]，以后再通用化不是会更快（原文如此）吗？

"这！真的！很有趣！"几个小时后威利特回复道。

我在写规范的时候会避开脚本，因为我担心会无法解释说明所有的边角案例（corner cases）[②] 以及潜在的入侵风险和安全漏洞。我感觉无论我定义出什么样的脚本，人们都会想方设法进行不该存在的交易，这让我后来非常头疼。你有没有考虑过这样的合约可能会被滥用？

---

① 差价合约，也叫 CFD 合约，全称为 Contract For Difference，是一种比较新兴的金融衍生工具。买卖双方之间订立的一种关于差价的合约，合约规定卖方以现金的方式向买方支付某个商品的合约价与结算价之间的差额（如果差价为负，则需要买方向卖方支付），整个过程中不涉及该商品实体的交易。——编者注

② 边角案例（corner case）或病态案例（pathological case）是指其操作参数在正常范围以外的问题或是情形，而且多半是几个环境变数或是条件都在极端值的情形，即使这些极端值都还在参数规格范围内（或是边界），也算是边角案例。——编者注

毋庸置疑，如果我们设计得非常仔细，脚本可以成为一种高级功能，为合约增加很多价值，不过我同意罗恩的观点，现在就去实现你的想法可能会导致我们的开发人员陷入许多细节上的困境，从而大大减慢我们的进度。边角案例的数量（我预计）会指数级地成倍增加，我宁愿先完成万事达币的核心功能，再开始用脚本进行试验。

维塔利克对他们的回复感到惊讶。他心想，为什么他们就不能明白他提出的这个想法要好得多呢？他曾经也考虑过开发某个特殊功能，但想了兴许还不到半秒钟就放弃了，因为这种做法是错误的。维塔利克越看这些比特币2.0项目就越觉得它们就像一把瑞士军刀，所有人耗费那么多时间来制造刀上的指甲锉、开瓶器、小剪刀等零部件，但如果现在根本就没有人想用这些东西呢？如果他们只是想要一把刀，甚至是一个完全不是刀的东西呢？为什么不建造乐高积木，让任何人都能做出他们想要的东西呢？

维塔利克重新开始了彩色币的工作，按照团队提出的一些建议更新了白皮书。不是每个人都对更新感到满意，建议不断涌来，但维塔利克没有再回复谷歌小组中的任何信息。

两年后，该项目最活跃的开发者之一亚历克斯·米兹拉希（Alex Mizrahi）在谷歌小组中写道：

问题在于，维塔利克写白皮书的时候并没有参与过之前的讨论，在他开始写这个规范之前，我们在邮件中讨论了近1年的话题他基本都不知道，他根本就没有时间好好写，竟然想在1—2个月完成这一切。这个规范写得杂乱无章，我很失望。不过他倒是有很多想法，实际上我还认真看过三四个他设计的彩色币核心程序，确实不怎么样……据我所知，没有一个实现采用了他的想法。

现实世界中的维塔利克与人交往很难做到游刃有余，网上的比特币论坛曾经让他觉得找到了一群欢迎他的人，但现在，比特币社区也在限制他了。

在一次从e投睿走回特拉维夫公寓的路上，他想明白了一件事：并不需要彩色币、万事达币团队的认同，也不需要其他任何人的支持，他自己就能开始做他想做的事。

他想："管他呢，我自己来做。"

启动前

ETHEREUM

第二部分

6
白皮书

维塔利克·德米特里耶维奇·布特林（Vitalik Dmitriyevich Buterin）初到人世的那几天，周围都是喧喧嚷嚷的大学生。1994年1月31日，他在莫斯科附近的中型城市科洛姆纳出生，他的父母彼时都在计算机科学的第5年学期中，于是在他出生3个月后，父母就把他带到了他们的宿舍。同一层楼有好多个小房间，他们住在其中一间，楼层里有一条长长的走廊，所有房间沿着走廊"一"字排开，走廊尽头是公共区域和共享厨房。维塔利克的父母纳塔利娅（Natalia）和德米特里（Dmitry）轮流照顾他，一个人照看他们的新生儿，另一个人就去上课或在床边的小书桌前学习。

毕业后他们搬到了莫斯科，希望能在大城市找到更高薪的工作。那是1995年，俄罗斯正陷于4年前政治动荡导致的经济危机泥沼里：通货膨胀以每月两位数的速度飙升，近50%的人口生活在贫困中，随着许多缺乏竞争力的国有企业倒闭，生产力已经到了自第一次世界大战以来的最低水平。人们所习惯的一切都不复存在，举国上下都在试图解决生活问题，收拾残局。由于恶性通货膨胀，几乎是在短短一夜之间，维塔利克的外公外婆就失去了他们一生的积蓄。

在这场剧变中，维塔利克的父母还算相对幸运。纳塔利娅最开始在一家旅行社工作，这份工作的报酬比大多数程序员的工作还要高，而且她还能借机学习英语，而德米特里是一家银行的软件工程师。他们两个人的工作进展都很顺利，后来纳塔利娅在番茄酱制造商亨氏公司担任办公室经理，很快被提升到了财务部门。在那里工作3年后，她又为投资银行复兴资本工作，也负责监管公司财务。与此同时，德米特里创办了一家软件公司，向企业销售会计工具。

父母在工作的时候，婴儿维塔利克就由外公外婆照顾，二老从科洛姆纳搬来跟维塔利克一家一起住。从很小的时候，维塔利克在数字方面展露的天赋就异于常人，家人会在跟他玩的游戏中融入数学问题，玩跷跷板和荡秋千的时候，他们向他抛出任何算术运算，他都能在几秒钟内给出答案。4岁时，维塔利克最喜欢的玩具是计算机。这台计算机上并没有什么花哨的游戏，他只是喜欢在微软画图软件上尝试不同的形状和颜色，或者用整个下午的时间在电子表格中输入数字和测试公式。

1998 年，由于亚洲金融危机，石油的需求急剧下降，而石油是俄罗斯的主要出口商品，这让本就疲软的俄罗斯经济遭受了新的打击。由于俄罗斯政府债务违约，中央银行停止维护卢布[①]的固定交易区间，导致货币暴跌。在经济紧缩的情况下，包括复兴资本在内的许多公司不得不削减开支以维持生计，这意味着纳塔利娅的工作没了。

纳塔利娅和德米特里之间的关系也在破裂。他们相识的时候太年轻了，而且两人身上的负担都很重。他们开始考虑搬到一个经济不那么动荡的地方，在那里他们可以寻找新的机会，体验新的文化。虽然二人关系紧张，但他们还是同意搬到同一个地方，只是不再作为夫妻住在一起了，他们希望维塔利克能够离父母亲都近些。

二人进行了调研，看哪些国家最容易办工作签证，发现最佳选择是澳大利亚和加拿大。这两个国家他们都从未去过，但最终决定选择加拿大，因为那里离俄罗斯更近些，气候也有些类似，所以他们觉得适应环境会容易些。

娜塔莉亚先一步搬到了埃德蒙顿，这是一个位于加拿大正中心的城市，在那儿她获得了会计学位，可以继续从事金融工作。一年后，德米特里带着维塔利克搬到了多伦多，纳塔利娅在他们到达后不久也搬到了那里。他们决定让维塔利克待在德米特里身边，这样他能过得安稳一些。

---

① 俄罗斯货币单位。

在多伦多,维塔利克第一次去上幼儿园。还在俄罗斯的时候,和他交往最多的是他的父母和外公外婆,他从没有跟孩子们打过交道,这一点从他打同学、咬同学和抢夺同学手中的玩具就可以看出来。另外,交流也是个问题,虽然他很快就学会了写字以及任何与数字有关的东西,学英语却十分费力。

德米特里会陪维塔利克坐在地板上玩耍,他们周围摆满了乐高,为了解决语言问题,德米特里一边陪他玩,一边用英语和他交流。看维塔利克把五颜六色的积木放在一起,德米特里知道此时他的大脑里有很多东西想说,当他试图表达时,却被语言绊住,说不出话来。

对维塔利克来说,在计算机上打字更容易。到他 7 岁的时候,维塔利克仍然不能很好地用复杂的句子表达自己,但他在微软文档中写了一份三四十页的文件,他称之为《兔子百科全书》(The Encyclopedia of Bunnies)。这份文件很有技术水平,组织得就像一篇科学论文,不光有目录,还有图表贯穿其中。文件中列出了你能找到的化学元素和解释原理的数学知识。德米特里回忆说,这是他儿子的第一份白皮书。

维塔利克进入了加拿大公立学校系统的一个天才项目中,即便如此,对他来说挑战也还是不够。他的父母又为他找了一位私人数学家教,之前是乌克兰的一位大学教授,教授给他提供了更高级的学习材料。他在课堂上背诵公式,阅读必读书目,不用在考试和家庭作业中投入太多精力就能得到高分,但他不明白这一切意义何在,真是太无聊了。当课间休息的铃声响起时,大家都跑去做运动或者闲聊,他就自己留在教室里。腼腆的他很难与其他孩子交往,也很难交到朋友。

到了初中毕业时,他的父母认为必须要有所改变了。维塔利克需要融入一个更具挑战性的环境,一个鼓励他在课堂上大胆发言并与志同道合的人交流的环境,于是他们决定让儿子去上一所更专业的私立学校。维塔利克帮助他们将选择范围缩小到了4所学校,他在这4所学校分别待了一天,最终选择了阿伯拉尔学校,这个学校每个年级只有大约10名学生。

在这儿他不仅能上高级数学课程,还能修拉丁语和古希腊语。此前的他几乎不在公众面前发言,但到了阿伯拉尔学校,他加入了辩论队。他仍然会在课后去找他的数学辅导老师,另外还报了编程学校,并在加拿大和国外四处参加数学和辩论锦标赛,这些比赛的奖杯现在摆满了他外公外婆家里的一个架子。除了学习数学、编程、语言和参加辩论之外,他还花时间玩《魔兽世界》。在游戏中,玩家扮演的角色身处一个由龙和精灵组成的蒸汽朋克世界。娜塔莉亚还曾想在音乐方面激发他,让他上了一段时间的钢琴课,但他没有坚持下去。

就在高中的这段时间里,也就是2011年,德米特里向维塔利克提到了比特币。

"嘿,这是一个非常有趣的概念。"德米特里这样向他介绍,虽然德米特里仍然在经营他的软件公司,但他也试图跟上最新的技术发展,他偶然在网上看到了比特币,就试图向维塔利克解释他所理解的比特币是什么。

维塔利克当时问:"但比特币根本就不存在于现实世界,怎么可能有任何价值?"

大约 1 个月后,维塔利克在上网时,"比特币"一词再次出现。这一次,他花了更多精力去理解,他阅读技术资料,浏览比特币论坛,突然灵光一现:他想得到一些比特币并成为比特币经济中的一分子。但他感觉仅仅购买比特币并没有真正参与进来,所以他决定用工作来换取比特币。他登上"谈谈比特币"论坛,主动提出要写文章并接受比特币支付的工资。"比特币周报"博客的负责人回复说,每篇文章可以挣得 5 个比特币,在当时大约是 4 美元。当他终于存下了 20 个比特币时,维塔利克用 8.5 个比特币买了一件 T 恤,这感觉就像是进入了一种平行经济,并不需要传统货币和银行,他喜欢这种感觉。维塔利克意识到,如此这般便可以创造一个完整的世界、一个新的社区,不依赖于现有的金融基础设施。

然后他想出了一个新的商业模式,他先在"比特币周报"的博客上发表文章的第一段,然后用剩下的部分进行悬赏。如果社区能够发来 2.5 个比特币,他就会发布文章的剩余部分。这个模式很有效,到最后他的每篇文章都能获得 20—40 美元的报酬。这些比特币来自世界各地的匿名用户,这也是他喜欢加密货币的一个方面,与过去在硅谷车库和大学里发明的技术创新不同,这种创新是真正的全球性创新。

在短短 3 年内,维塔利克从一开始对比特币持怀疑态度,到撰写比特币相关的文章,再到为比特币项目工作。

维塔利克周游世界的比特币之旅在旧金山画上了句号，彼时已过了约半年时间。当他在这座城市陡峭的山坡上爬上爬下时，依然想着该如何完善新的区块链，让去中心化的应用可以在这个平台上实现。他来到瑞波公司首席技术官史蒂芬·托马斯（Stefan Thomas）的工作室公寓，他将在那里住上两周，此时的维塔利克迫不及待地想要开始工作。

他打开笔记本电脑，开始打字："终极智能合约和去中心化应用平台"。

为了给平台取一个名字，维塔利克去科幻小说术语中寻找灵感。他在翻阅维基百科时，看到了"以太"（ether）这个词，想起他小时候曾经在一本科学书籍中读到过。以太曾被认为是太空中一种非常微妙的物质，无处不在，而且能以跟介质传播声波同样的方式传播光波，但后来以太被证明并不存在。维塔利克由此想出了"以太坊"（Ethereum，其简写 ETH 也指"以太币"）这个词。维塔利克希望他的平台成为每个应用的基础，一种察觉不到的媒介，就像中世纪的科学家认为的以太一样。此外，"以太坊"这个词听起来也不错。

"理想情况下，以太坊本身就应该是它自己的区块链，但我的技术能力还不足以一人建起所有。"他想。

摆在眼前的选择是把以太坊建立在比特币之上，就像万事达币目前的做法，但维塔利克放弃了这个想法，因为协议中的一个功能让比特币社区陷入了一场激烈的讨论。开发人员正准备更新加密货币协议，改变 OP_RETURN① 脚本，允许在比特币区块链中存储任意数据。在 2014 年 3 月的更新中，他将每笔交易的存储量从 80 字节降到了 40 字节。

这激起了以比特币为基础进行开发的团队的激烈反应。比如万事达币项目和一个名为"合约币"（Counterparty）的类似项目，因为他们使用该脚本语句为加密货币增加功能，这也是他们项目的全部意义。但比特币开发人员认为加上限制才能防止人们利用免费的存储空间膨胀区块链。

"这叫搭顺风车，"比特币的开发者杰夫·加兹克（Jeff Garzik）在"谈谈比特币"论坛上写道，"鉴于比特币区块链的绝大多数（超过 90%）应用都是货币使用，使用全节点② 存储这些简易数据只是在滥用大家贡献的网络资源。"

在"货币台"③（CoinDesk）网站上，很多人都在争论，他们写帖子、发公开信、发文章，维塔利克决定避开这场闹剧，况且他也不知道社区是否认为他的平台是合法的，就跟他之前提出的其他想法一样，这类创新往往会遭到比特币社区的怀疑和批评。相比之下，他认为质数币（Primecoin）很适合用来发展他的项目。质数币是一条较小的区块链，没有这么多政治冲突，以太坊可以借助质数币在加密货币社区中发光发亮。

2014 年 11 月下旬，维塔利克的时间全花在了写以太坊的白

---

① 比特币中的备注语句。——译者注
② 拥有完整区块链账本的节点，需要占用内存同步所有的区块链数据。——译者注
③ 数字货币资讯以及数据分析网站。——译者注

皮书上,有时是在史蒂芬的工作室,有时是在瑞波公司的办公室。

当时史蒂芬正在为瑞波构建一个智能合约层(最终没有发布)。他很喜欢跟维塔利克分享他的进展,听维塔利克说他在万事达币和彩色币方面的工作经历。但让他有点失望的是,维塔利克说话不多,大部分时间都是一个人待着。他不知道的是,当时维塔利克正在把过去几个月在他脑子里形成的所有想法写到文章里,从他在卡拉福跟无政府主义黑客待在一起,到他跟不同比特币 2.0 团队一起工作。当维塔利克把自己的想法具体化时,他更清楚地意识到这次他想出的平台与以往的尝试有多么不同。

"以太坊协议的设计理念在许多方面都与当今其他加密货币所采取的理念相反。"他面带微笑,在文章的最后一段写下这些字。以太坊不仅仅是另一个比特币项目,它是自比特币以来最有野心的加密货币项目。

写完后,他又看了一遍这篇 12 页的论文,然后起草了一封电子邮件,打算发给他认为最能在深思熟虑后给他反馈的一群人。那是 2013 年 11 月 27 日,周三上午 10 点 49 分,邮件的主题是"以太坊介绍:一个通用的智能合约/去中心化自治企业(DAC)平台"。

大家好!

我想向大家介绍一个项目的白皮书初稿,我在过去两周里一直在默默为此工作。这个项目名为"以太坊",其理念是作为通用计算平台,为智能合约和去中心化自治公司服务,并基本上集合了域名币(Namecoin)、万事达币、彩色币和其他此类项目的功能,我称之为"加密货币2.0"。这里是白皮书的内容:

http://vbuterin.com/ethereum.html

从本质上讲,以太坊将所有金融合约和代理抽象化为一个称为"合约"的实体,该实体可以自动发送和接收交易,维护任意大的内部状态[1](internal state)并具有汇编语言的内部脚本代码,每次接收交易时都会自动运行。这个方案可以轻松实现子货币、去中心化的交易指令、域名币式的注册表、金融合约和智能财产。

这只是项目的第一轮,项目将以白皮书的形式发送给我选出的一小部分人(大约13人)。我鼓励每个人都读一读,看看能想到什么,有什么能理解和不理解的地方。对文章的组织方式和实际协议有任何意见和建议都可以提,我一收到就会更新文件并将其发送给更多的人(然后在第三轮进行更大范围的公开宣布),同时我也将开始实现 Python[2] 客户端。如果有人想加入这个项目,请随时给我发邮件让我知道你感兴趣。

祝好

维塔利克

---

[1] 所有属性值的集合。——译者注
[2] 一种计算机编程语言。——译者注

他都能想象得到这个项目会被大家骂得狗血淋头。他想："这么宏大的一个想法，大家一定会列出充分的理由说明之前为什么没有人试过。"

维塔利克想创建一个新平台，继续使用比特币底层的区块链技术，但与最初的加密货币有许多关键区别，其中的一些变动以前从没有人尝试过。他本以为会收到一些回复对他的白皮书一顿痛批，讲这个项目为什么永远不会成功，但这些情况都没有发生。维塔利克的电子邮件被转发了一遍又一遍，所以他得到了大量的回复，但回复都来自那些对这个项目感到兴奋并想要与他合作的人。到12月初，表示感兴趣的人已经很多了，这些人加在一起已经足够让以太坊成为它自己的区块链，而不是质数币的一个覆盖网络。

维塔利克的愿景太宏大了，以太坊不能受制于另一条链，所以他正在考虑为这一切创建一个基础层：一台可以同时存在于巨大的全球网络所有节点中的计算机，能够处理接收到的任何东西，不会故障停机，不受任何干预。在此基础层上开发人员可以建立他们梦想中的任何东西，没有人能够阻止他们或阻挠他们的应用程序。这就像一台永不停歇的无限机器。

7

头号响应者

安东尼·多诺弗里奥（Anthony D'Onofrio）更广为人知的是他的化名"纹理"（Texture）。他正像每个周末做的一样，驱车4小时去看他怀孕的女友。女友住在加州塞巴斯托波尔，一个靠近索诺玛县葡萄园的小镇，距离旧金山以北约两小时车程；而他住在默塞德，一个被称为通往约塞米蒂国家公园的门户城市，距离旧金山以南约两小时车程。当时正值初冬时节，气温开始下降。

纹理放松地坐在车座上，街道上来往的车辆异常稀少。他的车是白色的2002年宝马325i，选择这辆"妈妈车①"目的很明确，以尽可能减少人们的注意。他在车上回想起最近与室友的谈话。

---

① 车内空间宽敞，适合用于日常接送小孩或者周末全家出游，因此该车型被称为"妈妈车"。——译者注

他的室友是一名比特币社区里较为活跃的开发者，一直苦口婆心地劝纹理去听一档比特币播客。几个月来纹理一直都没有听，因为他觉得比特币不过是一种假币，让一群享有特权的"矿工"使用耗费大量电力的硬件而富裕起来，这与他的主张几乎背道而驰。但此刻他的车载音响正在放的就是那档比特币播客节目。

纹理觉得自己并不是很在乎钱。现在做的生意是他3年来第一次开始认真赚钱，这期间他做了很多公益活动，类似于"抱抱团①"（Free Hugs movement），比如站在人流量大的公共场所提供免费拥抱，以鼓励人们不求回报，随手为善。那时他带着一箱T恤衫和记号笔坐在纽约的联合广场，一天结束后共有30个孩子参加活动，走的时候都穿着他们自己的艺术作品。之后纹理离开了纽约，回到他的家乡阿肯色州小石城，在那里他开创了一项名为"微笑教会"的兴趣活动，向人们免费赠送冰激凌和拥抱。

后来纹理就彻底破产了，他想过像以前一样全职编程，虽然开始做公益活动后他就不常编程了，但以前在计算机前动辄就是连续工作12个小时，加上他的错误坐姿，还是让他的手腕和手臂落下了病根，所以这个想法便不了了之。除了编程，纹理还擅长制作优质的食物，所以这就成了他现在的工作。

当纹理出发去看望他女朋友时，他想知道听听《一起聊聊比特币》（*Let's Talk Bitcoin*）这档播客节目会不会对他的零食生意有帮助，也许他需要打开他的思路，了解一下比特币到底是何方神

---

① 国内叫法，即自由拥抱运动。——译者注

圣,能让朋友一直挂在嘴边。车开了大约两个小时,他的播客连续播了两个小时,任由主播的声音灌进他的耳朵,脑袋里全是这种未来货币。当他快开到奥克兰的时候,天上的云雾散开了,他的脑子也清醒了。接着,在光束划破天际的地方,他仿佛看到异象①降临,仿佛受到神的点化。等他回过神来,天已经黑了,他正穿过海湾大桥②,播客节目的声音也渐渐听不到了,整个世界只剩下他、头顶的星星和脚下的海水。他看到了未来,是一个比比特币和金钱更宏大的未来,关系到人类社会的基本构成方式。当前的社区已经破裂不堪,再无任何权利可言,任由精英集团摆布。但这一切即将改变:区块链技术将赋予人们重建社会的能力,使个人能够掌控其财产、身份和命运。

纹理回到家时对他的朋友说:"我需要和《一起聊聊比特币》的人谈谈!"他的语速很快,恨不得一口气全部说完。他思前想后,觉得播客的主播亚当·莱文(Adam B. Levine)是帮助他进一步了解这个陌生世界的最佳人选。

"是的,我看到了未来。稍后再跟你解释,快帮我找到这个人。"

"刚好我正要飞到华盛顿去看亚当,"他的朋友解释说,"他好像在和妻子进行家庭旅行,但还是叫我顺便过去一趟。我想应该是他的公司刚刚有了突破,想找人讨论一下。"

"不,不,不!"纹理一边说一边挥舞着他的双手,黑色的指

---

① 出自《圣经》,指从神而来、特别的启示和引导。——译者注
② 指旧金山-奥克兰海湾大桥。——译者注

甲油让他的手指甲显得尤为突出。一顶针织小帽盖住了他刚剃过的头,太阳镜和连帽衫套在他粗壮的身躯上,他通常就是这样的造型。"取消你的航班,上我的车,我们开车去那儿,这将是一次区块链公路旅行。"

亚当和他的妻子在一家温泉疗养中心放松,纹理一行人连续开了20个小时的车直奔那里,只有加油的时候会停下来,一路上他们都在不停地谈论加密货币和区块链技术将会如何改变世界。

在温泉疗养中心,他们和亚当一起泡在热水池里,继续滔滔不绝地讨论未来。

他们从一个想法聊到另一个想法,想法一个比一个疯狂。虽然讨论的地方换来换去,一会儿在按摩浴缸,一会儿在桑拿房,一会儿在蒸汽房,但因为他们感觉机会无限,所以始终处于欣喜若狂的状态。

"比特币覆盖网络(如万事达币)的出现带来了很多可能,甚至涌现了一些完全独立的区块链,如合约币和未来币(NXT),"亚当表示,"大家都希望将区块链技术扩展到点对点现金之外。"

他们披着白色浴袍穿着拖鞋,躺在池边的休闲椅上,这时聊到了维塔利克的以太坊白皮书。

纹理花了些时间看了看白皮书,说:"所以以太坊是想成为所有代币和区块链用例的平台,跟我们一直在聊的一样,却没有为每个用例设计具体功能。"

"没错,它的核心变成了一台机器。"亚当说。

"那是以太坊虚拟机①。"纹理说着,滚动了一下文件。

"是的,它是图灵完备②的,所以可以处理你输入的任何一段代码。"亚当说。

"图灵完备性"(Turing completeness)是以数学家艾伦·图灵(Alan Turing)命名的概念,图灵完备的机器能够运行任何计算机代码。虽然比特币也有支持某些计算的脚本语言,但以太坊的图灵完备语言能支持编程人员想到的任何东西,并且仍然以去中心化的方式运行。

"图灵完备的机器存在一个弊端,那就是无限循环问题会让机器失灵,比如:只要结果小于5,就让计算机执行加 x + x,然后再令 x 等于1。这样它将永远累加 x,导致机器崩溃。"亚当说。

"哦,所以它很容易被攻击。"纹理评论道。

"是的,但以太坊用其内部的加密货币以太币解决了这个问题,"亚当回答,"每一个计算步骤都有成本,用户需要为此支付以太币。要让网络运行一段代码,就得告诉网络你最多愿意支付多少以太币。如果没有足够的资金来运行程序,机器就会停止工作。"

"所以以太币不仅仅是像比特币那样的点对点现金,它也可以用于支持网络运行?"纹理说。

---

① The Ethereum Virtual Machine,简称"EVM",虚拟机是指通过软件模拟的具有完整硬件系统功能的、运行在一个完全隔离环境中的完整计算机系统,以太坊虚拟机用于在以太坊网络上执行智能合约。——译者注
② 指机器执行任何其他可编程计算机能够执行计算的能力,即能计算一切可计算的问题的能力。——译者注

"是的,这就是为什么维塔利克会把以太币称为'加密货币燃料'。在以太坊网络上,以太币作为'燃油'[①](gas)在为以太坊网络'加油'。"亚当总结道。

纹理斜靠在他的椅子上,用手按太阳穴,他的大脑又兴奋得快要裂开了。

就像比特币一样,以太坊也是一条工作量证明链,这意味着矿工会得到以太币作为验证交易的奖励,还可以根据别人提供的费用决定他们是否处理交易。将燃油和以太币区分开是为了在加密货币的价格随着市场的供求关系波动时,保持计算成本的稳定。举例来说,如果一笔交易的成本是100燃油,那么成本将永远是100燃油,但发送方为矿工处理交易所支付的以太币数量将取决于以太币的市场价格。

以太坊和比特币之间的一个显著区别是他们的记账方法。比特币使用的是"未花费的交易输出"(unspent transaction output model,以下简称UTXO)模式,即每个比特币账户的余额由其他交易剩下的未花费货币组成,因此一个账户的余额通常包括许多UTXO,就像现实中的钱包一样,可能包含许多面额的纸币以及硬币。所以你如果要用比特币买东西,可能得组合使用多个UTXO,就像你用一张10美元加一张5美元的钞票来买价值12美元的东西一样,而这笔交易剩下的3美元又将成为一个新的UTXO。

---

① 衡量执行某些操作所需的计算工作量的单位。——译者注

而以太坊使用的是账户/余额模型,即跟踪每个账户的总余额,或者说每个账户的"状态"。如果说比特币的UTXO模型类似于一堆纸币和硬币,那么以太坊的模型则更像一个支票账户,允许用户对可以提取的金额进行精细控制,这样的方式也更容易实现更为复杂的程序。

维塔利克在他的白皮书中提出,可以用一个用例[①]来区分以太坊和比特币,那就是"套期保值合约[②]"(hedging contract),即A和B买入了总共价值1000美元的比特币,30天后,根据比特币的价值变动,系统脚本将其中价值1000美元的比特币发送给A,剩下的发送给B。由于UTXO只有全有或全无两种状态,实现这一目的的唯一方法是获取许多不同面额的UTXO,这种方式非常低效。

以太坊与比特币的另一个关键区别在于以太坊网络中的账户有外部账户和合约账户两种类型:外部账户由人们的私钥控制,不包含代码;而合约账户则由代码控制。合约账户接收到信息就会激活代码,允许账户对其内部存储进行读写、发送信息或创建新合约。这就是维塔利克所说的以太坊的"头等公民"属性,即合约账户拥有与外部账户(或个人账户)同等的权利,由于省去了人工触发,这使得带有自动执行代码的应用程序更容易运行。如果说"去除中介"是区块链技术的目的,那以太坊可谓是把这

---

① 用例(use case),是一种通过用户的使用场景来获取需求的技术。——编者注
② 指利用期货合约作为将来在现货市场上买卖商品的临时替代物,对其现在买进准备以后售出的商品或对将来需要买进的商品的价格进行保险的交易。——译者注

个概念变成了核心。

以上提到的所有部分合在一起形成了一个基础层,即一个内置图灵完备编程语言的区块链,允许任何人编写智能合约和去中心化的应用程序。

正如维塔利克在白皮书中所写,基于以太坊可以创建的一些应用有:数字货币、套期保值合约、域名系统、信誉系统、股东经营企业(可以由指定门槛人数的投资者决定将资金转移到哪里),"甚至有可能是社交网络的基础"。此外还可以创建农作物保险,"如何实现呢?很简单,构建一个使用天气数据而不是任何价格指数的差价合约就行了"。这就是一个在链上的去中心化市场,这样的例子还有很多。

维塔利克想创造的是技术框架,在此框架下几乎任何可以想象到的交易都能以点对点、不可入侵、不受审查的方式进行。在他所设想的世界里,计算机将让世界更高效、更公平。一切皆有可能。

他写道:"其他加密货币的目的是提升复杂性,增加'功能'的数量。"

从另一方面来看,以太坊取缔了一些功能。协议不"支持"多签交易、多输入多输出、哈希代码、时间锁[①](lock times)或许多其他甚至连比特币都能提供的功能。但在以太坊

---

① 智能合约中用来限制比特币消费的手段,指交易可能被添加到区块链的最早时间或最早区块。——译者注

上，全部复杂度都来源于一个全能的、图灵完备的汇编语言，毫不夸张地说，它可以用来建立任何可以用数学描述的功能。

在白皮书的最后,维塔利克的兴奋之情溢于言表。

"所以,虽然我们的加密货币协议代码库非常小,但它可以实现任何加密货币能够实现的事情。"文章这样总结道。

这份白皮书也被转发给了安东尼·迪·约里奥,当他读到维塔利克的话时,虽然他的技术能力还没有老练到可以把握所有的细节,但他也能感觉到这可能是一件非常重大的事情。于是安东尼把邮件转发给了查尔斯·霍斯金森(Charles Hoskinson),查尔斯正在为加拿大比特币联盟制作一些教育节目。

查尔斯穿着翻领纽扣衬衫,胸前的口袋里夹着钢笔,2013年的时候,他才26岁,但由于发际线后移和有点胖,他看起来比实际年龄大了10岁左右。查尔斯一家住在科罗拉多州①,他母亲的意大利大家庭也都在这儿,没人能想到他其实是在几千千米外的毛伊岛②出生和长大的,直到他8岁时全家才搬了过来。查尔斯在夏威夷的生活很舒服:他在家里接受教育,因为他的父亲马克(Mark)作为少数族裔白人学生,在夏威夷的公立学校系统中有过糟糕的体验,他不想让儿子也经历同样的事情。正因如此,查尔斯有了更多的自由,可以花更多的时间专注于数学和计算机。他最喜欢做的一件事情是同他的母亲和兄弟一起从家里步行30分钟

---

① 美国西部一州。——译者注
② 在太平洋中北部,夏威夷群岛中的第二大岛,与美国本土相隔3 700千米。——译者注

到图书馆。在图书馆里，他会翻看科幻小说、《泰坦尼克号》的画册和编程手册，尽管他一个字都看不懂。

查尔斯一家搬到美国后，他的父母打算让他进正规学校学习，但家里的每个人都习惯了家庭教育，所以这件事就一直拖着。整个夏天查尔斯都在学习和钻研，所以他15岁时就完成了学业，但他年纪还太小，无法获得正式的大学学位，因此他在位于科罗拉多州威斯敏斯特区的前程社区学院报名参加了为期两年的数学课程。之后他转到了丹佛大都会州立学院，在那里学习了一年的数学和计算机科学。他在19岁时完成了学业，终于可以继续深造，攻读更长期的大学学位了。

最初查尔斯想成为一名医生，部分原因是迫于家族传统，毕竟他的父亲、祖父、祖母和叔叔都是医生，但现在他的哥哥也当了医生，这让他有了做其他事情的自由。数学当之无愧地成了他的第一选择，因为他已经在这方面投入了很多年。对他来说，数学是真正的美。他研究了所有的科学领域，发现物理学家、生物学家和化学家都是提出某种假设，接着进行证明，结果过了100年就会出现某个人创造了一个改进的模型。于是后人几乎不记得过去所做的一切，前人的努力只能成为脚注。而他并不想那样，他发现数学是唯一一个能够延续几千年不倒的领域。他喜欢这种接近不朽的感觉：一旦你证明出了什么东西，那它将永远成立。

查尔斯还喜欢数学的一点是，数学本身并不实用。有些定律和公式只是为了存在而存在，就像诗歌的存在并不是为了某个特定的目的，而只是供人欣赏和揭示一些更深刻的真理。当然，数学充满了证明，复杂又令人厌恶。但每隔一段时间，就会出现一个正确又好看的公式，简洁而容易理解。查尔斯喜欢寻找这些瑰宝。

因此他去了科罗拉多大学博尔德分校，取得了数学博士学位。查尔斯本想解决一些重要的问题，这样就能将他的名字永远铭刻在数学圣杯上。但3年后，他发现这一想法与他作为一个专业数学家的职业可持续性并不相容。查尔斯思考的问题越来越复杂，但实际上没有取得任何成果（也就是在同行评审的学术期刊上发表文章）。其实他也可以转向更容易和没那么有趣的问题，让他有更多的成果并获得终身职位，或者他也可以去做生活中的其他事情。2012年，他决定休息一下，弄清楚自己的志向所在。

查尔斯既不想成为一名医生，也不想成为一名数学家。他曾试图成为一个政治激进分子，但也没有什么结果。2008年的时候，他停工了几个月为自由党做志愿者。加入了罗恩·保罗的团队，如他们在抗议标语上高呼和书写的那样去"审计美联储"。其实美联储的财务报表和资产负债表本就是定期接受审计的，但这位自由主义候选人正在推动加强监督，美国中央银行不仅要公开其账目，而且还要允许对其货币政策进行审查。这在当时是一个热门话题，因为美联储正在大幅下调其基准利率[①]，增加经济刺激措施，好让经济从2008年的金融危机中恢复过来。

有数百名国会议员支持这项提案，但最终议员数量没能达到

[①] 金融市场上具有普遍参照作用的利率，其他利率水平或金融资产价格均可根据这一基准利率水平来确定。——译者注

通过标准。查尔斯花了几个月的时间在全国各地奔波，在艾奥瓦州和新罕布什尔州挨家挨户地敲门，在街头巷尾散发小册子，在无尽的电话号码列表中寻找可拨打的电话，这个提案最终却以失败告终，在那之后，查尔斯觉得累了。他眼看着社会进步人士共同选择了"占领华尔街"运动，而冥顽不灵的保守派接管了"草根"基层和右派茶党①（Tea Party）。所有本应带来变革和透明的政治运动，都为当权的机构所掌控。他觉得自己再也不能有所作为，这个在他眼里已经破碎的系统无法修复，再也没有尝试的必要了。

辞去科罗拉多大学的教职后，查尔斯接了一系列的合同咨询。他知道自己对编程工作并不感兴趣，所以对他来说这些无聊的工作大多只是为了生计。他就一直这样浑浑噩噩，直到他注意到比特币飙升的价格。2011年，他在斜杠点②（Slashdot）网站上看到了一篇文章，接着阅读了白皮书。当时他觉得这个想法很有趣，但认为比特币的波动性很大，这让它永远都成为不了一种能被广泛使用的交换手段。在他看来，背后还必须有很多基础结构，比如可信的交易所和流动资金，这份白皮书才能成为一份自证预言③，然后发挥作用，但现在所有这些框架都没有。

2013年，当比特币的价格首次超过100美元时，他再次关注了比特币。与几年前不同的是，交易所有了一些专业化的发展。

---

① 并不是一个政党，而是指"草根"运动，是右派民粹主义宣泄不满的平台。——译者注
② 科技新闻资讯网，网站名称来源于网站统一资源定位符（URL）中的斜杠和点。——译者注
③ 这里借用了由美国社会学家罗伯特·金·莫顿提出的一种社会心理学现象，是指人们先入为主的判断，无论其正确与否，都将或多或少的影响到人们的行为，以至于这个判断最后真的实现。——译者注

[这只是查尔斯的想法,当时的主要交易所是高克斯交易所①(Mt. Gox),在从客户那里损失了 85 万个比特币后,高克斯交易所于 2014 年解散。]他还看到,一些风险资本正在投资这一领域,更多的商家开始接受比特币,一群拥护者和创新者正围绕比特币聚集起来,形成了一个积极的社区。与他在涉足自由主义政治时所看到的不同,加密货币革命者改变系统并不需要征求谁的同意,他们直接就开启了革命,任何想使用加密货币的人都可以使用他们的货币,然后摆脱银行。这才是抗议的终极形式。查尔斯想:"比特币将会继续存在,并且围绕它将兴起一整个行业。"

他决定学习所有关于比特币的知识,并利用他的学术背景将这些知识组织成一套任何人都能理解的课程。在博尔德附近的家中,他精读了维基百科上所有关于比特币的页面,查看了源代码,并与比特币核心开发人员交谈。当他把幻灯片演示文稿写好后,他用这些课件录制了讲解。1 个月后,他制作出大约 10 节课,每节课程的时长大约 30—120 分钟,然后他把这些课程全部免费放在了"你的大学②"(Udemy)在线学习平台上,课程的名称是"比特币之我如何停止忧虑并热爱加密货币"(*Bitcoin or How I Learned to Stop Worrying and Love Crypto*)。

从此查尔斯就在一个他不认识任何人,也没有任何人认识他的社区建立起名声。他想的是,一旦上传课程就会有机会找上门

---

① 该交易所为日本东京的比特币交易商,承担着超过 80% 的比特币交易。因发音近似而被中国网民戏称为"门头沟交易所"。——编者注
② 一个开放式在线教育网站。——译者注

来。很快,他的想法就得到了证明。他在开设课程几周后,就已经积累了几千名学生,并见到了比特币名人亚当·莱文、安德烈亚斯·安东诺普洛斯(Andreas Antonopoulos)、罗杰·维尔和埃里克·沃里斯(Erik Voorhees)。他的学生当中有个叫李笑来的人,一个中国的英语老师兼作家。当李笑来工作的公司上市时,他把公司的股份套现并以不到1美元的价格买入数千个比特币。到2013年,他已经是一个千万富翁了,还开设了一个加密货币基金。

有一天,查尔斯收到了李笑来的一条信息,内容是:"嘿,你的课很棒。我想投资50万美元让你启动另一个加密货币项目。"

查尔斯回复了李笑来,说他要考虑一下自己想做什么,然后给他的学生发信息说:"我有一个可以创建新的风险项目的机会。你认为在加密货币领域,我们需要解决的最大问题是什么?"

查尔斯的学生表示,加密货币领域缺少的一个重要部分是去中心化交易所,有了这个,用户就可以在不依赖第三方存储资金的情况下交易加密货币。当时,人们对高克斯交易所可能破产的担忧已经在不断升级。

查尔斯认为,一个可靠的、流动性强的去中心化交易所将让加密货币坚不可摧,因为没有方法可以禁止交易。目前已经有一些项目正在尝试这样做,但都缺少业绩成果,若是能将所有的努力结合起来会更好。

查尔斯将他的新项目命名为"不可征服"(Invictus),并在"谈谈比特币"论坛上新建了一个话题宣布此事:"为了确保所有加密货币能够长期存在,显然需要开发一个点对点交易所。目前建立点对点交易所似乎已经有了大量的创新和不同的方法,因此我认为明智的做法是将那些积极致力于交易所的人聚集到一个项目中,以便一起创新、筹资、集思广益,同时还能减少不必要的重复。"

一个多小时后,第一个回复他的是一个名为"字节大师"(bytemaster)的人,他只回了3个字:"我加入!"这人是丹尼尔·拉里默(Daniel Larimer)。

查尔斯联系了他,发现丹尼尔已经在做类似的事情了。就在查尔斯创建这个话题6天前,丹尼尔在"谈谈比特币"论坛上提议应该有"没有法币存款的法币/比特币交易所"。

"我从一个中国人那里得到了一些资金,你想合作吗?"查尔斯说,"我来做 CEO,你来做 CTO[①]。"

丹尼尔同意之后,查尔斯飞到了弗吉尼亚州成立公司。他抵达的罗阿诺克机场有一个小型的 Y 字形航站楼,有两条跑道,每天有大约 60 个航班。飞机抵达后,到达的旅客很快就都从大楼里出去了,楼里几乎只剩下他自己一个人,还有一个坐在附近的养猪户。查尔斯在等待接机的时候,无聊到和他聊了起来。终于,丹尼尔来了,他们驱车前往丹尼尔在弗洛伊德农村小镇上的家。小镇位于弗吉尼亚州西南部,大约有 400 人。这才是查尔斯第一次见到丹尼尔,但他已经在准备跟这个人共同创办公司了,而且还要住在他家。

丹尼尔总是半边脸勾起一抹顽皮的微笑。他和父亲斯坦(Stan)

---

① 全称"chief technology officer",即首席技术官,是技术资源的行政管理者。——译者注

住在一起，斯坦是一名工程师，曾从事国防工业的研发项目，他对加密货币的兴趣日益浓厚，于是与儿子合作开展这个新项目。几个人于7月4日在弗吉尼亚州注册成立了不可征服创新公司（Invictus Innovations Incorporation，行业内简称"3i公司"，下文同），李笑来是公司董事，他的比特基金是公司的主要投资。接下来的3个月里，他们就凭几人之力运营起了公司，发表研究报告。

在他们发表的研究报告中，反响最大的是他们9月在"一起聊聊比特币"（LetsTalkBitcoin.com）网站上发表的两篇文章。丹尼尔和斯坦在文章中提出了分布式自治公司（distributed autonomous company，以下简称DAC）的概念，这也被称为去中心化自治组织（decentralized autonomous organization，以下简称DAO），这一概念将在几年后改变以太坊的历史。

DAO是一个开创性想法，旨在创建由计算机运行的组织。组织的业务规则将由计算机程序设定，执行时要求参与其中的人尽可能地少。由于这种组织将建立在像以太坊这样的公共区块链之上，所以其决策和资金流动将是完全透明、不受审查和不可篡改的。

斯坦认为，比特币"可以被看作是一个无人公司"，因为它能自动执行一些与银行相同的功能，即为客户的账户保存私人账本以及在收到正确签署的"支票"后转移账户之间的款额。

但他们认为DAO并不局限于加密货币，可以应用的场景还有无人托管服务、廉洁仲裁服务、重视宪法的政府、众包[①]风险

[①] 众包（crowdsourcing），指一个公司或机构将本应由职工履行的作业，以自愿承接的方式，外包给非特定（通常是大型的）群众网络的做法。——编者注

投资公司等。

很快,成立"3i 公司"的野心就扩大到不只建立一个点对点的交易所了。他们还想制造有工作量证明的加密货币、去中心化的身份管理系统以及加密的消息平台。他们想建立一个生态系统,让用户能够在不泄露个人信息或信任中心化第三方的情况下交流和交易。他们把这个项目称为"比特股"(BitShares),并在10月份的亚特兰大比特币会议上展示了他们的宏图。

但那时候查尔斯和丹尼尔已经开始有分歧了。由于他们的宏伟计划需要额外的资金,所以丹尼尔正在推进像万事达币那样的众筹来筹集资金,但查尔斯认为这太冒险了。怀疑的人越来越多,他们认为这些筹资机制其实是秘密的证券发行。最后,查尔斯放弃了,要求卖出他手中的股权。

这是查尔斯口中的版本。查尔斯离职的原因从未公开披露,但2014年1月"谈谈比特币"论坛上的帖子至少证明了一点:事情闹得并不愉快。一个用户在论坛上列了一份细目清单批评比特股项目。查尔斯在其中评论:"你忘了提他们的 CEO 被解雇的事情。"

"这么说吧,只要他说的不是他因个人原因辞职,查尔斯要么违反了保密协议要么就是在散布谎言,"丹尼尔·拉里默回复,"小心这条鲨鱼,他今天是你的朋友,明天就会悄悄计划毁灭你。"

"丹啊,我从来没有签署过保密协议,也从未撒过一次谎,"查尔斯回复说,"我基本上已经对这个问题释怀了,我的诚信毋庸置疑,是你一个人剥夺了我的股权,占有了我 100% 的股份。我没必要把你拉下水,丹。我只需要完成我在 6 月份要求社区帮我做的事情就行了。祝你一切顺利,万事都好。"

第一次尝试经营企业后,查尔斯有些灰心丧气地回到了科罗拉多。不过至少他手头的资金还足以让他坚持到决定下一步该做什么。同时,他继续为比特币教育项目工作,并应安东尼的要求为加拿大比特币联盟创作内容。不用等多久,他就知道下一步该做什么了。

在看到维塔利克的白皮书后,查尔斯对安东尼说:"这事绝对站得住脚。"

安东尼邀请查尔斯与维塔利克、米哈伊·阿利齐和阿米尔·切特里特通话。几人当中,阿米尔在收到附白皮书的电子邮件后就加入了这个项目。他们定了一个大概的时间线:维塔利克将于1月底在迈阿密举行的北美比特币大会上公布以太坊,并在会议结束后1周举行众筹。

连续几个星期,团队里都只有他们5个人——维塔利克、米哈伊、阿米尔、查尔斯和安东尼。他们会定期举行电话会议,讨论以太坊问题。但很快,就有许多人加入了他们的讯佳普小组。安东尼希望参与其中的每个人都能于会议期间在迈阿密见面,这样才能确定大家是否合拍,是否能一起创办公司。

安东尼在爱彼迎上租了一间巨大的房子,能容纳所有感兴趣的参与者。他甚至为一个网名为"约克小加"(Gavofyork)的开发人员买了一张机票。安东尼一直在伦敦默默地为实现以太坊而努力。

8

迈阿密之家

安东尼·迪·约里奥在迈阿密为以太坊团队准备的房子,是加文·伍德[①](Gavin Wood)从未见过的奢华:有 8 间卧室(简直是个豪宅了),还带有 8 间浴室,一个露台;还有一个建在运河边的花园,大家可以跳进运河跟海豚一起游泳;另外还有一个码头和随时可以划的独木舟;还带一个酒吧,酒吧里有一张台球桌和两个起居室。

加文长着一张狭长的脸和精灵般小巧的五官,头发早早地就白了,他甚至连自己的机票都买不起。维塔利克邀请他之后,安东尼帮他买了张飞过来的机票。加文在伦敦的时候,一直住在一

---

① 上文提到的"约克小加"本人。——译者注

个朋友公寓的空房间里，在一家只有两个人的创业公司工作，开发一个利用人工智能来阅读和简化法律文件的程序。

2014年2月是他和他的商业伙伴设定的最后期限，那时候他们需要决定是为公司筹集创业基金还是去做其他事情。加文不确定还有什么其他事可做，只知道肯定和编程有关。加文一家人住在英国小镇康福斯（Carnforth），在他的出生地兰卡斯特以北这个地方，约需驱车20分钟。在他大约7岁时，母亲从邻居那里买了一台旧计算机。他用这台计算机自学了如何写代码，计算机上只有3个游戏，但家里又买不起电器行里更好的计算机，他只好开始自己制作游戏。

加文渐渐长大，继续制作20世纪90年代街机风格的游戏，游戏中炸弹爆炸，邪恶角色到处跑，玩家需要进行射击。他甚至把装有他制作的一个游戏的软盘邮寄给了一家计算机杂志（那是互联网还没有普及的年代），该杂志为他和这款游戏写了一篇介绍。加文不光喜欢制作游戏，还喜欢玩游戏。他最喜欢的一款游戏叫《前线：精英 II》（*Frontier: Elite II*）。这个游戏是开放式的，没有预先设定的任务，游戏内容是在未来星系中进行货物和人员交易，目标是通过合法或非法的方式积累尽可能多的资源。

加文在他十几岁第一次见识了互联网之后，对计算机的迷恋程度就越来越深。某次他在一个朋友的农场过周末，他俩通过因特网中继聊天[①]（Internet Relay Chat，IRC）和一个兰卡斯特大学

[①] 一种多用户、多频道的讨论系统，许多用户可以在一个频道内就某一话题进行交谈或私谈，起源于芬兰，现已广泛应用于全世界60多个国家。——译者注

的学生闲聊。大家都处于 17 岁的年纪，所以谈话很快就转到了出去玩儿。于是他们问聊天框另一端的人是否可以帮助他们进入市里的夜总会，那家夜总会只允许大学生和邀请名单上的人进入。那人同意了。这一次，互联网就这么改变了现实生活中的规则。

随后加文去了约克大学学习计算机科学，然后读了音乐可视化①的博士。在大学期间，他开始投身到开源代码的运动，在 Linux 上编写软件。加文儿时的偶像是大卫·布拉本（David Braben），就是他制作了曾经让他着迷的游戏《精英 II》。大学毕业后，他给大卫发了一封电子邮件，告诉他自己是一个很棒的程序员，想为他工作。

加文飞到剑桥参加了面试然后被录用了，但他只待了一年。他很失望，因为他们没有做下一个版本的游戏，而且他发现自己并不喜欢标准的朝九晚五的办公室工作。后来他回到学校修改论文。某天他和女房东聊起下一步该做什么，女房东提到她正在进行圣地亚哥朝圣，是一次穿越西班牙北部的朝圣之旅。他觉得这是厘清头绪的好办法，于是和她一起去了。女房东在开始的前几天就退出了，但他留了下来。在徒步旅行结束时，他坠入了爱河。在接下来的几年里，他一直在漂泊，跟着他的新女友去了意大利、挪威、加拿大，又因为她的研究工作而回到了英国。

在那段时间里，他继续在开源项目中工作，也为微软做一些合同工作，甚至还在意大利的一所天主教学校担任数学老师。这

---

① 基于音乐的形状和图像的电子生成，它允许音乐听众"看到"他们正在收听的歌曲。——译者注

让他想起了自己在兰卡斯特皇家文法学校的日子。他是康福斯当地教堂的祭坛助手。那儿的生活让他感觉自己就好像在游戏中的宇宙飞船里。当他大约13岁时，他认为他在学校学到的数学和科学与他在教堂学到的东西冲突太大，所以他退出教堂，成了一个"激进的不可知论者"，这意味着他的立场十分明确，并不关心上帝是否存在。他教孩子们分形学①，希望能让他们看到世界是由数学和规则集构成的，也并不需要一个高高在上的强势创造者。

2008年末，加文和他的女友背着背包环游中美洲。加文记得他在尼加拉瓜的一家酒吧里的电视上听到了金融危机带来的后果。对加文来说，这更加证实了他一直以来的想法：这个世界是由精英统治的，他们会牺牲他人的利益，寻求自己的利益最大化。而这一问题的解决办法是去中心化。计算机科学使他清楚地认识到，一个系统越中心化，产生关键故障点的可能性就越大，所以在他眼中，银行系统作为这些封闭系统的一个例子，崩溃是迟早的事。

回到伦敦后，加文和他的朋友埃隆·布坎南（Aeron Buchanan）开发了一款《米尔顿·凯恩斯》（Milton Keynes）的棋盘游戏。游戏目标是争取政治影响力以购买地块并从房地产中获得收入（拥有妓院有助于获得最高分）。之后他试图向夜总会出售他在博士工作基础上创建的音乐可视化系统，但没有取得多大成功。2013年初，他与人合伙成立了公司，业务是帮助阅读和撰写法律文件。他还创造了一种用于检查合同的算法，只要发现有

---

① 一般指分形几何学，是一门以不规则几何形态为研究对象的几何学。——译者注

潜在的问题就会弹出通知。虽然加文很看好自己写的代码，但资金很快就枯竭了，于是他开始考虑另谋出路。

这时他看到了《卫报》(Guardian)上的视频，视频展示了一个倡导用比特币替代传统金融系统的无房户的生活。加文虽然对传统的政府和银行持批判态度，但他也讨厌对抗，因为他一直都不是个激进主义者。他以前也读过关于比特币的文章，但正是在那段视频中他了解到加密货币不是直接跟机构对抗，而是通过绕开机构促成政治变革。他想，这项技术确实有机会重新平衡权力，对个人有利。第二天，他查到了这位无房户的电子邮件并跟他约了见面。

视频中的人是阿米尔·塔基。他最近创建了开源代码库和开源代码工具，用于在比特币之上构建应用程序。他也是一个与世隔绝的无政府主义者，一个"不入网①"的人，支持分离主义②运动，还会说世界语③，当时带米哈伊和维塔利克去巴塞罗那附近的黑客社区卡拉福的人就是阿米尔。他邀请加文去伦敦市中心被比特币的人占领的废弃办公楼。到那儿之后，加文发现几乎所有楼层都只剩光秃秃的墙壁和空荡荡的房间，所有的隔间和难看的人体工程学椅都不见了，但依然能看到乏味的办公室生活的痕迹，地板上铺着灰色的地毯，天花板上贴着白色的隔音砖。屋里的人带着他们仅有的几样东西，通常也就是一两个背包，坐在地板上背靠

---

① 不使用公用输电网、煤气输送网、自来水网等。——译者注
② 目标是从现存的主权国家中分离出一部分领土建立自己独立的国家。——译者注
③ 一种人造语言，旨在为不同语言人群的交流提供便利，理念是在中立语言的基础上，去除民族之间的隔阂，拉近人们之间的关系。——译者注

着墙,连续好几个小时都在敲击键盘。

二人最终走到了一扇门前,门上用绿色记号笔潦草地写着"《比特币杂志》全球总部"。在那里,他们看到杂志的主编米哈伊·阿利齐和他的女朋友罗克珊娜睡的是一张临时用毛毯搭的床。加文还见到了约翰尼·比特币(Johnny Bitcoin),这是他的绰号,因他本人热衷于传播比特币信仰和招募新的加密货币信徒而得名。

加文下决心要加入比特币世界。这次参观之后他开始思考如何为数字货币建立基础设施,然后稍微想了下去中心化交易所的设计,因为他认为去中心化的货币交易不应该依赖于中心化场所的第三方。离开比特币基地之后他还跟约翰尼·比特币保持着联系,就是那个在11月把以太坊白皮书发给加文的人。

加文看到以太坊白皮书的第一反应是觉得这个概念虽然还不成熟,但很有趣,只是设计的决策效率不高。他虽然持怀疑态度,但还是决定给维塔利克发封电子邮件,提议用C++编程语言实现以太坊,这也能让他更好地了解区块链原理。

邮件里写着:"约翰尼把白皮书发给了我。我会C++(你可以去查看我写过的项目,地址:github/gavofyork)。你那边以太坊进展到什么程度了?"维塔利克回复说他用Python实现的版本没有什么进展,正在寻找可以帮忙的编程人员。

加文马上就开始了工作。他从12月底到圣诞节前夕一直在写代码。12月24日,加文修改完以太坊源代码后,第一次在代码库中点了"提交"。他好几天都没有离开过他的小房间,每次他都会订两个比萨,这样就不用经常起身。他到门口拿完比萨之后，就一直编程到深夜，稍微睡会儿，第二天早上就又开始新一天的工作。

正是这个时候，维塔利克邀请他加入迈阿密团队。那是2014年1月下旬，北美比特币大会的前一周。除了跟伦敦的阿米尔·塔基等人有过短暂会面以及最近第一次为以太坊写代码之外，加文与加密货币社区从未有过任何接触。当他在迈阿密的房子里跟一堆大老爷们儿（也许还有一两个女人）打招呼时，他为自己一个比特币都没有而略感羞愧。他以为这些人都是在比特币派对和比特币初创公司中认识的，还觉得他们都已经是比特币富翁了。

当时比特币的价格正处于迄今为止的最高点，从2013年初的100美元左右飙升到11月的1 000美元以上。此后，比特币回吐了部分涨幅，价格回到了600美元左右。但那时许多人首次购入的比特币的成交价都才几美元，因此他们都感觉自己要发财了，不过比起觉得富有，他们更觉得自己得到了平反：2013年比特币价格的反弹证明了那些否定它的人都是错误的。此外市场上首次出现了许多替代性的数字货币，同时比特币开发者在努力不断地改进；投机者争相押注，猜测哪一个货币将会大获成功。中本聪在2008年创造了第一种去中心化的数字货币，到2011年的时候比特币都还在独领风骚，但到2013年12月，就已经出现了几十种新币，也叫"竞争币"（alt-coins），围绕这些新货币的投机活动也刺激了当年的价格反弹。

当以太坊的早期团队聚集在迈阿密时，加密货币出现的时间还不长，但已经有了第一个刚刚破裂的竞争币泡沫。团队成员不知道的是，在他们策划以及梦想伟大荣耀的时候，他们也在为之后更大的竞争币热潮埋下了种子，但那是几年后的事。那一周，屋子里的人都只心系一件事：他们正在见证下一个比特币的诞生、加密货币的下一个大事件。他们中的一些人还关心该如何参与其中，每个人都有自己的特殊原因：有的人是为了肯定自我；有的人是为了发财致富；有的人是为了改变世界；有的人的动机包含了以上所有。

在迈阿密之家，一小组人聚集在了白板周围，加文也站了过去。他们正计划在大会结束后立即举行众筹销售，板上的饼状图描绘了销售后的收入将如何分配。当时的5位联合创始人：查尔斯、安东尼、阿米尔、维塔利克和米哈伊，他们将获得大量份额。

"行吧，这有点糟糕。"纹理对站在旁边的加文说。当纹理到房子里的时候，以太坊就像蛋糕一样被画在那个白板上，多多少少早就被分配好了。

纹理认为项目才刚刚开始，还不到讨论这些的时候，现在连每个人要交付什么或具体目标是什么都不清楚。

"是啊，我还以为这将会是一场黑客马拉松呢。"加文回答。

但那块白板的作用不只用于做发财梦，它还是查尔斯·霍斯金森的工具，他会抓住一切机会谈论他最喜欢的话题：数字。

查尔斯的一位听众是亚尼斯拉夫·马拉霍夫（Yanislav Malahov），这是一位来自保加利亚的开发者，曾与维塔利克合作过一个基于比特币区块链的艺术品数字化注册和转让的项目。他记得他听查尔斯讲话的时候是第一次听到"形态加密"这个词。维塔利克是少数能跟上查尔斯思路的人之一。有一次，查尔斯为了难住他,写出一个又一个复杂的数学问题。这位 19 岁的以太坊创建者可以立即在脑海中解决这些问题,然后将答案脱口而出。

加文很快对此感到厌烦,然后就混迹于人群中,虽然与人交往也不是他擅长的事情,但他至少愿意尝试。在团队中,他看到了一张熟悉的脸,这让他很开心,那是他最近通过亚尼斯拉夫认识的阿什莉·泰森(Ashley Tyson)。阿什莉一直在帮助科迪·威尔逊(Cody Wilson)推出可 3D 打印文件的搜索引擎,科迪由于之前创立了一个开发 3D 打印枪支的非营利性组织而引起了争议,于是在贝宝和银行暂停他公司的账户后进入了比特币领域。阿什莉在柏林的一个比特币聚会上认识了阿米尔·塔基,然后就开始与他和科迪一起合作开发黑暗钱包,这是一个旨在让交易更私密的比特币应用程序。

"你为以太坊做了什么呀?"阿什莉问加文。

"我一直兼职为测试网编写代码。"加文说。在加密货币中,测试网需要与实时版本完全一样,只是测试网使用的是没有价值的加密货币,仅用于实验,目的是确保网络和(或)其应用程序正常工作。

"你认为它能成为下一个比特币吗?"

"我不知道。但我们肯定可以试着让它成为下一个比特币。"

以太坊究竟会有什么用途,阿什莉一直没问明白,她得到的答案都是关于智能合约将如何彻底改革,包括烤面包机和银行,甚至是政府在内的一切,但这样不着边际的答案,她从来都不是很满意。

"你将能建立任何你可以想到的东西,以太坊就是这么强大,"维塔利克说,"JavaScript①的发明者从未想过有人会在其上建立谷歌邮箱、脸书或比特币钱包。我们也不知道人们将在以太坊之上建立什么,但我们知道,它们将是去中心化的、势不可当的应用。"

这听起来是很好,阿什莉想,但她仍然看不出来他们会怎么做。尽管如此,对技术和未来的讨论、白板上令人费解的观点、屋子里没有刺耳的音乐,只有兴奋的谈话和敲键盘的声音——这些都让她确信这群兴奋的技术人员正在建造一些特别的东西。

待在迈阿密之家的第一天,大家一整天都在房间里讨论宏伟的区块链未来。太阳落山之际大家喝酒的兴致更高了,开始往一次性塑料杯里狂倒啤酒,不喝酒的人则点燃了烟卷,这时候讨论的氛围更热烈了。

"你就是约克小加啊,"查尔斯说,"很高兴终于能把你的脸和网名对应起来了。"

"是啊,我也是。"加文一边回答,一边心不在焉地盯着他的笔记本电脑。

"你有工作要做还是有什么事情?"

"嗯,实际上我还以为我们都会为以太坊工作呢。"加文说。

"当然,但了解团队,建立一个共同的愿景和计划,不也是工作的一部分吗?"

"如果没有点实际的东西,我们不会走得太远的。"

---

① 一种具有函数优先的轻量级、解释型或即时编译型的编程语言。——译者注

"不管怎么说,也不知道几天之内我们能做多少工作,"查尔斯说,"我觉得互相了解对方就等于利用好了这几天的时间。"

"一个星期的时间足够了,"加文讥讽道,他刚这样对查尔斯说完,眼睛里就闪过了一丝光芒,"我愿意打赌,赌我可以在周末前弄出一个粗略的测试网来。"

查尔斯笑了笑,说:"跟你赌!我赌你不可能在本周末之前弄好一个粗略的测试网。这么说吧,要是你能在维塔利克去大会上宣布构建以太坊之前弄好,那也许他都可以在会上演示一下了。"

"就这么说定了。"加文说着,跟查尔斯握了握手。

查尔斯说他们赌了一瓶好酒。

从那时起,加文在迈阿密之家的大部分时间都在编程,反正他也更愿意做编程。他不是不喜欢人,他只是不太喜欢陌生的人或人群。他每天都坐在屋子里的同一个地方,仿佛厨房餐桌最里面的位置是他的专座,笔记本电脑放在他面前,他始终都保持着眼盯屏幕手指放键盘的姿势。大家会给他带饮料和食物来,然后留他继续做他的工作。

其他人都在应酬,加文独自坐在计算机前打字,他逐渐意识到,他本以为以太坊这个组织已经形成,各方角色也已经设置好了,但实际上项目还处于早期阶段,每个人都在试图弄清楚自己的位置。当他看着安东尼、阿米尔和查尔斯高声谈论区块链和去中心化的好处时,他意识到他是屋子里最有技术经验的人,或者至少是在以太坊代码上取得了进展的、最会技术的人。对加文来说,这值得获得一些肯定。在他打字的时候,这些想法汇成了三个字母:"CTO",他应该是首席技术官;当然,还有联合创始人。

但当时并不是只有加文一个人在写以太坊代码。当团队里大多数人都在迈阿密参加大会的时候,杰弗里·威尔克(Jeffrey Wilcke)决定留在阿姆斯特丹的家中。之前因为觉得大学里教计算机科学的方式太"文艺",杰弗里就没有再继续上课了,在涉足加密货币之前,他为各种各样的企业做过编程工作。大概在2010年或2011年时,他第一次了解到比特币。由于当时他以为比特币只是一种进行数字支付的方式,他并没有为此感到很兴奋。2013年年中,在编程工作中结识的一个伙伴告诉他,他与一个名为万事达币的加密货币项目团队有联系,并问杰弗里是否想为他们工作。杰弗里认为这个项目非常有趣,加上他们当时也没有其他工作,所以他答应了。

但真正让他兴奋的是几个月后读到的维塔利克的白皮书。如果说比特币只是数字货币,照他理解,以太坊可以是数字万物。这简直是一个黑客的梦想:一个去中心化的平台,灵活到足以支持任何计算机程序运行。他想看看自己是否能为以太坊的成功助一臂之力,于是开始用谷歌的 Go 语言编写了一版以太坊实现。但由于他正在与万事达币合作,不想堂而皇之地参与其中,所以他以"鲜为人知者"(Obscuren)的化名加入了以太坊的小组聊天和论坛,并拒绝了去迈阿密的行程。

当时,杰弗里正在阿姆斯特丹郊区的父母家,试图将维塔利克论文中他认为有趣的想法变成代码。虽然他觉得花这么多时间在以太坊上有些愧对万事达币,但直觉告诉他要坚持做以太坊。

9 宣布

北美比特币大会的时间临近，大家都赶来参会，来迈阿密之家里拜访的人也络绎不绝，所有人都想一睹这些新兴加密货币奇才的风采。8个房间的床全部都睡满了，还有许多人睡在沙发甚至是地板上。大多数人都忙着讨论下一个比特币的可能性，所以比萨盒堆放在厨房的桌子上，啤酒洒得到处都是也没人管。许多博客主和油管主播前来采访维塔利克、查尔斯和安东尼。阿米尔却很低调，没有接受任何采访，虽然他也是联合创始人之一，但他要求网站或其他地方的联合创始人列表里不要写他。

迈阿密之家的大门向所有人敞开，任何信仰开源的人都可以进来，因此并不是屋里的所有人都值得信赖。有个人就因为没有关闭他的笔记本电脑，被偷了价值几千美元的比特币，于是团队聚在一起寻找丢失的比特币，整整一天一夜都沉浸在推理当中。

他们列出了所有可能接触笔记本电脑的人，然后把不可能实施犯罪的人画掉。这时一个名为约瑟夫·鲁宾（Joseph Lubin）的人发挥了主导作用，他曾在多伦多的一个比特币聚会上结识了维塔利克，在这次"案件"中，他帮助对质犯罪嫌疑人，最终把比特币归还给了其合法所有人。

约瑟夫肩膀宽宽的，秃头，有一双深不可测的黑眼睛，曾在普林斯顿大学学习电气工程和计算机科学，他还是大学壁球队的一员。他的大学室友叫迈克尔·诺沃格拉茨（Michael Novogratz），迈克尔在堡垒投资集团经营基金业务，基金被关闭后他成立了一家加密货币投资公司。毕业后约瑟夫尝试过打职业壁球，但最终还是专注于人工智能、机器人机器视觉和自动音乐合成方面的研究，在不同的科技和研究公司从事软件工程工作。他曾在高盛的私人财富管理部门待过两年，主要负责一个软件项目。然后，约瑟夫在2001年离开高盛，出任铁匠（Blacksmith）软件咨询公司的纽约办事处负责人。同时他还在一家名为易想（eMagine）的公司做软件咨询工作，与他人共同创立了一个对冲基金。计算机科学和工程背景出身的他对加密货币本就感兴趣，而2008年金融危机和2001年9月11日世贸中心遇袭让他对加密货币的兴趣更浓了。约瑟夫对金融系统持悲观和批判态度，认为金融系统很容易变得腐败，控制系统的中央银行又负债累累，施行不计后果的政策致使本国货币贬值。

约瑟夫也想过放下一切，去某个遥远的南美村庄等待金融系统崩溃，但最终他还是搬到了牙买加，帮助他的一位模特兼演员朋友建了一个录音室。2013年，他在假期回加拿大探亲，因为听说安东尼·迪·约里奥加入了加拿大比特币联盟，于是决定联系一下他。其实约瑟夫自己也一直关注加密货币论坛和博客，也看过维塔利克的文章，他认为现有金融体系存在缺陷，而加密货币可能有助于摆脱这个体系。他和安东尼一起参加了多伦多的一个比特币聚会，在那儿他认识了维塔利克，现在约瑟夫正跟这群信仰无政府主义的黑客聚在迈阿密之家。他过去在高盛的经历虽然引起了一些怀疑，但黑客们更喜欢他之前在加勒比海地区的音乐制作人身份。他的生活经历以及拥有银行账户这一点，使他成为房间里最"老成"的成年人之一。

"天生'此材'必有用。"安东尼跟查尔斯这样评价约瑟夫。

时间到了周五，加文已经编好了一个以太坊的基础版本，现在到了要测试的时候了，要看该系统是否能在节点之间转移数字货币。厨房桌上有另一台计算机也在运行着一个以太坊节点，加文把他的笔记本电脑放在旁边，一小群人聚集在他身后，看着他打出了一些代码。加文敲下回车，这一操作并不只是与第二台计算机进行沟通，还通过整个网络传送交易。如果他创建的测试数字货币真的被转移了，就意味着一个能实际运行的加密货币的基础打造成功了。这就像是已经给整个房子布好了线，然后需要打开开关检查线路是否畅通。如果灯亮了，就意味着布线是正确的。在等待结果的几秒钟里没有人说话，加文都快窒息了，终于，灯亮了，数字货币被转移了。加文激动得与查尔斯击掌相庆，维塔利克简单地拍了拍手说了声："耶！"

其实维塔利克非常兴奋，但他的性格就是这样，所以看起来反应平淡。他所梦想的区块链真正落地实现了！他看着屋子里挤满的人，简直不敢相信这其中的大多数人都想继续建设以太坊。

在成功启动和运行以太坊测试网后，加文自认为他已经在内部圈子里赢得了自己的位置，他要让其他人也都知道这一点。

"我应该成为联合创始人和CTO。"加文说。

安东尼其实并不在意联合创始人是谁，不过他觉得创始人对投资者有信托义务，需要严肃对待；而加文只是一个刚从迈阿密之家里冒出来的新人。虽然加文确实擅长编码，也取得了一些进展，但早期的讨论他都没有参与，加上这些事是个程序员和工程师都能做，况且写代码还可以外包。

加文当然不同意，对他来说这个观点简直太离谱了，特别是因为在5个创始人中，只有维塔利克的编程能力能勉强写出这个测试网的代码，但加文并不想跟安东尼对峙。

安东尼当时一直都是那样想的，但他可能是觉得跟加文完全闹僵不符合团队的最佳利益，所以就在当天晚上，安东尼去找加文讲和并送了他一瓶尊尼获加红方①。接受采访时，安东尼表示不记得有这回事，但他也没有否认（真实情况是加文仍然保留着他说的那瓶威士忌，还是半满的，就放在他极简装修风格的柏林公寓里）。

维塔利克的发言被安排在1月26日星期天，即大会的第2

---

① 全球最畅销的苏格兰威士忌，混合了约40种不同的单纯麦芽威士忌和谷物威士忌，于橡木酒桶内发酵成熟后入瓶。——译者注

天,时间是上午9:30—9:50,地址在迈阿密海滩会议中心。维塔利克的演讲甚至都不在活动的主会场,在议程中也只是被介绍为"《比特币杂志》的首席作家维塔利克·布特林"。但这一天到来时,迈阿密之家里的每个人都起得很早。前往会议现场的以太坊车队由查尔斯租来的一辆车和几辆优步①(Uber)组成,车上挤满了紧张的开发者和创业者,大会的主角就在其中。

演讲一开始,维塔利克先是回顾了比特币,分享了世界上第一个去中心化数字货币的历年数据报表。讲台上的维塔利克身着一件黑色的T恤衫,胸前印着白色的以太坊的网址(ethereum.org),衣服松松垮垮地挂在他瘦弱的身躯上,被瘦骨嶙峋的肩膀撑起来。他说话时双手快速地打着手势,有时会结巴,还有点口齿不清,但即便如此,每个人都在全神贯注地听着。

舞台正后方的黑色幕布上打了一片浅蓝色的光,其他区域都是一片漆黑。当维塔利克的演讲渐入佳境,讲到比特币的限制时,一盏聚光灯照亮了讲台。维塔利克的一头金发剪成了圆寸,衬着他宽阔的额头,苍白的脸颊两侧有痤疮疤痕,尖尖的下巴显得很突出,但最引人注目的是他狭长的蓝眼睛。当他在观众面前播放以太坊的愿景时,即使是坐在观众席上的人也可以看到他那双蓝眼睛在闪烁。

"以太坊力求极简,不追求包含各种功能。我们没有什么功能,我们有的只是编程语言,"维塔利克加快语速说,"以太坊就

---

① 网约车服务平台。——译者注

像是加密货币的乐高积木，你可以用它做出几乎所有的东西。"

维塔利克讲完后，整个会议室的人都站起来鼓掌欢呼。等他一下台，人们就蜂拥而上，跟着他来到了会议室外。他靠着一堵墙站着，左右两边是约瑟夫和安东尼，几十个人围着他听他继续解释以太坊，大家一边轮流提问一边举起手机拍照和录像。查尔斯之前在比特股的商业伙伴丹尼尔·拉里默也在人群中。他提出了一个尖锐的问题，问以太坊能否在网络不崩溃的情况下扩展到数百万用户和数十亿交易。维塔利克的回答都带有很强的技术性，而且篇幅也很长，后来丹尼尔还将这段视频发到了油管上，试图逐一对维塔利克的回答进行反驳。

从会议现场回来，团队成员们兴冲冲地回到屋子里，庆祝这一阶段性的胜利。觥筹交错之间，大家肩挨肩挤在一起，说到要筹集数百万美元以实现他们的梦想，方法就是出售以太币以换取比特币，这样团队的数字钱包里就会有世界各地的人发送的资金了。

阿米尔·切特里特从他在以色列的联系人那里听说，团队最初的筹款目标是500万美元，但实际能筹到的数额可能还会多几百万美元。能筹集到更多的钱固然很好，但这也让阿米尔感到紧张。随着维塔利克在会议上的演讲大获成功，他变得更加焦虑，觉得这次众销看起来像就是一次未注册的证券发行，不该引起这么多关注。

"我们冷静一下，"他告诉团队，"要确保我们的路没走歪。我们没人想进监狱吧。"

约瑟夫有证券交易的经验，马上就站到了阿米尔那边。最终大家都同意他们应该重新部署，想好如何正确地进行众销。

早期的以太坊团队很少有机会能聚在同一个地方，像在迈阿密这样要一起待一周的情况实属难得。这些人聚在河边的这座大房子里，他们都是不太合群、不够圆滑的人，这意味着面对社会这个难题：他们要么被强行融入社会，要么就反叛并挣脱出来。而他们选择的表达方式、踏上反叛之旅的工具，就是这个新协议。

现在还不是做任何具体决定的时候，所以如果团队没有一致的愿景也无关紧要（他们确实也没有），但这种情况下的和平是暂时的。当时所有人的共同目标是看到以太坊成功，这让他们忽略了彼此在生活中的许多差异，也没有把个人的人生规划放在心上。时至今日，迈阿密的那段时光在大部分人的心中都还是一段美好回忆。

在决定推迟众销以后，成员们一个个收拾好自己的东西，搭上飞机前往世界的不同角落。这个孕育了许多梦想的房子，就这样关上了大门，很快就被另一个爱彼迎用户租了。

加文一动不动地坐在机场的登机口附近，凝视着远方。因为兴奋和缺少睡眠，他的思绪不断跳跃着，过去几天的经历仿佛历历在目，他又感到一阵亢奋。机场外，太阳已经开始下山了。他思来想去只得出了一个结论。"去他的，这是件了不起的事，这真是件了不起的事，"他在脑海里感叹着，"天啊！就是这样！"

飞机一降落在伦敦的希思罗机场，加文就给他在软件创业公司的联合创始人打电话,说要跟他停止合作,他想把所有的时间都用在以太坊上。几天后,他告诉某位朋友:"我不知道以太坊具体会是什么,但我知道这是我们走向成功的最好时机。"

10
楚格镇

一家初创企业应该有多少个联合创始人才好？如果是1个，风险投资人通常不太看好，因为担心唯一的创始人不受约束会太过自我；2位创始人比较常见；3位创始人也不错；4位就太多了；而超过4位则被认为会难以处理、混乱无序，当然还有一大弊端是需要与他人分享财富（或至少是潜在的财富）。但这些都是旧规则，在以太坊带来的新奇世界里并不适用。

在迈阿密会议之后的几个星期里，以太坊最初的5人组——维塔利克、米哈伊、安东尼、查尔斯和阿米尔，随着加文·伍德、杰弗里·威尔克和约瑟夫·鲁宾的加入增到了8个。加文如愿以偿地担任了首席技术官，而查尔斯则是很早就被任命为首席执行官，那时小组还在讯佳普上开会。以太坊网站上还有一张名单列出了一长串的贡献者和顾问，维塔利克也很乐意把每个想要参与其中的人都拉进来。

维塔利克并没有考虑过要如何打动风险投资人，他也没有考虑过公司的股权问题。在这个代币销售的勇敢新世界里，以太坊可以摆脱初创企业的必经之路：一步步艰难到达硅谷的沙山路[①]。以太坊并不需要风投资金，因为他们可以在没有风投的情况下接触到来自世界各地的投资者。维塔利克也不想要风投资金，因为对他来说，以太坊应该是免费的，可以让任何人使用并且不属于任何人。

迈阿密会议结束后，团队的首要任务是决定在哪里设立公司或基金会。这个问题还没有解决，人群就分成了两派。对于公司结构，虽然他们讨论了不同的方案，但认真考虑的主要有两种：一种是由非营利性基金会支持的开源以太坊协议的开发，营利性的公司为协议提供支持和建立应用层；另一种也是由非营利性基金会支持的开源网络的开发，但更广泛的社区将在其上建立应用和基础设施。查尔斯、安东尼和阿米尔极力要求成立一个营利性公司，而维塔利克、杰弗里和米哈伊则极力支持成立一个非营利性基金会。所有人都能看到互联网即将进入一个新阶段，他们必须决定是要成为谷歌还是摩斯拉，即是成为一家公司，可以集中管理并拥有可预测的收入来源；还是成为一个基金会，支持世界各地的开发者以更去中心化、更有机的方式建立以太坊。

[①] 位于硅谷，上百家风投公司都汇集在这里，因此成为风险投资公司的代名词。——译者注

由于暂时无法得出结论，他们就把这个决定搁置了起来，开始寻找合适的地方建立他们的合法根据地。早期的团队已经在多伦多成立了一家公司，以安东尼的分布式比特币公司（Bitcoin Decentral，后来更名为 Decentral）为总部，但现在他们需要寻找一个更为永久的基地，一个法规允许他们进行这种众销形式以及收入不会被征收太多税的地方。除加拿大外，主要的候选地还有新加坡、荷兰和瑞士。

米哈伊和罗克珊娜自愿前往瑞士考察。他们在 1 月的最后一天降落在苏黎世并联系了约翰·盖弗斯（Johann Gevers）。约翰是一个南非人，之前在苏黎世创建了基于区块链的支付公司铸币（Monetas），约翰试图让这两个罗马尼亚人相信他们来对了地方。瑞士的税率较低，监管相对宽松，是欧洲中部的一个主要金融中心，景色还很优美，到处都是山川和湖泊。米哈伊向团队汇报了他的发现，经过一番讨论，他们决定将瑞士作为他们的根据地。虽然以太坊的结构、营利模式问题还没有解决，但他们还是先注册了一家瑞士公司，这样才能让诸如租房子和开银行账户等行政手续更简单些。很讽刺的是：他们开公司依然离不开银行。

按照当地法律要求，公司董事会成员里需要有一位象征性的瑞士居民，所以约翰向他们介绍了赫伯特·斯特奇（Herbert Sterchi），于是这就成了赫伯特的工作，但他的作用远不止于此。他还提供了关键联系人，还在接下来的几个月里成了他们在瑞士的向导。注册以太坊瑞士有限责任公司（Ethereum Switzerland Gmbh）时，米哈伊戴着他唯一的一条领带，闭口不提他一路都只能睡沙发的事,注册完公司,他最后的积蓄也用完了。在约翰和赫伯特的指导下,他们选择了楚格州——瑞士企业税率最低的州之一。

楚格这个名字很可爱,听起来这地方似乎也应该充满同样可爱的中世纪时代的房屋,有五颜六色的木质百叶窗、瓦片铺的屋顶和鹅卵石街道。但是,老旧的市中心很快就为现代化的办公大楼所取代。这些大楼被租给瑞士联合银行和瑞士信贷、高档的精品店和连锁店等。

但选择楚格最重要的一个原因是,楚格当地的监管机构和官员热衷于引入高科技公司。之前由于顾客都开始购买数字手表,楚格的官员目睹了当地的钟表商一个个倒闭,因此在看到比特币突然成功、瑞士的不干涉法规正在吸引创业者来楚格时,监管和政治当局决定,这一次楚格将拥抱变化。

米哈伊和罗克珊娜到达楚格后不久,以太坊的新首席执行官查尔斯也到了,其他团队成员也都开始陆续从世界的不同地方赶来。许多团队成员都是米哈伊在一次为期一周的黑客马拉松上认识的,活动在米兰的一个废弃肉类加工厂举行,那时米哈伊刚从卡拉福离开。

在芝加哥的泰勒·耶林(Taylor Gerring)本打算在比特币上建立应用程序,后来他放弃了,接着送走了他的狗,跟他的女朋友分了手,然后买了一张单程票来到瑞士。来自丹麦的玛蒂亚斯·格罗内拜克(Mathias Groennebaek),来自伦敦的斯蒂芬·图阿尔(Stephan Tual),他们把巴塞罗那的房间租给米哈伊和维塔利克。决定跳上区块链列车的洛伦佐·帕图佐（Lorenzo Patuzzo），以及其余 10 多个早期团队成员，他们都有类似的经历：他们是网页设计师、图形设计师或程序员，把一切都赌在一个想法上，而这个想法来自一个 19 岁年轻人写的白皮书。

在以太坊工作，职位将根据项目需要和个人能力而定并且没有工资。大家都在免费工作，但有一个不成文的承诺，即他们将从最终的众销中获得一些加密货币。团队的开支主要由安东尼·迪·约里奥以及后来的约瑟夫·鲁宾贷款支付，其中最大的开销是租金和法律费用。据安东尼估计，仅他们二人就已经借给了以太坊大约 80 万美元（约瑟夫表示不到 50 万美元），但他给不出更准确的估计。团队的其他成员也尽可能地贡献了自己的力量，做着没有工资的工作，耗尽了自己的储蓄甚至还要使用信用卡支付日常花销。

2014 年 2 月，他们住在瑞士首都附近的小镇上，从一个爱彼迎民宿换到另一个爱彼迎民宿。他们还住过一套只有两间卧室的公寓，位于苏黎世以南 30 分钟车程的迈尔斯卡佩尔。白天大家就挤在厨房旁的一张小桌子边，笔记本电脑几乎摆满了桌子的每个角落，房子里所有可用的椅子，包括从客厅搬来的小板凳都被用上了，大家都缩在那里，挤得手肘碰手肘。就是在这么一个小地方，他们一起为网站工作，讨论诸如未来组织的结构、社区推广以及众销前的沟通等问题。

以太坊标志的主要设计人是洛伦佐。在所有人都到达瑞士之前，纹理已经重新设计了以太坊网站并简单设计了一个标志，结合了两个西格玛符号，看起来有点像钻石。洛伦佐在纹理的基础上进行创作，希望设计的标志能更好地代表他所理解的以太坊：一个供全人类使用的包容性平台；另外，标志必须富有力量，同时也要象征灵活性和透明度。结合这些想法，一个金字塔的形象开始在他的笔下形成，接着就演变成了一个八面体，即两个底部相连的方形金字塔。这个形状有许多切面，暗示平台有无限可能性。后来团队在网上发起了标志竞赛，这个八面体的设计在投票中获胜。

米哈伊和查尔斯则忙于行政工作。为了让以太坊成立为有限责任公司，他们必须开设银行账户。对于一家加密货币公司来说，这可不是一件小事，因为加密公司通常被认为风险过大。有几家公司都直接当面将他们拒之门外，但最后瑞士邮政银行接受了他们的业务。这是一家没有美国分行也没有美国关系的小型瑞士银行。

下一个重要步骤是弄清楚众销的法律地位。赫伯特把他们介绍给了卢卡·穆勒（Luka Muller）和塞缪尔·巴斯曼（Samuel Bussmann），这两个人是MME律师事务所的合伙人，卢卡之前专攻合规和反洗钱案件，塞缪尔是税务人员。虽然该律师事务所从未跟加密货币公司合作过，但总部设在楚格，所以了解有关当局的情况。第一次见面时，查尔斯和米哈伊先让他们了解了比特币的情况，然后才介绍了以太坊。由于这是两位律师第一次详细了解数字货币的情况，所以他们一开始并没有真正理解。

卢卡说："把相关的所有文章都发给我，你们得教我。"

米哈伊和查尔斯给他寄来了几个月前出版的《比特币：决策者入门》(*Bitcoin: A Primer for Policymakers*)，作者是安德烈·卡斯蒂略（Andrea Castillo）和杰里·布里托（Jerry Brito），还有大量关于数字货币和密码学的法律文件和论文。卢卡仔细阅读了所有资料，然后带着详细的问题回来跟团队的人开会，维塔利克和约瑟夫有时也会去参加会议。这3个月的时间十分痛苦。什么是以太坊，使用与计算机网络绑定的数字货币进行筹款在法律和税收上应该如何处理，这些问题都需要经过复杂的讨论。

在此过程中，查尔斯某天半夜带着一身冷汗惊醒了。他突然想到，他们已经在一家律师事务所的高级合伙人那里花了太多时间。"计费时间得有多少了！"他想。但还好卢卡说研究的部分不算在计费时间内。

大家都在争分夺秒。他们靠自己的积蓄度日，仍然没有找到一个能一直待着的地方。有一次他们意识到这样的生活状况极其不稳定，那天他们所租公寓的房东告诉他们，由于家里刚发生了一些事情，他们需要在几个小时内搬离。那时早期的以太坊团队有十几个人。这些人收拾好他们的东西搬出了公寓，在瑞士空荡的街道上徘徊，当时正处隆冬时节，他们只好向赫伯特·斯特奇，也就是那个象征性瑞士居民求助。赫伯特毫不犹豫地邀请他们去他在卢塞恩的住所，大约9英里[①]远。大家都感觉松了一口气，然而，当赫伯特打开的是一间狭小的单间公寓的门时，大家的轻

[①] 1英里约合1.61千米。——编者注

松感荡然无存，因为即便是所有人都站着，这间屋子也几乎容不下他们。有人睡在了沙发上，而其他 10 来个队员，毫不夸张地说，则是肩并肩地睡在地板上。查尔斯睡在卧室的一个壁橱里。对查尔斯来说，比睡在壁橱更糟糕的是赫伯特会在早上 5 点猛地拉开壁橱的门，只穿内裤扯着嗓子向他喊一句："早上好，查尔斯！"接下来，团队还得赶火车去往楚格，还有更多与律师和监管机构的会议在等着他们，而这些跟他们开会的中介和官僚正是以太坊希望在某一天以某种方式淘汰的对象。

11

宇宙飞船

没有房东想把房子租给一群失业的外国人,以太坊团队急需找到一个住处,同时还可以在那儿创办一个加密货币公司。在赫伯特的帮助下,一个房东同意将房子租给他们,租期一年,团队预付了包括保证金在内的约82 500瑞士法郎的租金,这些钱是由约瑟夫·鲁宾垫付的。

这座房子位于楚格的郊区,离房子只有几步之遥的地方,有一个公交站,镇上有20多条公交线路,这是其中一条线路的最后一站。附近没有湖泊但有不少小山丘;房前有几片玉米田,一条小溪沿着房子正前方的路流过。3栋风格一致的房子组成了一个小建筑群,这座房子是其中的一栋。房子看起来很奇怪又充满未来感,呈几何形状高高地耸立着,所以他们后来喜欢称它为

"宇宙飞船"。在租到这房子之前,他们辗转于不同的爱彼迎民宿,挤在地板上度过了一个又一个不眠之夜,如果说是这些经历使得大家对建造下一代区块链的激情逐渐消失,那么在2014年3月5日他们第一次走进这座建筑的瞬间,大家的兴奋劲儿又涌了上来。房子里到处都是开阔的空间和光线,充斥着一种淡淡的化学味、新房子的油漆和混凝土的味道,因为他们是新房子的第一批住户,墙壁上还挂着裸露的电线。房子有间地下室,一楼只有一个卫生间以及一条通往楼梯和电梯的通道。不过房子里有电梯这事惹恼了安东尼,他认为瑞士人太铺张浪费了。二楼有三间卧室和一间家庭活动室。顶层有个开放式厨房和本用来做餐厅和客厅的一片空间,但他们把它当成了工作区,房间的尽头是一扇大窗户,通向一个露台。

刚搬进来的那几天里,为了住得更舒服些,他们心无旁骛地改造这个空间。他们找来便宜的长木板架在A字形的桌腿上,搭起了一个大工作台,把彩色卤素灯①歪歪扭扭地挂在墙上。在设计了以太坊的标志之后,洛伦佐化身勤杂工,在二楼的家庭活动室里开辟出了一间卧室。

他们开始按部就班地生活,轮流做饭,买生活用品回家,打扫卫生间和扫地。2月的雪一融化,露台上就能晒到太阳了,于是他们会在早餐后懒洋洋地躺在外面休息几分钟,但即便是休息,大家的谈话也大多是围绕着以太坊以及以太坊的作用。在露台上

---

① 白炽灯的一个变种,其玻璃外壳中充有一些卤族元素气体(通常是碘或溴),高温下钨丝与卤素发生化学作用可避免钨丝过早断裂,因此使用寿命比白炽灯更长。——译者注

向远处望去能看到青山，建筑物之间流淌着清澈的湖水。看着这样的景色，他们畅想着区块链上的身份、物联网①和用智能合约取代银行。通常在他们休息完回到屋里的时候，罗克珊娜已经安排好了当天的家务：他们是否需要补充生活用品，谁去商店里买，他们午餐吃什么，谁来做饭。

这个队伍人员混杂，程序员和设计师都来自世界各地，大家才刚刚认识就在一起工作，一起吃饭，挨着睡觉。小镇上的人他们几乎都不认识，所以即便是在下班后，他们也待在一起。不过"下班后"这个概念其实并不适用，因为他们没有固定的工作时间，以太坊就是他们的生活，这儿也是他们的家。

每个人的日程安排都不一样，所以房子里总是有人在活动，往往是一组人正要去睡觉，另一组人刚开启一段漫长的工作。团队的一个主要任务是为众销建立网站，这可不是小事，因为网站不光要能连接团队的比特币和以太坊地址，还要为参与众筹的人生成新的以太坊钱包，这样他们才能在之后接收以太币，而且这一切必须要足够安全才能防止黑客入侵。另外，团队还要完善以太坊的标志，设计网站的其他部分，拍摄宣传片，跟社区沟通，撰写博客文章，运营社交媒体以及安排见面会。

像维塔利克和安东尼这样没有在瑞士的团队成员，有时会突然来这里住几天，所以睡眠安排是不固定的，但大多数时候每个房间里都有3个人睡觉。除了查尔斯，他为自己和助手杰里米·伍

---

① 即"万物相连的互联网"，是在互联网基础上延伸和扩展的网络，通过结合各种信息传感设备与网络实现任何时间、任何地点，人、机、物的互联互通。——译者注

德（Jeremy Wood）申请了地下室。另外，米哈伊和罗克珊娜也有自己的房间。

即便他们有钱，这个小镇也没有为这群大城市来的人提供什么娱乐活动。在周末或漫长的一天结束时，一小群人会脱离大部队去大自然中漫步，讨论他们的进展。但随着时间的推移，谈话的内容慢慢变成了对他人不满的发泄。到休息时间，他们会在工作桌前的白板上投影油管片段，白板上还有以太坊相关的草稿；深夜他们还在喝酒、狂欢。有时候他们会在露台上烧烤，然后叫上约翰·盖弗斯和尼克拉斯·尼科拉森（Niklas Nikolajsen）。约翰来自铸币公司，他是第一个提议将楚格作为理想根据地的人；尼克拉斯是比特币瑞士公司（Bitcoin Suisse）的创始人，以太坊团队贷来的比特币就是在他的帮助下换成了瑞士法郎，他也因此加入了团队。以太坊、铸币和比特币瑞士是当时瑞士仅有的加密货币企业，所以露台上的一次烧烤就直接聚齐了整个瑞士的区块链经济体。

早在2013年底，泰勒·耶林就在米兰的黑客马拉松上认识了米哈伊，后来在迈阿密之家加入了以太坊团队。北美比特币大会于1月26日结束，到2月9日，泰勒就已经在去瑞士的路上了。他曾经的想法是在比特币的基础上建立酷炫的去中心化应用，但现在他更想用一个灵活的协议来完成这件事。

泰勒本来还挺享受和大家住在一起的生活，但很快就出现了一些让他恼火的小事，比如买生活用品：每隔几天就会有一群人在采购物品上花费一两个小时，他认为这太浪费时间了，所以建议让商店送货过来。但他不敢相信的是，就这样一笔小小的额外开支都遭到了安东尼和加文的反对。

安东尼并不信任这群年轻人，他觉得这一群之前都没有钱的人现在却在挥霍别人的钱，而这个别人就是安东尼。加文则是认为与实际建设网络相比，瑞士团队现在做的只是一些无关紧要的工作，所以他基本觉得任何花销都不太合理。

"我知道，项目中的一些人觉得我们在这里所做的事最多只是有所帮助，"泰勒对米哈伊说，"为什么他们就是无法理解这作用一点儿也不小，而是不可或缺的呢？光有程序员和工程师也没法让这个世界运转啊。"

之前在迈阿密的时候，即便只能睡吊床泰勒也觉得没关系。但是搬到瑞士后的好几个月，他们还只能睡在放在地板上的宜家床垫，有的人却有自己独立的空间，不用和十几个同事挤在一个房间里，这种差别激起了人们的抱怨。

玛蒂亚斯·格罗内拜克（Mathias Groennebaek）与以太坊的联系也是从在米兰暂住地举办的比特币钱包黑客马拉松开始的，虽然没有什么正式的职位，但他认为自己是一个运营经理。过去他自己在经营咨询公司的时候，会跟大公司合作，所以习惯了为各种工作设定最后期限，也习惯了有组织的工作方式。现在他却开始感到懊恼，因为他不得不应对一群几乎没有任何工作经验的人。比如，米哈伊唯一的工作经验是经营《比特币杂志》；除了有个别例外，剩下的人都是计算机极客，曾经都是四处跑的自由职业者，习惯于自己独立工作，有些人把同样的心态带到了楚格，只埋头做自己的项目，很少考虑配合整体计划或时间安排。

在以太坊平台还没运行起来之前，大家就偏离了最开始的思路，雄心勃勃地计划着货币的价格能一步登月，出现这些想法有时候是天真使然，有时候是为了满足自尊心。在马蒂亚斯看来，查尔斯·霍斯金森就是后者的一个典型代表。这位首席执行官喜欢把所有人聚集在白板前，然后写下复杂的数学问题，画出图表，这些东西并没有什么意义，而查尔斯只是为了写而写，至少在马蒂亚斯看来是这样的。有一次，查尔斯用一天时间开发了一个能把以太坊赚取的资金再投资的模型，他想创建一个能够分析投资想法并判断此想法是否值得投入资金的系统。要知道，这个时候还没有决定以太坊是否会成为一个非营利性的基金会，查尔斯却已经在考虑以太坊作为营利性实体该如何运作了。马蒂亚斯很清楚这个系统与他们几个月甚至是几年内的目标都不相关。

"这真是见鬼的精神自慰。"马蒂亚斯想。

泰勒也无法忍受查尔斯开的那些白板会议。泰勒和马蒂亚斯甚至都不知道哪种情况才是更糟糕的：是查尔斯把大家召集起来，炫耀他的数学技能，还是他一个人去地下室工作。他们偶然发现查尔斯正帮助其他区块链公司牵线搭桥，但他们不太清楚细节。他们觉得，如果查尔斯对他做的事情那样保密，就不可能是好事。

查尔斯和米哈伊把大部分时间都花在了MME律师、税务机关和瑞士金融市场监管局（Swiss Financial Market Supervisory Authority，以下简称FINMA）的监管人员身上。他们每周都会进行几次电话沟通和会议，只有把比特币解释清楚，他们才能进一步解释以太坊——这台能支持去中心化应用程序的世界计算机,而这台计算机需要在该平台的原生加密货币——以太币上运行。这些概念清楚之后,他们才能开始谈新的筹资方式,表明用比特币换取以太币不会让参与众销的人获得平台的任何权利或所有权。另外他们还得说明,在销售期间以太坊的开发者仍然在建设这个平台,这意味着获得代币的人在一段时间内无法使用他们的以太币。

不过对查尔斯来说,搞定众销主要是为了获得筹码。他想通过这种另类的筹资方式,不出让任何股权就把资金装进自己口袋里,然后利用这一点去跟硅谷的投资人谈得更好的条件。他想把以太坊建成一个营利性实体,依靠有经验和人脉的传统投资者的所谓的"聪明资金",帮助这家初创公司蓬勃发展。他的想法是可以让独立的以太坊基金会负责众销并分发以太币,但主要的筹资渠道还是传统的风投轮。

大概在那个时候,维塔利克和加文就在硅谷上门咨询风险投资公司,但他们的目标并不是让风投公司买一点以太坊。如果风投公司想参与众销,他们会很高兴,但这也不是真正的目的。即使在那时他们几乎没有任何东西可以展示,但他们自认为以太坊货真价实,所以想确保所有人都知道这一点。他们参观了谷歌风险投资公司和其他基金会,加文回忆说他们在硅谷参加的是"学习会"。他们还想了解市场对像他们这样的风险项目是如何定价的,查尔斯说他们感觉到他们有可能以 1.25 亿美元的估值,筹集到 1 500 万—3 000 万美元的资金,跟比特币软件开发公司区块流

（Blockstream）的融资情况差不多。

查尔斯没有掩饰想让以太坊成为加密货币界谷歌的野心，也没有掩饰对风投资金的偏爱。他何必要掩饰呢？在他看来，未来的新世界将基于区块链，而他们正在创造的是这个新世界中最大的公司。公司统治世界是有原因的：公司能最高效地将想法变成现实，因为从公司所有者到经理到员工的所有成员，都希望看到公司繁荣，并且有直接的激励措施和明确的角色分工来实现这一目标。查尔斯认为非营利性组织的激励和责任都模糊不清，正因如此，非营利性组织永远无法成就辉煌。他希望以太坊可以取得辉煌成就，他也相信以太坊可以成为第一个价值万亿美元的公司。

但这些有关公司的言论让屋里的一些人惴惴不安，因为这并不是他们参与进来的目的。他们只是想要一个新的、去中心化的世界，一个他们不需要向硅谷投资者或华尔街银行家征求许可的地方。他们向维塔利克表达了他们的担忧，这让维塔利克开始担心查尔斯正在失去团队的信任，而且最重要的是他觉得这些内部权力斗争占用了大家为以太坊工作的时间和精力，他为此感到懊恼。

对于泰勒和马蒂亚斯来说，他们对查尔斯的质疑只增不减，有时查尔斯似乎在暗示他是比特币的创造者中本聪。对于中本聪的身份，一直都存在着无休止的猜测，但几乎没有人敢声称他本人是比特币的创造者。因为他们知道一旦这样做就需要向加密货币社区提供证据，还要面临严格的审查。对于加密货币界的人来说，查尔斯说他是中本聪就相当于在说他是救世主。

2014年3月初，就在团队搬进楚格房子的第二天，《新闻周刊》(Newsweek)杂志的封面上出现了《比特币背后的面孔》的头条。该报道的记者声称比特币的创造者中本聪是一个叫多利安·中本(Dorian S. Nakamoto)的日裔美国工程师，他住在洛杉矶附近的一个普通小镇。记者们守在他家门口，随之而来的是一连串的新闻报道。此消息一出，数字加密货币世界马上就沸腾起来，很快就有多利安的信徒和怀疑者在争论这一发现的真假。但是这一切在大约12个小时后就平息了，因为比特币白皮书的作者，也就是中本聪本人的电子邮件账户，自2009年发帖后首次露面，只发布了一条简短的信息"我不是多利安·中本"。信息发布在点对点基金会(P2P Foundation)的宁网[①](Ning)页面上，中本聪曾经就是在这儿分享了比特币白皮书。科技动向[②](TechCrunch)向该基金会的创建者发送邮件，证实了该电子邮件绑定的账户跟2009年发帖的是同一个。

说回到以太坊的那个房子里。马蒂亚斯看到这样一幕：查尔斯把中本聪发的那条信息拿给设计师理查德·维尔德(Richard Wild)看，面带狡黠的微笑，眼里还闪着光。单看这点可能无可指摘，但对马蒂亚斯来说，查尔斯这一行为充满了暗示。明明有密码学的方法可以证明某人是否是中本聪：比特币的创造者拥有控制第一批开采的比特币的密钥。这些比特币被储存在几个比

---

① 世界上最大的社交网站创建平台。——译者注
② 美国科技类博客，主要报道新兴互联网公司、评论互联网新产品、发布重大突发新闻，是关注互联网和创业的重量级博客媒体。——译者注

特币地址中，即使数字货币的价格上涨到让这些比特币价值数亿美元，它们也从没被移动过。如果有人想证明自己是中本聪，他们可以用比特币创世区块①（genesis block）的密钥签署一条信息，将其中一些转移到别的地址中去。

马蒂亚斯双手交叉地坐着，看查尔斯和理查德交流，直到他再也忍不下去。

"签完字就滚吧！"马蒂亚斯语气不善。

马蒂亚斯、泰勒、斯蒂芬和米哈伊都察觉到了查尔斯的这些小动作，也都对查尔斯似乎是在暗示却没有明说他是中本聪而感到恼火。理查德对查尔斯是比特币的创造者这一点深信不疑，但对查尔斯来说他只是在跟理查德胡闹，这只是他俩之间的一个玩笑。查尔斯还说如果有人为了树立威信而声称自己是比特币的创造者，这种人才令人鄙视。

晚上，马蒂亚斯睡在窄床上辗转反侧，想尽量不吵醒睡在附近的两个人。难道他放弃了一切，就是为了和一群不成熟的纨绔子弟和利己主义者待在这个隐没在林间的房子里吗？他需要一根救命稻草把他拉回现实以平衡这种消极情绪，于是他决定把女朋友叫过来。况且米哈伊也和他的女朋友在一起，应该不会有什么问题，他想。马蒂亚斯的女朋友来了之后，情况有了短暂的好转，但房子里的其他人并不喜欢这种安排，他们认为只有对项目有贡献的人才能住在房子里。米哈伊也认同，所以几天后米哈伊告诉

---

① 整个区块链上的第一个区块，这里指中本聪于2009年创建的第一个比特币区块。——译者注

马蒂亚斯,他女朋友必须离开这里。当马蒂亚斯把女友送到火车站时,他觉得自己也即将离开这里,坐火车离开这个地方,他没法再在这儿待下去了。

与此同时,MME 的律师终于准备好要起草交易的最终结构,团队需要成立一家公司来管理代币销售,这次代币销售将被视为一次软件销售;销售所筹集的资金随后将由基金会控制,基金会也负责支持开源平台。瑞士的基金会和美国的基金会的一个区别是瑞士基金会没有可以转移资金的受益人,他们只能根据基金会契约中规定的目的来使用款项,联邦当局可以通过强制审计确保没人违反这些条款。用这种结构组织交易,代币就不会被认为是证券,基金会也不用为其收到的加密货币缴税。

MME 的律师在该律师事务所的一个会议室里向当局宣读了这些条款。作为交换,以太坊需要将部分业务保留在瑞士并雇用 12 名瑞士雇员。允许众销的另一个好处是这次众销将为瑞士带来一个新的产业。铸币公司的约翰·盖弗斯参加了此过程中的许多会议。他后来提出了"加密谷"(Crypto Valley)一词,意为瑞士将成为区块链发展的中心,就像帕洛阿托①是互联网公司的中心那样。瑞士人倒是很喜欢这个想法,但这其中的法律工作还任重而道远。

---

① 美国加州旧金山湾区的一座城市。——译者注

12

顶级律师

团队刚在瑞士确定了法律架构，紧接着就需要确保他们可以在美国合法地进行众销。他们知道这样风险很大，由于证券交易委员会还没有对数字代币发表意见，所以进行这次销售可能会被认为是在销售未注册的证券，但他们也不想错失整个市场和潜在用户群。

2014年4月，分布式文件存储平台磁盘安储（Maidsafe）进行了一次众销，这个基于万事达币（威利特的项目，维塔利克也曾在以色列参与过）建立的项目在5个小时内筹集了约700万美元；《华尔街日报》（*Wall Street Journal*）在文章中称这次销售可谓"狂热"。这之后不久，美国证券交易委员会就发出声明，警告投资者"像比特币一般的新兴产品、技术或创新有可能引发诈骗，这样的投资机会也有很高的风险"。

以太坊团队想做的事情没有什么先例可供参考，这下监管机构也开始密切关注这些销售了。当时安东尼·迪·约里奥正在多伦多组织一个比特币的博览会，几位以太坊联合创始人决定去那里讨论接下来的计划。博览会于4月初开始。大约在会议开始前的一两个星期，他们就陆续到达安东尼在多伦多市中心的办公室。这是一个狭小的3层楼的房子，砖墙、深棕色的屋顶和窗框给人一种滑雪小屋的感觉。屋外挂着一个写着"分布式公司"的牌子，门上还贴了一张小纸条，上面写着"这里接受比特币"。这句话名副其实，因为房间里放着多伦多的第一台比特币自动提款机。安东尼成立分布式公司的主要目的是开发比特币钱包服务（Kryptokit），以及举办比特币聚会和其他与加密货币有关的活动。

这里也成为以太坊团队的一个聚集地。这次活动除了米哈伊其他人都来了，就连杰弗里也特地从阿姆斯特丹赶来。大家都睡在房子的顶楼，阿米尔是个例外。阿米尔来得很晚，不像其他人都穿着印着以太坊标志的T恤衫，而且他还在为彩色币工作，这让一些联合创始人怀疑他是否真的想成为团队一员。

这次在多伦多的聚会是大家第一次见到史蒂文·涅拉约夫（Steven Nerayoff）。史蒂文曾是一名律师，在20世纪90年代末的互联网热潮中辞去了纽约一家高级律师事务所的工作。他放下一切搬到了硅谷，在那里创立了两家互联网公司与易贝竞争。在互联网泡沫破灭后，史蒂文觉得自己要离开硅谷休息一下，所以他在2002年搬回纽约，然后创办了第3家公司，涉足医疗保健行业。这家名为"自由老年"（Freedom Eldercare）的公司在2008年被一家私募股权基金收购。史蒂文继续疯狂创业，又创建了一家人工智能公司，旨在利用摄像头监测城市中出现的违规停车、犯罪行为、垃圾回收、积雪清理等情况。他认为"法定货币"体系一定会走向崩溃，因此他会在空闲时交易黄金期货。信奉自由意志主义的朋友曾警告他经济衰退即将到来，因此在2008年金融危机爆发时，他的资产只有一半是现金，另一半则是黄金，从而没受多大影响。

所以史蒂文一听说比特币就明白了比特币的价值。他雇用了比特币纽约公司（Bitcoin NYC）的创始人乔纳森·莫汉（Jonathan Mohan）帮他打探比特币相关信息。莫汉的任务是做史蒂芬的耳目，为他提供有潜力的投资建议。他就是通过莫汉听说了以太坊众销，所以他也来了，正坐在多伦多第一台比特币自动取款机旁，桌子周围全是以太坊的人。

史蒂文对团队成员说如果这次众销不是合法销售，他们将面临严重的法律后果，一些团队成员听到后本能地对他产生了怀疑。史蒂文还提到美国证券交易委员会针对上市证券的各种豁免条款，以及公司和发行人想合法筹集资金要经过的程序。史蒂文发现查尔斯和约瑟夫似乎很熟悉这些概念，但其他人完全不理解他在说什么。他们确实也没必要了解这些。

"你知道该怎样实现合法销售吗？"查尔斯问道。

"当然。"

"怎么做？"

"我哪知道!"

大家都像看疯子一样看着他。

"我想说的是我不知道,但我会想出办法的。我只是需要些时间。"说完他特意看了看维塔利克和查尔斯,"我需要你们告诉我会给我时间。如果你们给我时间我就会想出办法。"

他们同意了。

在多伦多的那几天,依然还有很多人在谈论尚未解决的"是成为谷歌还是摩斯拉"的问题,以及他们是会成为一个"营利性公司还是一个非营利性的基金会"之类的问题。在多伦多之行结束时,查尔斯、约瑟夫和安东尼认为这个问题已经有了答案,但对一些人来说这个问题仍然悬而未决。这3位创始人认为以太坊将是一个营利性的软件公司,会在开源协议的基础上建立应用程序。米哈伊在楚格注册的有限责任公司将被解散,让位给由8位联合创始人共同拥有的新公司。另外,仍然会有一个基金会来管理众销筹集的资金并为开源协议给予支持。

回到纽约后,史蒂文找到了一位名叫杰弗里·阿尔伯茨(Jeffrey Alberts)的律师。杰弗里是普凯律师事务所的合伙人,这是一家久负盛名的机构,拥有很多大牌客户,被称为顶级律师事务所。虽然已经有几家律师事务所专门负责处理加密货币公司的业务,普凯律师事务所当时还不是其中之一。但阿尔伯茨之前为白领辩护过,所以他知道美国证券交易委员会看待问题的倾向,而这正是以太坊团队所需要的。

团队还设法与约瑟夫·格伦菲斯特(Joseph Grundfest)通了

电话，他在20世纪80年代末的里根时代是美国证券交易委员会委员，之后转到斯坦福大学任教。他们向格伦菲斯特提出了一个问题：您认为以太币众销是否是一种证券发行？

根据查尔斯的回忆，格伦菲斯特说如果以太坊团队想完全消除所有的不确定性，他们应该向美国证券交易委员会请求一份"无异议函①"，但美国证券交易委员会不太可能会给他们发这样的信函，所以他们最好是向一家律师事务所陈述事实和情况，得到律师事务所的书面答复。这样，如果他们的发行引起美国证券交易委员会的质疑，就可以凭此回复证明他们的意图没有问题。

团队继续跟普凯律师事务所合作，要求律师事务所提供意见书。律师事务所明确表示将在独立研究该问题后撰写意见书，也表明最后很可能是将以太币认定为一种证券。一旦发生这种情况，以太坊就得放弃代币销售，走传统风险投资路线；或者以太坊得想办法不让美国投资者参与众销。团队同意了这些条款，在接下来的几星期里，他们不断与律师和前美国证券交易委员会委员开会和通话，试图定义什么是以太币。

史蒂文所能想到、做到的也就是这些了。他看了加密货币领域的其他几次众销，但这些项目跟以太坊想做的事情并不完全一样；然后他翻看了美国证券交易委员会关于众筹的规定，发现最多只允许通过这种途径筹集100万美元；接着他研究了美国证券交易委员会对证券发行的所有豁免条款，试图为以太坊找到一个

---

① 美国证券交易委员会曾经会答复业内人士的各种来信咨询并决定是否网开一面，认可来函者拟采取的行动承诺不建议证交会行动，这种答复称为"无异议函"。——译者注

安全区，但没有任何一种情况刚好适用以太坊。"行吧，所有的豁免条款以太坊都用不上，"他想，"那好吧。"

接下来，史蒂文想到或许可以在"现实世界"中找到类似的东西。一些跟以太币的工作机制类似的东西，或许可以帮助他理解这个数字代币的定位。以太币的一个关键特征是它不仅仅是一种用于转移价值的数字货币；以太币还能以"燃油"为单位，为价值转移以及以太坊虚拟机执行的任何操作付费。对史蒂文来说以太坊很像寄信时用的邮票，或者就如"燃油"这个名字所暗含的那样，像汽车加油所需的汽油。某天，史蒂夫在长岛社区的林荫道上一边散步一边思考这些事情，一个想法在他脑海中形成：没有人会认为邮票或汽油是证券，它们是商品，有市场价格，可以进行买卖；以太币也是一种可以买卖的商品，它服务于以太坊平台，虽然销售过程看起来很像证券发行，但以太币不是一种投资。

那天晚上史蒂文在跟维塔利克见面时说："我有个疯狂的想法，想让你帮我确认我的思路是正确的。"

"说吧。"

"你必须有以太币才能发送以太币，对吗？"

"对。"

"你还需要用以太币运行去中心化应用的代码，是吗？"

"是的。"

"我知道你是出于技术目的才把计量单位称为'燃油'，但如果我们说燃油在法律上就像汽油，是一种商品呢？"史蒂文接着说，"如果说我们销售的是一种商品，会怎么样？它具有功能性和实用性。因此人们实际上是在为这种发送以太币的功能付费，以及为建立去中心化应用和为这些应用功能付费。"

"我认为这是合理的。"维塔利克说。

有了维塔利克的认可，下一步就是跟约瑟夫·格伦菲斯特探讨这个概念了，即使格伦菲斯特没有正式加入以太坊，史蒂文也还认为他是这整个以太坊法律进程的开拓者。

"是这样的……我有个想法。"史蒂文在电话里怯生生地说道。他向格伦菲斯特解释了以太币作为一种商品以及具有实用性的概念，已经做好准备听格伦菲斯特说："我不知道我为什么要和你浪费时间，这是我听过最愚蠢的想法。"然后挂断他的电话。

但跟史蒂文的想象相反，约瑟夫认可了他的想法，表示以太币必须在网络中有实用性，才会不容易被定义成证券。

史蒂文确实被震惊到了。他想这种做法可能真的行得通，于是他把这个概念传达给了普凯律师事务所。

格伦菲斯特说他最终给了以太坊团队两条建议：第一条是让以太币立即生效，必须说明它是有某种功能的代码；第二条就是避开美国，因为在美国以太币有可能被视为一种证券。

与此同时开发者们也开始焦虑起来。联合创始人一般每周都会在讯佳普上通话，有时是一周两次，好向大家汇报每个人的进展。查尔斯和约瑟夫两个人通常是向小组同步跟纽约律师沟通进展。当他们告诉大家普凯律师事务所正在研究"实用代币"的概念时，加文就知道预售又要推迟了。

"所以还要两个星期？"

预售一直在往后推迟，一推就是两周，这让加文越来越恼火。他们从 2 月份就开始等待预售，当时是为了得到瑞士律师的意见而推迟，这次又是为了听取美国律师的意见。与此同时，他们的工作资源非常有限，急需雇用更多的程序员来完成平台的交付。

到 1 月下旬，加文和杰弗里各自的以太坊网络分别完成了概念验证[①]（proofs of concept），也就是他们每人写了一个版本的平台代码，并且大体上都能运行起来。但这两个版本都只能独立运行，无法同步到对方的链上，就好像他们俩从来没有交流过。

下一步是让双方的代码能够一起工作。为了达成这个目标，他们于 2 月在阿姆斯特丹见面。他们去了一家酒馆，在一个黑暗的角落里占了一张小桌子，待了几个小时。酒吧里，周围人一片欢声笑语，就在喝啤酒的间隙，杰弗里的谷歌 Go 语言和加文的 C++ 语言成功实现了互用。这意味着两个版本都可以从给定的数据集中获得相同的结果。

其实两人并没有故意要做两个独立的版本，他们只是碰巧在大致相同的时间开始为以太坊工作，却不认识对方更没有交流过。事实证明，这是一个发现问题以及提出更有效做事方案的好办法。有多个客户端也比较安全，万一其中一个实现受到了攻击，还能有一个备份。

2014 年 4 月，加文在与杰弗里进行了以太坊的概念验证后，发表了《以太坊黄皮书》（*Ethereum Yellow Paper*），为维塔利克的

[①] 对某些想法的一个较短而不完整的实现，以证明其可行性，示范其原理，其目的是验证一些概念或理论。——译者注

白皮书提供了技术规范。白皮书首次对以太坊的概念进行了界定，包括了以太坊如何工作的基础知识；而黄皮书深入到了确切的细节，阐述了以太坊虚拟机的基本要点，对任何想要构建软件实现的开发者来说，加文的黄皮书是一本操作指南。在比特币中一个软件的实现就可以用作其他所有软件的参考，但在以太坊中加文的黄皮书才是参考。

加文还把他一直以来对区块链技术的全局考虑写成了文字。他认为去中心化的网络是建立下一代互联网的工具，即第三代互联网（Web3.0）。第一代互联网（Web1.0）是20世纪90年代的互联网，那时候还没有用户生成内容、索引搜索和社交媒体平台，这一代互联网现在只存在于台式计算机中。第二代互联网（Web2.0）是我们今天所知道的互联网，有用户生成内容、流媒体视频和音乐以及基于位置的服务，这一代互联网在移动设备上蓬勃发展。第三代互联网的概念首次出现在2006年《纽约时报》的一篇文章中。这一代的互联网是由包括"语义网[①]"（semantic web）在内的概念组成的，或者说是一个可以由机器、人工智能[②]（artificial intelligence）、机器学习[③]（machine learning）和数据挖掘[④]（data mining）处理的数据网。举个例子，当你在逛亚马逊[⑤]（Amazon）

[①] 由蒂姆·伯纳斯·李在1998年提出，核心是通过给全球信息网上的文档添加能够被计算机所理解的语义"元数据"，从而使整个互联网成为一个通用的信息交换媒介。——译者注
[②] 计算机科学的一个分支，是研究、开发用于模拟、延伸和扩展人的智能的理论、方法、技术及应用系统的一门新的技术科学。——译者注
[③] 人工智能的核心，专门研究计算机怎样模拟或实现人类的学习行为，以获取新的知识或技能，重新组织已有的知识结构使之不断改善自身的性能。——译者注
[④] 指从大量的数据中通过算法搜索隐藏于其中信息的过程。——译者注
[⑤] 美国最大的一家网络电子商务公司，这里指的是其在线网站。——译者注

时，如果是算法在推荐你该购买什么，这就是第三代互联网在发挥作用。

除了以上提到的功能，加文版本的第三代互联网可以让人们不需要信任彼此就能进行互动，它将是一个点对点网络，没有服务器，也没有官方管理信息流。以太坊将推动第三代互联网愿景的实现。一直以来，以太坊团队专注于去中心化的信息传递、存储和浏览器，团队的目标暨以太坊的理念之本，就是帮助塑造下一代互联网。

离众销的时间越来越近，加文心急如焚，想让团队专注于交付平台。他认为柏林是建立开发中心的最佳地点，在他看来柏林拥有大量的技术人才，而且劳动力和住房成本比其他大城市低，前景大好。加文说服之前和他一起开发过桌面游戏、开办过音乐视觉化创业公司的朋友埃伦·布坎南，帮他在柏林设立了办公室。他们把行李打包好，其中还有一辆自行车，都装进汽车的后备厢里，离开伦敦前往柏林。

镜头回到纽约。史蒂文、查尔斯、维塔利克和其他以太坊成员坐在一家酒吧里，他们收到了期待已久的来自普凯律师事务所办事处的电子邮件。这封律师事务所意见书是这样写的：

"来信据悉，我们的意见是，目前虽难以保证最终结果，但依据现有裁决，法院判决有较大概率裁定以太币预售不属于《证券法》(Securities Act) 第 5 条规定的证券发行。"邮件草稿里提到这条规定是指未向美国证券交易委员会注册登记就出售证券是非法的。

在一份列出律师事务所的事实依据和假设的支持性文件中写道：他们预计以太坊基金会"将以符合产品分销而不是投机性投资的方式推广交换以太币"，并且基金会不会向潜在的预售参与者承诺，在创世区块创建后将继续开发或维护以太坊平台。

终于，几个月的工作得到了回报。这封意见书意味着一家大型、正规的律师事务所认为即使以太坊团队继续进行众销，也不会违反证券法。这封信给了他们足够的保护，就好像有了护身符，保护他们筹集资金，让他们能够建立他们梦想中的项目。

这封邮件将以太币定位为一种具有特殊功能的产品，打开了通往一种全新筹资方式的大门。现在在这个避风港，初创企业能够获得世界上所有想参与众销的人的资金。他们不是在出售证券，这些货币也不是任何公司的股份，他们也没有发放由公司收入而定的股息，投资者也没有获得任何权利；他们销售的只是能在平台内使用的数字代币，这是一种具有实用性的代币。

普凯律师事务所是第一家为加密货币公司的众筹销售出具意见书的大型律师事务所，这在其他公司看来是一个准行绿灯。到2017年初，像这样的意见书将为一个又一个ICO扫清道路。

13
血色婚礼

现在是时候面对另一个棘手的问题了。以太坊应该是什么样的？

为了找到这个问题的答案，联合创始人之间没完没了地打电话、开会，以决定以太坊的结构。经过一系列讨论，维塔利克发现创建公司是一件"不愿为却又不得不为"的事情。因此瑞士律师起草了一份文件以成立以太坊公司。该文件必须由8位联合创始人加上赫伯特·斯特奇（他们的象征性地方董事会成员）亲自签署，所以他们一致决定于2014年6月7日在楚格会面，以便正式成立公司。

但以太坊团队里的其他人另有打算。他们在楚格的房子里已经待了几个月了，不光没有工资，每天还有做不完的工作，而且查尔斯给他们设置的截止期限也越来越紧迫。在所有的待办事项中,最重要的是让网站为众销做好准备,包括接收比特币和为参与者设置数字钱包的所有技术性细节,这些数字钱包将在以太币发行后用来储存以太币。由于没人能确定他们在筹集资金后的财务状况,所以每个团队成员都在为自己争取更多资金。

起初大家只是讨厌查尔斯和他的管理风格,但现在这种情绪已经变成彻底的不信任。一些黑客本来就对现有的金融体系有怀疑,他们认为查尔斯象征着邪恶的、公司式的思维模式,将会腐蚀以太坊的灵魂。他们还怀疑查尔斯是想与华尔街银行和硅谷基金合作,而不是利用以太坊来取代那些老旧机构。

一天晚上大家都坐在地板上,看着一部名为《遁入虚无》(*Enter the Void*)的艺术电影。其中一名团队成员转向查尔斯的助手杰里米·伍德。

"你跟我们是一条战线吗?"他问。

"什么?"杰里米吓了一跳。

"你跟'我们'是一条战线吗?"另一个人重复强调。

"是的,当然啦,伙计们。"杰里米回答完后把目光移开,假装在全神贯注地看电影。

在以太坊团队共用的一个懒聊(Slack)频道中,团队之间的不信任发展成了越来越离谱的阴谋论,史蒂文认为其中一些评论带有轻微的反犹太主义色彩。比如,一些人指控阿米尔属于以色列情报机关摩萨德,还有一些人则认为查尔斯可能是国家安全局的人,会把以太坊交给高盛集团。

当这些消息在频道中传开的时候,维塔利克刚好在史蒂文的家里工作,史蒂文的家位于长岛,维塔利克到纽约时经常会待在他家。

"嘿,维,你看到他们在聊的事情了吗?"

维塔利克走了过去,当他看到这些信息时并没有回答史蒂文,但他的脸变红了,平日里平静的眼睛也燃起了怒火。他一言不发地拿起笔记本电脑,走进了另一个房间,然后开始打字。

"没有必要这样互相指责,"他写道,"以太坊上每个用户都是一样的,如果银行想利用这一点,那可真是太好了。"

但不管维塔利克多么希望大家能和睦相处也没用,群聊中不断出现一些负面言论。他不断接到来自泰勒、马蒂亚斯、斯蒂芬和米哈伊对查尔斯的抱怨电话。一天晚上,泰勒和米哈伊与已经搬到伦敦办公室的斯蒂芬和马蒂亚斯打讯佳普电话。楚格房子里的灯都熄了,其他人都在睡觉。他们4个人的手里都拿着酒,而且都已处于微醺的状态。

斯蒂芬说:"团队里形成了许多派别,人心涣散,有些人更有资格留下来。"这是他们第一次公开谈论这个问题。"加文显然想要更多权力,但这也正常,他是开发以太坊的人,在这点上他做得可能比维塔利克还多。然后是更有业务经验的人,比如约瑟夫·鲁宾,他以前是高盛集团的人……你懂的,目睹这场闹剧的他可能正想着'天啊,这简直是一群孩子'。查尔斯这个人是有问题的,他不光自负还声称……"

"很明显他已经失去了所有人的信任,"泰勒说,"你无法领导一个不信任你的团队。"

"这里的每个人都为以太坊牺牲了一切,"斯蒂芬说,"绝对是一切。像我就破产了,现在身无分文,我都想到了最坏的结果,那就是如果一直这样没有工资,那我总有一天得回归正常的职业,可我现在仍然在疯狂地工作,一天工作18个小时,日日如此。所以如果要站队的话我会站我认为最有机会获胜的一方。"

"那一方就是工程师。"马蒂亚斯说。

镜头切回纽约,查尔斯将前往楚格与团队其他成员会合,史蒂文在送他到机场的路上就有一种不好的预感。

"我觉得有些事情很不对劲。"他说。

"你在说些什么啊?"查尔斯问。

"说真的,我看得出来,"史蒂文说,"我有种感觉,这就像《蝇王》[①](Lord of the Flies)里的情节,只是我不知道谁会是小说里的猪崽(Piggy)[②]。"

查尔斯与他拥抱告别,对他不祥的预感一笑置之。

查尔斯在6月7日早上到达楚格,他浑身上下都觉得痛。自12月以来,他每周都在工作,在瑞士、多伦多和纽约之间来回奔波,为每一个微小的细节而努力,承受来自律师和销售的压力。那天,他的身体终于哭号着罢工了。当他拖着难受又疲惫的身体

[①] 一本哲理小说,借小孩的天真来探讨人性的恶这一严肃主题。故事发生于想象中的第三次世界大战,一群6—12岁的儿童在撤退途中因飞机失事被困在一座荒岛上。起先尚能和睦相处,后来由于恶的本性膨胀起来,便互相残杀发生悲剧性的结果。——译者注

[②] 在《蝇王》中,作者戈尔丁通过猪崽这个人物形象来警告世人:1. 忽略一个智者的告诫会给社会带来巨大的灾难;2. 在文明不断遭受破坏的社会里,理智和智慧也会显得苍白无力。——编者注

到达楚格的住处时,他意识到史蒂文的预感可能是正确的。除了楚格团队的人,马蒂亚斯和斯蒂芬也从伦敦来了,还有一些他不认识的人。大家都避开不跟他交谈,挤作一团时不时向他的方向看一眼。

屋里的很多人都看过泰勒整理的一个文件夹,里面的资料都证明了查尔斯不应该成为 CEO。加文觉得,泰勒愿意花这么大工夫证明查尔斯应该被免职,表明查尔斯确实失去了带领团队前进的能力。

前一天晚上到达的阿米尔·切特里特在见到查尔斯时也跟他说"事情很不对劲"。在不到一天的时间里,这已经是查尔斯第二次听到这些话了,现在他信了。

感到一头雾水的还有安东尼。他是来签署文件的,好正式确定他们 4 月份在多伦多达成的共识:以太坊将由 8 位联合创始人组成。"其他这些无关紧要的人在这里做什么?"他想,甚至连约瑟夫·鲁宾的儿子基伦(Kieren)也在这儿。应该只有联合创始人来开会才对啊,要是他知道这些人会来,他就把他的团队也从多伦多带来了。

过去的几天对维塔利克来说像坐过山车一样。就在两天前,20 岁的他被宣布成为贝宝联合创始人、亿万富翁投资者彼得·蒂尔(Peter Thiel)奖学金的获奖者,这意味着他将得到一笔 10 万美元的资助用于研究以太坊。维塔利克之前就在犹豫要不要回学校,这笔奖金帮他做出了决定。

但现在他感觉自己被人背叛,心中充满了困惑,团体中的不同派别都在游说他站在他们那边。

他让大家围着长长的工作桌坐下。屋子外面是阳光明媚的春日;他们面前,摆放的是合上的笔记本电脑和写满潦草笔记的纸片。

"团队氛围显然有一些紧张,"维塔利克对小组成员说,"我们不如轮流宣泄一下自己的不满吧。"

按照加文的描述,他这辈子从来没有这么紧张过。杰弗里说他就像打了鸡血,觉得自己最重要的使命就是确保以太坊不会成为另一家公司。在阿米尔看来,围着桌子的那几个小时就像电视剧《权力的游戏》(Game of Thrones)中的血色婚礼那一幕:受害者被引诱到敌人的城堡里,任由主人宰割。查尔斯说那天没有任何尊严可言。安东尼则是拒绝参加这种痛苦的活动,他表示:"我就只是过来签署文件的,我甚至都不认识这些人,他们却要宣泄对我和我团队的不满?这太不公平了,怎么可以让我们这样毫无防备地遭受打击啊!"

但讨论仍在继续,大部分愤怒都指向了查尔斯。查尔斯表示以太坊应该有一个有效的管理结构,有人就指责他极端利己,想要一个他居于顶端的等级制度;他说公司的形式最能被大家接受并且最容易营利,有人就指责他把金钱置于一切之上,为达目的不惜进行操纵和欺骗。查尔斯的声音被湮没在大家对他的谴责和人身攻击中,这些指责一部分来自他自己雇用的人,一部分来自他认为是朋友的人。他渐渐安静下来,慢慢地埋进椅子里。

并不是每个人都在攻击他。维塔利克、约瑟夫、安东尼和阿米尔都没说什么负面的话,但他们也没有为他辩护。加文也没有说任何批评查尔斯的话,他对查尔斯本人没有意见,但他确实觉得如果要有一个CEO,那只能是维塔利克。不过加文转而批评了阿米尔。

"阿米尔不配进入领导小组,他并没有做什么。"加文的说法得到了在座许多人的赞同。对阿米尔来说,这与事实相去甚远。他花了几十个小时为项目的各方面工作,还参与了创始人开的一次会议。确实,彩色币工作占用了他一些时间,或许这就是为什么团队认为他不够投入的原因,但对他来说,他把大部分精力都奉献给了以太坊。

楚格的房子就像个高压锅,大家累积的所有紧张情绪、个人怨恨和猜疑都在压力之下爆发了。

房间里渐渐安静了下来,8个创始人围成一圈,站在露台上交谈。

"其中有些人做出了很大贡献,"加文在说,"就算他们不是核心开发人员,也是锦上添花的人才,如果他们都把矛头指向查尔斯的话情况就很糟糕了。"

"不,这简直太荒唐了,"安东尼说,"他们只是不想有人掌权。查尔斯被选为CEO是我们一致同意过的,他当然要给大家分配任务,然后这群人就不乐意了,但如果不这样项目就无法运转。"

查尔斯只是站在那里,也不看大家。

"要想不失去人心又保留查尔斯的职位真的很难,"米哈伊说,"至于阿米尔……"

"听着,我很愿意辞职,然后全心用更好的方式来帮助这个项目,"阿米尔说,"但按照我们之前定下的创始人协议,我希望每个人都能为他们迄今为止所做的工作和付出的时间得到相应的以太坊份额。"

经过几轮商议,他们决定把最终决定权留给维塔利克,由他来挑选领导团队,决定如何推动项目发展。

8个联合创始人中的7个人都回到了屋里,留下维塔利克一个人在阳台上。几个月前,他的脑海中涌现出世界计算机的愿景,他欢迎任何想为之做出贡献的人。这愿景就好像是一团彩虹色的黏土,维塔利克将它创造出来,作为他梦想的基础,然后与世界分享它,给所有人塑造它的机会。但是后来大家对于这团黏土应该是什么形状、谁应该得到黏土的哪一部分无法达成共识,于是所有人就像游戏室里的小孩一样,开始为自己抢夺黏土的碎块。

维塔利克只有20岁,他穿着破旧的牛仔裤和褪色的T恤衫,衣服架在他瘦得像电线杆一样的躯干上,他看起来跟其他年轻的极客并无差别,但很少有像他这个年纪的人需要面对他那天所面对的事:他要决定一群人的命运,这群人为了实现他的想法而抛弃了一切;他还要决定一个项目的未来,这个科技项目将要在一次未确定是否合法的销售中筹集数百万美元。人和项目维塔利克都想兼顾,但他觉得最重要的是找到以太坊发展的最优解。斯蒂芬看到维塔利克坐在阳台上,抱着一个柔软的红球,轻轻地来回摇晃,他在思考下一步该怎么做。

大约1个小时后,他回到屋里,所有人都围到了他身边。

"以太坊将是一个非营利性的开源项目，"这是维塔利克宣布的第一件事，"8位创始人将始终是创始人，他们将得到所有应得的东西：所有拖欠的工资和以太币。未来的领导团队有8个人，这8位领导是：加文、杰弗里、米哈伊、约瑟夫、安东尼、斯蒂芬、泰勒和我。"

就这样，维塔利克解除了查尔斯和阿米尔的职务，同时提升了斯蒂芬和泰勒。阿米尔出局是因为团队认为他对项目的投入不够，而且他也主动辞职了；而查尔斯呢？虽然他的最终目标是想让以太坊更好，但他已经失去了团队其他成员的支持和信任；安东尼虽然还在领导团队，但他对以太坊应该如何发展的设想已经粉碎了；约瑟夫已经在考虑离开以太坊，去经营他所设想的建立应用层的营利性公司。

查尔斯没有和任何人说话，他走进地下室的房间，萎靡地坐在床垫上，上半身耷拉在腿上一动不动。最后他的助手杰里米·伍德下来了，说要为他买一张回家的机票。

"我还不想回家，"查尔斯说，"你能不能帮我买一张去英国的机票？"

"当然可以，但你为什么不直接回家？"

"我不想面对我的父母、妻子和其他所有人。之前我还是这个即将价值10亿美元公司的CEO，跟谷歌的人交谈、上电视、在大型会议上发言，现在我却要一无所有地回家，我做不到。"

楼上，胜利者们狂欢到深夜。

14
不是投资

"这实际上并不是一个投资机会。"

这是肯·赛夫(Ken Seiff)对以太坊的介绍。2014年2月,就在以太坊项目在迈阿密公开之后,肯跟大多数人一样,在这之前都不知道以太坊,大家都在想:"这竟然是个词?"朋友阿什莉·泰森给肯发了封电子邮件,主题为"比特币及其他",邮件里有张清单,第1项是3月初召开的得克萨斯州比特币大会,第2项就是以太坊。

"以太坊的首次发行就在这几个月。"阿什莉写道,"这是比特币深度社区里被讨论得最多的一件事。"

阿什莉一直在与阿米尔·塔基和科迪·威尔逊(Cody Wilson)合作开发暗黑钱包(Dark Wallet),她想在3月份的会议上把肯介绍给以太坊的创始人。

这次大会在奥斯汀市的赛车场即著名的美洲赛道内召开，某些与会者打趣称加密货币的价格涨涨跌跌、起步走高，后来几经猛涨，刚好跟会场赛道的路线走势一致。展台上陈列着的比特币主题艺术品、挖矿用的硬件，以及赛道旁停放的一辆红色法拉利和一辆黄色兰博基尼成了现场的焦点。《比特币杂志》上的一篇文章紧跟实况，同步报道称这是首辆用比特币购买的兰博基尼。2014年时比特币的成交价是600美元，3年后价格激增到了当年的30倍，许多早期投资者已然成为百万富翁，"兰博"也成为社交媒体上无处不在的梗。在会议现场，没几个人像肯一样穿着纽扣衬衫，而阿什莉则是在场的为数不多的女性之一。

"他们来了，"阿什莉看到了加文和维塔利克之后说道，"来，我给你们介绍一下。"

仿佛肯即将见到的是两个偶像派男演员一样，展厅里大家都对这两个人趋之若鹜，希望能上前攀谈两句，兴许还能把自己的名片递给他们中的一个人。

接下来的两天里肯都紧紧跟在加文身边，向他请教比特币和以太坊的问题，维塔利克有时也会一起聊几句。肯曾创办过一家线上零售公司，在网络热潮时期幸存了下来，然后转型为亚马逊、谷歌、布克兄弟[①]的一些部门做咨询服务，因此对肯来说，跟极客和聪明人相处是常事，但跟加文和维塔利克待在一起的感觉很不一样：对于肯提出的问题，二人的回答鞭辟入里而又细致入微，

[①] 美国最老字号的服装品牌之一。——译者注

他们身上那种特殊的天才气质让肯由衷地折服。

肯在回到纽约的时候,对比特币有了一个在会议前没有的认识。在与小加(加文的朋友这样叫他)交谈后,肯的理解是如果用互联网做类比,比特币之于区块链技术,就类似于电子邮件之于互联网。他终于知道了比特币既是加密货币也是底层区块链,也终于明白以太坊不像电子邮件。以太坊并不是一种应用,相反,以太坊旨在成为许多项目的基础协议,比如互联网。这让他相信如果他们成功地建立起以太坊,那以太坊的规模将比在其上构建的任何应用都要大得多。

肯觉得是时候相信直觉全身心投入以太坊了。他想,比特币已经有 80 亿美元的市值了,对于像他这样的人来说上升空间很小。他给投资银行发邮件寻求帮助,询问以太坊的代币会如何定价。这就有点讽刺了,因为与此同时以太坊团队正在和楚格的律师讨论,如何才能让他们的数字资产不被定义为证券。

"在某(此处信息隐去)公司是否有参与 IPO 证券定价的人?"肯在给银行的邮件中这样写道:

> 我发现在比特币、加密货币和区块链领域,有一个非常有趣的交易,叫作以太坊(网址:Ethereum.org)。我想了解公共证券是如何定价的。
>
> ……
>
> 他们的投资模式很不寻常,不是以出售股票而是以发行货币的形式,而使用这个平台需要用货币进行支付。

肯在邮件中提到，在以太坊之前，当加密货币初创公司出售数字代币以筹集资金时，人们认为出售代币很像是在出售项目的股份。事实上，尽管这些公司没有在监管机构注册，这些众筹轮都被宽泛地称为 IPO。是以太坊率先提出了数字代币与证券完全不同的观点，他们认为在区块链平台上，数字代币是具有实用性的资产，而不是投资工具。

肯咨询的银行表示无法提供帮助，但这并没有劝退他。他接下来花了 4—5 个月的时间向以太坊团队打听，获得关于"预售"时间的最新消息，"预售"指的是在实际发行、交易和使用数字代币之前，出售以太币。这是肯第一次自愿把支票交给一家创业公司，以前都是创业公司追着求他。他意识到这也是以太坊理念的一部分：以太坊追求的不是创建公司，而是把权力从硅谷、华尔街、大资本家那里放回人们的手中。这让肯更渴望把自己的钱交给他们。

像肯一样为以太坊感到兴奋的人越来越多。截至 2014 年 6 月，那时以太坊还没有推出，在 49 个不同的城市，从多伦多到法兰克福，从中国香港再到布宜诺斯艾利斯，就已经有了 58 个以太坊见面会。不过这些都是小型聚会，几十个人聚在酒吧或共享工作空间，讨论他们能够在这个新的区块链平台上建立什么。同时以太坊团队的成员奔向世界各地，向新"粉丝"解释以太坊项目。

这次众销对整个以太坊团队至关重要。在解决了法律问题并决定要成为非营利性组织后，他们终于准备好了。2014 年 7 月，他们成立了一家名为"以太瑞士"（EthSuisse）的瑞士有限责任公司,并创建了以太坊基金会。预售一结束,以太瑞士就会立即解散,以太坊基金会仍然负责管理资金,支持平台开发和基础设施建设。平台上所有的代码都将是开源和免费的,因此任何地方的开发者都能参与到平台建设中来,还能在平台上建立应用程序。

瑞士、柏林、伦敦和多伦多的团队都在忙着测试众筹网站,确保多签钱包正常运行,建立所谓的冷钱包(一种离线存储数字资产的硬件),还要发布视频和博客文章等宣传材料。团队发布了名为《以太坊创世区块销售条款和条件》(Terms and Conditions of the Ethereum Genesis Sale)和《以太币产品购买协议》(Ether Product Purchase Agreement)的文件,任何人都可以从以太坊网站下载这些PDF文件,而且不需要签署文件就可以参与销售。

这些文件简直是在用大号的印刷体反复强调:"这不是证券发行,以太币不是股票,你们也不是投资者,购买以太币后果自负。"与其他众销相比,以太坊众销有一个关键创新点,即参与者被告知他们购买的是一家瑞士公司的软件,而这些软件是以太坊上所有应用程序的"燃料"。不过,虽然这些文件是为了澄清以太币不是一种证券,但它们读起来却很像股票和债券的招股说明书。

文件的开头写道:"运行以太坊开源软件平台('以太坊平台')上的分布式应用需要以太币(ETH),将以太币这种加密燃油出售给以太币购买者受以下条款和条件('条款')的制约。"

文件进一步指出:"根据瑞士法律,创世区块销售属于合法的软件产品销售",产品的销售由"以太瑞士,一家遵照瑞士法律经营的瑞士公司进行。每个潜在的以太币购买者都有责任确定自己所在的区域购买以太币是否合法。为了进一步消除以太币与金钱或投资之间的任何联系,条款还表示以太坊平台的开发人员都是志愿建设以太坊,为表示对他们贡献的认可,将会奖励给他们一些以太币。"

两份文件中满是大写的警告,称加密货币投资不稳定、有风险,并且只有"加密代币和区块链软件系统"方面的"专家"才能参与。

这套"合法"的说辞表明以太坊团队深知他们正在踏入监管雷区;但也显示出他们对此次众销信心满满。他们如此面面俱到是担心如果众销的规模变大,突破了1 000万美元,那这次史无前例的加密货币销售必将受到严格的审查。事实证明他们想得没错。

在随后的几年里,以太坊创世区块销售的合法性也一直是人们争论的话题。那些认为该销售在美国属于证券发行的人经常会提到著名的豪威测试(Howey test),即1946年美国最高法院为解决一个案件而开创的测试。该测试说投资合同"是一次交易或一个计划,一个人将他的钱投资到一个共同事业,期待从发起人或第三方的努力中获得利润"。这些人认为以太坊就是如此,在以太坊的案例中,以太币买家期望能从数字代币的增值中获利,而价值的增加是由该平台的使用需求决定的,这又依赖于开发人员和其他为项目工作的人的努力。

那些认为以太币不是一种证券的人则坚持认为,加密货币的目的不在于代表公司或企业的价值,而是为了用来运行建立在平台上的应用程序,奖励那些维护网络的人。他们争论支持以太坊的不是一个共同事业，而是一群分散在各处的人，他们为平台编写代码、建立应用程序并维护用于验证交易和计算步骤的计算机，有了这群人平台才得以发展和运行。他们还称，即使以太坊基金会不复存在，以太坊也会继续运行。

对于是否应该将美国买家排除在外，以避免出现与美国证券交易委员会产生摩擦，团队进行了长时间的争论。但维塔利克强硬表态，认为以太坊应该能被所有人使用。如果他们把世界上最大的经济体排除在外，他们怎么可能成为"世界计算机"？在他宣布启动销售的博客帖中，他写道："我们最终还是没有排除美国，耶！"

任何在此次销售中买入以太币的人都要应对监管的不确定性，还要承担在项目尚未运行之前就投资的高风险，毕竟此时此刻只有一个漏洞百出的测试网，再加上创始人还要获得一部分以太币，这足以使多疑的加密货币社区陷入混乱。

米尔恰·波佩斯库（Mircea Popescu）经营着一家加密货币交易所，据传他持有大量比特币，并表示将在8个月内做空[①]以太币，以预售价50%左右的价格出售这种加密货币。他在赌以太坊的价值会跌破他出售的价格，如此一来他便能从差价中获利。

米尔恰在一次在线聊天中抱怨道："这都什么人啊，人心不足蛇吞象。"

在以太坊出售期间，"谈谈比特币"论坛上一个话题的标题是"［以太币］以太坊＝骗局"。第一篇帖子写的是"这些人所做

---

① 指股票投资者当某种股票价格看跌时，便从经纪人手中借入该股票抛出，日后该股票价格果然下落时，再以更低的价格买进股票归还经纪人，从而赚取中间差价。——译者注

的事根本不公平、不安全,甚至可能是不合法的,如果监管突然来临,明天醒来你们这些支持垃圾的人就可能被指控了"。帖子不断攻击着以太坊,"总之,这就是一个愚蠢的想法,它就是一种IPO,加密货币的IPO都!是!骗局"。

在这个讨论了30页的话题下,还有人写道:"以太坊是一个庞氏骗局,背后是一些富有的投资者,这些人以为他们向一种货币疯狂砸钱,就能吸引后来的投资者也往里面砸钱。"

就连以太坊的联合创始人都遭到了人身攻击。有人说约瑟夫·鲁宾与高盛集团的关系值得警惕,还有的人的语言更恶毒:

> 安东尼有点像《雾都孤儿》中的费金,像个教唆犯,而维塔利克是一个被神化了的编码天才,被用来扮演开发组组长的角色。分布式比特币公司就像一个以太坊邪教组织,这儿的人几乎每句话里都要提到"乌托邦"[①],而质疑安东尼和维塔利克的资质则是荒唐的……

当然,也有人发了些这样的帖子:

> 如果维塔利克·布特林也参与其中,这就不是一个骗局,就这么简单。光是维塔利克就让我觉得以太坊是真正的比特币2.0了。你知道他是什么级别的专家吗?再不济也是能跟中本聪齐名的那种。

---

① 人类思想意识中最美好的社会。——译者注

15
以太币发售

7月22日午夜,以太币在瑞士开售,仅在前12个小时内就卖出了700多万个以太币,价值约220万美元。在为这次销售搭建的网站上有一个计数器,实时显示售出的以太币数量。看着这个数字不断上升,大家都如释重负。从12月或1月起,团队中的大多数人就开始为这个项目工作,这一刻到来的时候每个人都心力交瘁,大多数人还都破产了。

"我们一直承诺,销售将在两周内开始,为期6个月,为了实现这一目标,许多团队成员都经历了艰难的奋斗,"维塔利克在一篇宣布预售的博客文章中写道,"当然,我们错误地估计了在美国和瑞士走相关法律程序的难度。关于要建立一个安全的销售网站和冷钱包系统,其技术问题的复杂程度也是我们未能预料到的。"

在出售刚开始的前14天里，以太币的价格被设为1个比特币可以买2 000个以太币，两周后，1个比特币能购买的以太币数量将下降到1 337个，这意味着1个以太币价值0.0007479个比特币，按照比特币在当时的价格来算，1个以太币约等于30美分。

以太币的售价是固定的，但发行数量不固定，所以购买者可以想买多少就买多少。不过当投资者将比特币发送到以太瑞士的钱包地址时，他们不会立即收到以太币，他们得到的是一个以太坊钱包和密码，当平台上线时，他们就可以凭此访问购入的以太币。这样是为了减少销售中的投机行为，代币只有在实际使用时才可以进行交易。

以太坊网络预计在2014—2015年的冬天（北半球时间）上线。当以太坊区块链中的第一个区块被挖出时，团队将根据在销售中筹集到的金额创造以太币。除了第一个提供给参与者购买的以太池，还有一个发放给联合创始人和其他早期团队成员的以太池（占募集总金额的9.9%），以及为以太坊基金会创建的相同规模的以太池。

这种类型的加密货币发行被称为"预挖"，因为这些货币在网络自行生成代币之前就创建好了，原理跟奖励矿工挖矿一样。预挖这个概念是有争议的，因为一些爱好者声称在比特币网络上线时，中本聪事先宣布了挖矿开始时间并提前上线了软件，任何感兴趣的人都能获取比特币，而且大家机会均等，比特币的总供应量也由矿工决定。人们之所以批评以太坊和其他采用预挖形式的项目，是因为这样加密货币的供应控制更有可能集中在参与预售的"内部人士"手中,如此一来这些人便可以操纵价格或影响管理决策。在以太坊之前,几乎任何进行预售的加密货币项目都会被当作骗局随即注销,虽然以太坊并没有扭转局势甚至因此受到批评,但在预售合理正当化上以太坊确实起了作用。

这些评论都来自播客主持人、比特币爱好者马特·奥德尔(Matt Odell)。为了回应马特在2018年10月提出的这些质疑,维塔利克在推特上发文:"我很骄傲我们开创了小规模预挖合理正当的先例。如果只有操作机箱耗费海量电力的人是唯一能从加密铸币收入中获益的人,那也太不像话了。"

以太坊的销售文件表明,一旦以太坊区块链上线,预挖的以太币发行后,矿商将以众销中以太币发行量的26%的年比率生产新的以太币,但以太币的发行率并不固定,并且以太币发行数量的上限为1 800万个。这意味着以太坊的供应量会随着时间的推移而增长,但发行速度会越来越慢。供应量的增加意味着以太币大户所持有的份额相对于总供应量将逐渐下降,所有权将趋于分散,而增长率的下降则避免了以太币市场过于供给过大而拉低以太币的价格。以太坊的无上限供应也确保那些维护以太坊的人可以获得新的以太币奖励。这也是以太币与比特币的另一个区别,比特币只有2 100万的固定供应量。

虽然以太坊文件和维塔利克的博客文章都表明他们无法为以太币的未来价值做担保,但《条款和条件》文件中的图表又用一条向下倾斜的线表示以太坊的供应增长率,给潜在的买家打了一剂强心针。

比特币还在持续不断地涌入，在众销开始的第 7 天，即 7 月 29 日星期二，肯毅然决定投身其中。4 天前他刚从旧金山搬回纽约，搬家卡车还没把他们的家当从西海岸运过来，肯和妻子住在纽约东村的勒德洛酒店，他们的孩子则待在佛罗里达州的祖父母家，避免这一路的舟车劳顿。

在肯安顿好之前，他就一直在他的一个风险基金投资人的办公室里工作。那时候他每天的安排都如出一辙：一大早就开始与投资人和被投公司①开会，晚上回到他借来的办公桌边回电话，处理尚未处理的电子邮件。

肯买以太币的那天，比特币的价值大约为 580 美元，由于每个比特币可以购买 2 000 个以太币，因此 1 个以太币的成本约为 0.29 美元，这些肯都计算过了。肯习惯于用风险投资术语进行思考，他把比特币等同于后期的 D 轮投资，而以太坊则是种子投资，这意味着以太币有更大的发展空间，但失败的可能性也更大。肯认为以太坊拥有支持各种区块链应用的能力，因此有可能超越比特币的规模。

这些分析肯已经在脑海中想过很多次了，但当再次访问以太坊白灰色调的官网时，他又重新思考了一次。网页正中间是迄今为止售出的以太币数量，在这个数字的左边是剩余的销售天数，右边是当前价格下的剩余天数，这样的界面设计仿佛在说"快把比特币拿来吧"。数字下方是一个写着"购买以太币"的黑色按钮，

---

① 指专门投资私人企业的投资公司，其目的是获得私人企业的股权或将其收购。——译者注

同时还有《条款和条件》《购买协议》《白皮书》和《收入预期用途》的链接。肯之前已经看过这些文件了,但他又粗略地看了一遍。"拥有以太币不代表享有任何权利……购买后不可退款……加密货币燃料……分布式应用,"他读完后深吸了一口气,"好吧,准备买吧。"

他的心跳加快,不知道点完"购买以太币"这个按钮后会发生什么,结果一个带有 3 个步骤的新页面出现了。第一步是"以比特币或以太币为单位输入购买数额"。能输入的购买数量有限制,最低是 0.01 个比特币,最高是 50 万个比特币,设定上限的目的是防止买家独占以太币的过大份额。团队还在《条款和条件》文件中表明:"以太瑞士公司将限制任何单一实体、个人、公司或团体在创世区块销售结束时,控制超过以太币销售总量的 12.5%。"但文件中没有写明他们如何进行监督,毕竟购买以太币只需要一个电子邮件地址,而且以太瑞士将在销售后立即解散。

对肯来说这就像是一场豪赌,虽然他并没有直接损失 50 万个比特币,但他相当于押上了一大笔个人财富。输入这个数字以后,第二步是输入电子邮件地址,第三步是创建密码,密码可以用来加密和访问他的钱包。他在每次输入前都检查了无数次,点击"继续"进入下一步。第四步告诉他"在屏幕上移动鼠标生成一个随机的钱包,完成后将跳转到下一界面"。肯心想:"这太奇怪了。"他正按指示照做的时候,发现页面上没有后退按钮,一阵焦虑涌上他的心头,接下来他点击了屏幕上的按钮,一个以太坊钱包下载到了他的计算机上,然后出现了用于接比特币的钱包地址和二维码。他进入自己的比特币钱包,将刚才的比特币钱包地址——一串杂乱无章的数字和字母复制了过来,沉闷地喊了一声"啊!"然后点击了发送。

就这样,肯发送了他50%的比特币,现在它们正在进入某个加密迷宫。"进入了以太空间!"他忍不住想。说这是他生命中最心惊胆战的时刻之一也不为过,因为区块链是不支持退款的,也就是说如果他的地址复制错了,或者弄错了其中的一个步骤,他的比特币就没办法退回了,因为在加密货币的世界里,没人有权利解决这类问题(这也是加密货币的意义所在)。比特币网络确认交易大约需要10分钟,10分钟之后转移将永久生效且不可改变。肯在一旁待着什么也没干,只是盯着他的笔记本电脑屏幕看了一会儿。一切都已成定局。

购买以太币就像是把比特币投入了一片未知虚空,成千上万参与以太坊销售的人肯定也跟肯有着同样的心路历程。很难确定到底有多少人购买了以太币,但区块链显示有超过6 600笔交易进入了以太瑞士的比特币地址。不过,参与交易的总人数可能要少很多,因为大买家可能会用好几个不同的钱包完成购买。

到销售结束时,所有不同钱包地址的买家已经购买了超过6 000万个以太币,按每个以太币30美分左右计算,金额已经达到了1 830万美元。这是一次巨大的成功。在以太坊的创世区块销售之前,类似的加密货币众销只举办过5次,其中规模排第二的筹款筹集到了600万美元,发起方是磁盘安储公司(Maidsafe)。与一般的众销相比,磁盘安储的这次筹款已经算是成功了。以太坊销售 7 个月后，米哈伊发表了一篇博文，说："根据维基百科，在互联网历史上的众筹项目榜单上，以太坊位居第二，榜首的项目筹集了 7 000 多万美元，但这是在几年内达成的，而以太坊的众筹期只有 42 天，能有这样的成绩已经很值得骄傲了。"

米哈伊 27 岁的生日正好在以太币销售期间，那天是 7 月 25 日。楚格屋的以太坊成员用彩色横幅装饰了房子，借此机会庆祝米哈伊的生日，同时为持续涌入的比特币庆贺。屋子里所有的笔记本电脑都打开了以太币网站，所以当他们喝饮料和吃生日蛋糕的时候，还能看到页面中央的巨大数字在稳步上涨，还有人在购买他们的以太币。

"我承认我们的期望很高，但没有人预料到在 24 小时内我们就取得了空前的成果。这简直是我最满意的生日礼物，证明我们并不是在天马行空，也可以说还有许多跟我们一样疯狂的人，这次众销让我们找到了彼此。"米哈伊这样写道。

实际上，以太坊团队早就写下了这些厚望。在那份标题为"收入预期用途"的文件中，他们把筹款金额分成 3 个级别：900 万美元以下；900—2 250 万美元；超过 2 250 万美元。对他们来说，最差的情况都能够击败之前所有其他加密货币的众销。不过不管是哪一种情况，筹得资金中的 180 万美元都将用于售前费用，然后留 100 万美元作为法律应急基金，剩余资金的 76.5% 给开发者，13.5% 给通信和社区服务，10% 作为研究费用。

一开始以太币的总供应量是 7 200 万个，其中的 590 万个（规定为筹集总量 6 000 万个的 9.9%）是为 83 个早期贡献者创造的，同样也为基金会发放了同样数量的以太币。在所有做出贡献的人当中，维塔利克分得的份额最大，约为55.3万个以太币。当时，在伦敦负责以太坊通信的斯蒂芬·图阿尔，在红迪网上发帖表达他的强烈不满，透露了一些人得到的以太币数量，而"这些人"是他觉得没有对这项工作做出多少贡献的人。

维塔利克还设计了一个系统来计算以太币分配额，依据是个人加入项目的日期和他们对项目的贡献时间。另外，基金会被禁止在众销中买入以太币，以此避免基金会得到不成比例的份额，从而引起中心化的风险。在预售期间，基金会也只能提取5 000个比特币用于加速开发。设置这些限制是为了避免让人们怀疑基金会能用收到的比特币再次购买以太币，以增加售出的以太币数量。

但维塔利克并没有限制其他参与众销的人能够购买比特币的数量，只要他们的拥有量不超过总供应量的12.5%即可。然而这一限制也没有办法强制执行。对于联合创始人来说，在销售中买入更多以太币百利而无一害，因为他们最终分得的以太币由众销总额决定。简单来讲就是空手套白狼，无论投入多少钱最后都可以连本带利地拿回来。那些借钱给以太坊的人也拿回了他们借出的钱，还得到了25%—50%的利息，具体是多少利息取决于他们借钱的时间。维塔利克之前把自己一大半的钱都借给了基金会，所以他已经没有多少可投入的资金了。据传，约瑟夫·鲁宾在众销后持有最多的以太币，尽管他自己说事实并非如此。

以太坊的成功并没有减少"谈谈比特币"论坛上的批评和指责声。批评者们毫无根据地说基金会和以太坊团队为了吸引更多买家，在背后操纵以太币的销售额。不然以太坊的交易量怎么会比其他众销高那么多呢，这要怎么解释呢？

普雷斯顿·伯恩（Preston Byrne）是一位专注于早期公司和加密货币业务的律师，他在2018年4月发表了一篇博文，称"在2014年的代币预售中，用于换取比特币而出售的大部分以太币能大部分都到了同一个人、更有可能是少数几个一致行动的紧密关联人手里"。他的理由是用来显示比特币流量的图表分布得太过于均匀，平滑得几乎跟幂函数图像一模一样，并表示像这样没有一点波动的图像只能是机器人画出来的。伯恩说"以太坊预售的最初两周，那图像更是平滑得不像话，基本没有随机性，简直完美"，很难不让人怀疑。他还说"除非是维塔利克能控人心智，侵入每个人的大脑，这样才能产生预售中完全一致的购买行为"。因此他认为很有可能是少数人掌握了足以撼动市场的以太币数额。研究公司链究（Chainalysis）后来证实了以太币分布是集中的这一猜测，在其2019年5月的一份报告中提及，只有376名持有者控制着33%的流通以太币数量。

在伯恩发布帖子之后，一位网名为"哈苏"（Hasu）的匿名加密货币研究人员对这次销售做了进一步分析。他发现整个销售持续了42周，这期间有两次需求波动，一次出现在开始时，一次出现在结束时，两次都是由于人们在以太坊价格上涨前买入导致的。但就像伯恩一样，他也没有找到原因能解释"为什么图表看起来如此平滑"。

虽然维塔利克希望没有内部人员进行操纵，也表示过自己没有参与过此类行为，但最后他还是说他也不清楚到底有没有人这样做过。至于他自己，他把自己大部分的钱都用来创建以太坊了，几乎没什么钱用于投资以太币。

种种迹象都表明以太币销售期间可能存在操纵行为，比如早期团队成员能参与销售，甚至还能让其他人参与销售以及走势异常均匀的图表等。但筹集到的资金数额也反映了大家都十分看好这个项目：一个被誉为天才程序员的少年，领导团队创建了下一代区块链。

一种全新的融资模式就通过了测试。在这种模式下，一群互相看不顺眼的黑客组成了一个不被看好的团队，没有商业计划、没有实在的产品、更没有用户和收入，却从世界各地成千上万的人那里筹集到了数百万美元。以前，任何想购买如脸书或谷歌等大型科技公司股票的人都需要有一个美国银行账户，而那些想投资未在公开市场上筹集资金的初创企业的人，需要的就不仅仅是一个美国银行账户那么简单了。但现在，任何人都可以投资最前沿的技术公司，他们只需要连接到互联网，有至少 0.01 个比特币就行。

肯在 1 月份联系上了加文，跟进以太坊上线的进展情况。团队之前承诺的平台（当然还有肯的以太币）上线时间大概就是那个时候。

2015 年 1 月 3 日，肯·赛夫（有修改）写道：

嗨，小加，

新年快乐！希望你今年一切如意。

事情进展如何？还在计划第一季度的上线吗？

祝好，

肯·赛夫

2015 年 1 月 6 日，加文·伍德（有修改）写道：

嗨，肯，

也祝你新年快乐！到目前今年都非常如意。☺进展相当顺利，希望能差不多按计划发布，但这取决于我们外部安全审计的结果，审计才刚刚开始。最初我们打算整体上线，但现在正考虑分步迭代，所以在这一年里应该会有各种消息和优化通知。

小加

——很多事情的本因是自私自利而非能力不足。

2015 年 1 月 6 日，肯·赛夫（有修改）写道：

哈哈！这种计划变动我都不知道看到过多少次了。创业就是这样，没有击垮你的东西会让你更强大。

非常期待你们在未来几年里的成就。

一定会十分颠覆。

启 动
ETHEREUM

第 三 部 分

16

起飞

奥雷尔（Aurel）又高又瘦，下巴上有着长长的卷胡子，还留着像西班牙画家达利一样的八字胡，这跟他的短发形成了鲜明对比。2013 年，奥雷尔卖掉了他在一家为医院服务的信息技术公司的所有股份，全部投入了比特币。是要购买比特币，交易比特币，挖掘比特币，还是……他不确定自己到底想做什么，所以这些事情他都有涉足。虽然在比特币熊市期间进展并不顺利，但他确定自己更愿意把时间花在这项新技术上，而不是跟老医生和无聊的秘书待在一起，一出问题就只能让他们重启计算机。他觉得自己进入比特币市场的时间可能太晚了，很难再大赚一笔，所以他在等待下一件大事。

大约是在 2014 年 2 月，那时候以太坊刚刚宣布成立，奥雷尔住在布加勒斯特,他跟米哈伊的表弟是朋友,于是米哈伊的表弟帮他用讯佳普联系上了米哈伊。打完电话后,奥雷尔成了以太坊的忠诚信仰者,但他觉得拳脚无处施展:虽然误打误撞发现了一个还在起步阶段的好项目,但他因为不懂编程而无法做出贡献。他问米哈伊,如果他带上他在罗马尼亚能找到的最好的程序员,是否能加入楚格的团队。米哈伊同意了。但奥雷尔刚开始联系的那些人在最后一刻却都爽约了,所以他只能在起飞前一天争分夺秒,仅用了一天时间就找到两个人和他一同前往以太坊基地。

奥雷尔带来的一个开发人员在建立众销网站的过程中发挥了重要作用,因此最终留了下来。奥雷尔也负责修补了一些网站的基础代码,但因为觉得自己没有什么事情可做,所以他 3 周后就离开了。回到家后,奥雷尔继续跟进该项目,组织以太坊聚会,还为以太坊社区搭建了一个以太坊罗马尼亚网站。

在一次聚会上,奥雷尔像往常一样到处介绍自己,回答关于以太坊和加密货币的问题。他注意到有一个人明显心不在焉。那个人站在一小群人的旁边,目不转睛地看着他的饮料,看起来像是要准备离开了。

"嘿,你叫什么名字?"奥雷尔问。

"保罗。"他答道。

"你想听更多关于以太坊的事吗?"

"行啊。"

奥雷尔说得慷慨激昂,保罗却听得昏昏欲睡。突然,保罗被一些东西吸引了注意力。

"那是什么?"保罗指着奥雷尔组装的以太坊采矿机问道。看起来就是一堆计算机硬件和杂乱无章的电缆。

"哦,我正在组装一台'以太坊矿机',想争取在以太坊最终上线时大致准备好。"

"它们是用来干什么的?"

"还记得我告诉过你,以太坊区块链和比特币一样,依靠计算机来确认交易吗?这就是用于确认交易的其中一台计算机。这台计算机会获得以太币奖励,因为它用计算机能力来保障网络安全。"

"这东西会挖加密货币?"

"对。我也觉得它看起来很糟糕,但我能让它变得更好看些。"

这是那天晚上保罗第一次打起精神来。3天后,他回来找奥雷尔,晃着手机展示一张照片,照片上是一幢工业风格的建筑,一些烟囱耸立在巨大的砖块和混凝土上。

"我们的新办公室。"保罗说。

于是他们就到了罗马尼亚的一个农场开始他们的挖矿业务。照片中的工业厂房就在那里,位于一片森林之中,旁边是一个从多瑙河汲取能源的水力发电站。凭借之前的工作经验,保罗一眼就看出这个工厂有很多可用空间。他们计算了一下,这个工厂足以容纳大约1 500个GPU(图形处理单元,因其速度快而被用于挖掘加密货币)。这个地方很完美,他们可以把它租出去,还能从附近的发电站获得廉价的绿色能源。

几天后,也就是2015年5月,他们住进了新工厂旁边的一家小旅馆。奥雷尔把他微薄的积蓄都投了进去，而保罗则补齐了所需的大部分投资。很多人可能都觉得他们疯了，毕竟以太坊网络上线已经被推迟了好几个月，还没有任何东西可以挖。

自 2014 年 7 月出售以来，主要驻扎在阿姆斯特丹和柏林的开发人员专注于交付第一个实时网络，他们已经反复验证了一些的概念，每一版都在上一版的基础上有所改进。团队也在不断壮大：尤塔·施泰纳（Jutta Steiner）加入了位于柏林的团队，领导安全审计工作；亚历克斯·范·德·桑德（Alex Van de Sande）在里约负责用户界面设计，和柏林团队的费边·福格斯特勒（Fabian Vogelsteller）合作建立一个以太坊钱包和浏览器；菲利克斯·朗格（Felix Langue）和彼得·西拉吉（Peter Szilagyi）加入了杰弗里·威尔克的"冲吧以太坊"（Go Ethereum，也叫 Geth）团队；克里斯蒂安·瑞特维斯纳（Christian Reitwiessner）和利亚娜·赫斯克安（Liana Husikyan）与加文一起为智能合约建立了一种名为 Solidity 的本地开发语言；弗拉德·扎姆菲尔（Vlad Zamfir）正在研究改善以太坊内部运作的办法；派珀·梅里亚姆（Piper Merriam）正在为智能合约和开发人员搭建工具。若是以聚会的数量来衡量，以太坊社区已经发展到在全球有 115 个这样的团队，数量大约是众销时期的两倍。随着柏林中心的发展，楚格的房子在众销结束后就空了出来。

这期间一个更重要的里程碑是区块确认时间从 60 秒缩短到了 12 秒。相比于比特币的 10 分钟，这是个巨大的进步，但与维萨（Visa）和万事达卡（MasterCard）等传统支付系统相比仍有很大差距，后者每秒要处理几千笔交易。按计划，以太坊将在接下来的一年里，经历5个不同的阶段，分别是：奥林匹克（Olympic）、前沿（Frontier）、家园（Homestead）、大都会（Metropolis）、宁静（Serenity）。当到达宁静阶段时，以太坊网络将从能源密集且浪费的工作量证明转变为另一种共识机制，即权益证明（proof of stake），该证明将基于每个节点持有的货币数量而非计算能力。此外，该阶段还会实施很多技术帮助以太坊支持更多的交易，解决一直存在的扩展问题。

2015年5月，维塔利克刚刚宣布了奥林匹克版本的发布，即以太坊的第9个也是最后一个概念验证。在这个阶段，以太坊基金会专门设立了一个有2.5万个以太币的基金，奖励社区在预发布期间对区块链极限进行测试，团队鼓励大家试着攻破以太坊。如果没有重大的错误或延迟，以太坊在测试阶段后不久就会上线。

这意味着对在罗马尼亚的奥雷尔一行人来说，时间刻不容缓。他们希望在以太坊网络上线的那一刻就准备好挖矿机，以便在挖矿难度增加之前迅速获得大量的以太币。但要买到特定的挖矿机硬件并不容易，他们在互联网上到处搜寻，给不同的供应商打电话，只买到了30个GPU，后来他们直接从波兰和荷兰的工厂取货。终于，他们从不同的供应商那里买齐了所有的部件：显卡、中央处理器、组装计算机需要的主板、电缆、存储卡、冷却风扇等，送货箱开始成批地到达。

6人小组进行了一次超大规模的开箱。很快，他们就被纸板、包装纸和泡沫塑料包围了。工厂里空旷的房间地板上到处摆满了计算机零件,这些包装就高高地堆在零件上。

"到底什么时候才能搞定啊?"奥雷尔被工作量惊到了。

"总能完成的。"保罗说。

在接下来的两个月里,他们每天都在组装所谓的挖矿机。每台中央计算机都装上了 6 个 GPU、1 个主板和一些存储卡,因为 1 张显卡①不够,计算机必须要成功装上 6 张显卡才能运行以太坊的挖矿算法。他们安装了操作系统,下载了以太坊挖矿代码,然后在每台矿机上都编译了这段代码。由于他们是第一批测试挖矿代码的人,所以依然还会遇到一些奇怪的错误和问题。在此期间,奥雷尔通过讯佳普群组不断与以太坊的开发者沟通。

到 7 月初,以太坊的奥林匹克版本已经发布了整整 1 个月,开发人员没有发现任何错误,网络经受住了测试阶段的大量使用,安全审计②也已成功结束。下一步是在发布前将代码冻结两周,以确保代码的稳定性。大家一致认为上线时间应该由测试网络中一个区块的哈希值来决定,由于以太坊网络一直以可预测的速度增长,所以他们能够计算出在 7 月 30 日,即为期两周的代码冻结结束后会有哪些区块被创建。他们想把上线时间定在柏林时间下午 5 点左右,这样大多数开发者都没在睡觉,可以见证以太坊上线,所以最终他们选定的区块哈希值为 1 028 201 号。预计在下午 5 点左右出现的区块可不止这一个。为什么选择了这个区块呢?他们做选择的方式非常"书呆子",因为这个数字是个回文,

---

① 前文提到的 GPU 是显卡上的一块芯片。——译者注
② 对信息技术系统安全性的充分性进行的分析。——译者注

正读反读都一样,还是一个质数。

"以太坊不是中心化启动的,而是从共识中产生的。"斯蒂芬·图阿尔在 7 月 22 日的一篇博客文章中这样写道,这篇文章的目的是为那些想要加入主网络的开发者解释步骤,"用户需要自行下载并运行特定版本的软件,然后生成并加载创世区块,以加入官方项目的网络。"

以美国边境命名的以太坊网络阶段,就像美国边境一样,给"居民"提供了巨大机会却也风险重重。在边境阶段,用户必须首先生成创世区块,然后才能把创世区块加载到他们的以太坊客户端。创世区块相当于一个数据库文件,包含了以太币销售中的所有交易。当用户把创世区块输入到客户端(用于访问以太坊网络的软件)时,就代表他们决定遵守网络条款加入网络。然后要做的就是等待编号为 1 028 201 的区块出现在以太坊测试网中。区块出现时将被赋予一个哈希值(意味着该区块的所有信息将被输入进一个加密哈希函数,然后输出一个固定长度的字母数字串),作为创世区块加入实时网络的一个密钥。

世界各地的以太坊开发者为了让网络顺利运行,加班加点地应对代码这只"拦路虎",那边是在罗马尼亚的矿工们正在争分夺秒地让挖矿机按时工作。他们连续工作了 48 小时没休息,奥雷尔累垮了,但他也只是在地板上睡了几个小时。

与此同时,在布鲁克林的一栋办公楼里,一小群满怀梦想、不合群的人也在为上线做准备。

他们窝在某个合作空间底层的两个狭窄房间里,位于布鲁克林的布什维克社区。这个社区不像威廉斯堡那么昂贵高档，因此成了这群人的栖身之所。这十几个人来自美国企业界、金融界和技术界的不同领域，都正忙于建立约瑟夫·鲁宾的新创业公司"共世"（ConsenSys）。

共世公司由约瑟夫个人出资，目标是建立运行在以太坊开源协议层之上的应用程序。围绕这一目标，公司将投资初创企业，孵化自己的公司，为大公司提供技术整合建议以及广泛宣扬以太坊和去中心化。

公司的第一批雇员中，有个人叫杰夫·斯科特·沃德（Jeff Scott Ward），2008年金融危机爆发时，他还在皇后学院学习平面设计。到毕业时，他好不容易才找到了一份低薪的编码工作。在金融危机的阴霾笼罩之下，杰夫觉得自己前途未卜，但贪婪的公司和银行毫发无损地完全脱离困境。他想："金融危机不是我造成的，也不是我们这一代人造成的，但现在我们过得不如上一代人，这公平吗？简直难以置信。"

"占领华尔街"抗议活动开始的第一天杰夫就去了，但他马上就走开了。他觉得大家只是站在一起，自以为是地举起拳头并不能改变什么，但他确实想到了能改变现状的办法。第二天，他买了他能找到的所有适合初学者学习的JavaScript教科书，开始学习编程。他对自己要做的事情一无所知，但他确信自己如果足够愤怒、足够坚定，用尽全力抓住这次机会，他必将战胜此次危机。

凭借刚学到的知识，杰夫已经能为一家营销公司做用户界面开发的工作了，之后他又为纽约证券交易所开发用户界面。接着，他进入了一家名叫交易区块（TradeBlock）的公司，这家公司的目标是成为数字资产界的彭博终端。在2014年中期的时候，他开始关注以太坊项目。在杰夫看来，以太坊试图模仿JavaScript的编程功能用于加密货币，他觉得技术领域朝着这一方向发展合情合理。于是他准备飞往瑞士或多伦多，或者任何有以太坊团队的地方，但当时以太坊团队最需要人手的是协议层，而杰夫只是一个前端开发人员，基本帮不上什么忙。

杰夫在领英上偶然看到了约瑟夫·鲁宾的资料，于是给他发了消息，表达了自己对以太坊的兴趣并问他能做什么。约瑟夫告诉了他共世公司的情况，不久之后杰夫就坐上了开往布什维克的地铁，一路上都憧憬着自己能被录用。杰夫明显能感觉到他即将遇到的是一个如同梦神摩耳甫斯般的人物。他看过约瑟夫讲话的视频，觉得视频里的这个光头男人强大又神秘，能预知未来，手里握着打开未来之门的钥匙，能带他离开如同电影《黑客帝国》（the Matrix）里一样被控制的世界。

杰夫到达协同工作空间时，他准备好的那套"演讲词"已经在脑海中复习了好几遍，在最终见到约瑟夫之前，他都一直在为自己加油鼓劲。杰夫说话的语速又快，信息量又大，说他终于发现"我们不需要银行。加密货币是一次经济机会，为一开始就不具备经济机会的人赋能：无法进入全球市场的人、还未上市的公司、非合格投资者，基本上大多数人都能从中受惠"。他对2008年危机的罪魁祸首大加挞伐，然后描述了以太坊将如何成为加密货币"应用之王"的愿景。

"现实世界会像《搏击俱乐部》(Fight Club)里演的那样,伴随着大厦轰然倒塌,一切个人财富归零,所有人都能重获经济自由吗?不会。那是否有机会让个人免受系统风险的影响呢?当然有,从长期来看,这几乎是板上钉钉的事情,会有一种更好的方式实现这一切。"当提到维塔利克最近获得了2014年度著名的世界科技奖,击败了同样获得提名的马克·扎克伯格,他赞不绝口,称"他就像下一个艾伦·图灵"!

在杰夫发表慷慨陈词(或者说是碎碎念)时,约瑟夫并没有说什么,他只是面带困惑、双手交叉地站在那里。当天晚些时候,他在前往以太坊聚会的途中给杰夫提供了一份工作。

杰夫一开始并没有接下这份工作,因为他想先看看合同条款再正式签约。他预想应该会有一份常规的创业公司合同,酬劳里会包含一部分公司股权和工资,但杰夫要了好几个星期,还是一直都没见到合同,不过到最后他还是决定加入,他并不想错失这次机会。

2015年初,共世公司的成员还只有十几个人,包括开发人员、设计师和工程师。大家全都埋头工作,为以太坊帝国搭建最基础的架构:软件程序编辑器、代码库、数字钱包、存储系统和应用商店等。大多数开发者认为理所当然的基础功能都要从零开始搭建,而且这些功能使用的架构都完全不同。大部分功能都是开源的,程序的执行环境也相同,因此每个功能都相互关联,可以用作不同公司其他开发人员的开发原料。

从某个时刻开始，共世团队就陆续收到来自公司、政府和中央银行的电话。来电的人表示想要了解更多区块链技术的信息，而共世团队自身也在努力联系各大机构。安德鲁·凯斯（Andrew Keys）是约瑟夫在共世公司的第一个业务雇员。他顺着财富2 000强公司的名单，挨个联系他们的首席技术官或工程师。他的目标是跟这些公司约一个电话或会议，向他们解释区块链技术和以太坊是什么，如果情况好的话就会有第二次会议，就可以继续推进共世团队的业务。

即便是在休息，他们也都在谈论以太坊的上线，谈到就要有真正的以太币被创造出来、可以被交易的时候，大家都觉得不可思议。突然有个人提议他们应该购买挖矿设备，这样不仅对以太坊网络的稳定性和去中心化有益，他们还能获得廉价的以太币。大家都在疯狂地讨论细节，但后来才意识到他们没有这么多时间。最后，大家一致同意要挖矿就用自己的资金去挖，不要牵扯到共世公司。

一跟大家讨论完，杰夫就马上动手开干了。他在克雷格列表[①]网站发现，有一个人在东汉普顿出售大约14台旧的比特币矿机，每台有4个GPU。随着比特币的挖矿难度升级，比特币矿工现在都开始使用专用的集成电路卡了，所以基于GPU的矿机已经被比特币淘汰，但对于挖以太币来说，这些机器依然是完美的。共世公司的一小群人开着几辆小轿车出去，把矿机堆在后备厢和

---

① 分类信息网站，包括了求职招聘、房屋租赁买卖、二手产品交易、家政、娱乐等信息。——译者注

后座上，然后带回了办公室。大多数人把矿机带回了自己的公寓，但还有几个被安装在协同工作空间两间房中的一间，这导致办公室不光变得狭窄，矿机在运行时还变得更热了。约瑟夫自己则是和他的一个朋友开始了挖矿工作，因为他们听说一个天体物理学实验室管理员要用数以万计的 GPU 开采空块，这将会危及以太坊网络的安全。不过他们一直没有升级过最初购买的那批硬件，所以他们的挖矿工作很快也就停止了。

快接近上线日期时，维塔利克飞往柏林跟开发人员待在一起。办公室是柏林克鲁兹堡区一栋旧楼里的一个开放楼层。这个地方是加文和埃伦·布坎南找的，二人还为办公室配置了办公椅和二手家具：一排沾有污渍和被磨损的黄色天鹅绒电影院座椅。办公室里坐着十几个编码员，大多都是 20 多岁，主要来自欧洲和美国的不同地方，负责以太坊客户端和基础协议的工作。柏林办公室曾是 2014 年 11 月以太坊第 0 次开发者大会（大会被命名为 Devcon0，其实就是第一次开发者大会）的举办地。他们让大会计数从 0 开始，是因为 0 在编程中十分重要，不能遗漏。当时包括核心开发人员、设计师和营销人员在内的大约 30 个人，挤满了柏林办公室的一个房间。大家坐在折叠椅上，听人讲以太坊项目的长期愿景和当前情况。大会开得很随意，演讲者甚至没有使用麦克风，他们只是站在这一小群人前面，就像是在一次家庭聚会上敬酒或宣布消息。这次大会为期 5 天，加文·伍德在开幕式上说"进步会导致权力的集中"，因此以太坊的"使命是去中心化"。

2015年7月30日,以太坊上线的日子到了,他们摆好了一个大电视作为测试网络的监视器。屏幕的背景是黑色的,诸如节点名称、气的价格等信息是用绿色、黄色的字母和数字显示,并着重展示了最新的区块编号。编号显示在屏幕上方,字号比其他区域信息的字号大,随着区块增加,这个数字每隔16秒左右就会上涨一次。当天结束时,维塔利克和加文聚集在电视旁,其余的开发者也跟着过来了,一些人还开了啤酒,他们站在一起看着区块编号嗒嗒往上涨。

在罗马尼亚,奥雷尔和他的团队在这一天完成了最后一批矿机的组装。他们匆匆忙忙地把所有的硬件和软件准备好,抢在以太坊上线前运行,大家的手都酸了。当上线时间临近时,他们聚集在一个小小的笔记本电脑屏幕前,打开了网络显示器。

与此同时,"冲吧以太坊"团队的群聊中也在进行倒计时。

"还有250个区块!!就在半小时后!!现在没有什么能阻止以太坊了,么么哒!哈哈!☺"其中一个开发者写道。

有人在群聊中发送了一个谷歌环聊的链接。这个聊天组创建的目的是让世界各地的以太坊爱好者共同庆祝这一时刻,但黑客们似乎在团队群聊中才更自在。

"没有人说话。嘿嘿。"

"好多技术大佬啊。"其中一个人回答。

"啊,唱首歌吧!(开怀笑表情)"杰弗里·威尔克说。

以太坊即将上线,程序即将交付,程序员们都在向杰弗里发来祝贺。他总是这样回答:"这是团队努力的结果。"还有其他一些人在群里发火箭发射动图以及邪恶博士的表情包。距离上线还差10个区块时,每当有新的区块被挖出来就会有几个人在群聊里发消息报数,直到柏林时间下午4点26分,测试网络出现了第1 028 201个区块。

"上线所有系统!重复,所有系统!"其中一个开发者写道。

"起飞了!"另一个人写道。

代码已经预先设置好了,所以任何将创世区块下载到客户端的人现在都会被插入实时链。之前打开以太坊客户端,看到代码更新的是测试网络的信息;现在能看到的代码也差不多,区别在于这个链是实时的。门外汉一看可能看不出什么变化,但对于那些在柏林以太坊开发者中心的人来说,里面的门道可就多了。当测试网达到预先选定的那一个区块时,显示器上弹出了罗恩·保罗的表情包,图片上他举起双臂欢呼雀跃,周围是绿色的激光束,白色的印刷体字母仿佛在叫喊着:"来了!"

柏林的那群人发出"呜呼"一声,然后弹开了香槟。维塔利克盯着正在形成的新链条笑了起来。

纽约时间已经过了上午11点,共世公司的约瑟夫睡过头了。他醒来的时候,以太坊已经上线了,他意识到自己忘了打开客厅里的两台矿机。经过一阵慌乱地摸索,约瑟夫打电话向一个朋友寻求帮助后,矿机开启了。开关刚一打开,他在电报[①](Telegram)上设置的机器人就开始响了,机器人是他之前设置好的,只要一

---

① 一款跨平台的即时通信软件。——译者注

获得以太币就会发警报提醒他。现在房间里全是"叮！叮！叮！"的警报声。他打开了共世公司的懒聊频道，消息如潮水般涌来，大家都在互相庆祝。这一切都是真的！他把所有的一切都押在这个新兴技术上，终于有一些证据能证明他并没有失去理智。

除了几个交易网站，以太坊上线并没有成为其他网站的头条新闻。那天，印度洋刚发现了一些飞机碎片，此前一架马来西亚航空公司的飞机在前往北京的途中失踪，大家都在猜想这些碎片是不是跟那架飞机有关；一名美国牙医那天在津巴布韦杀死了一头叫塞西尔的狮子，大家为此感到怒不可遏；印度在那天对1993年孟买爆炸案的责任人进行了绞刑；里约下一年即将举行奥运会，在那天处理了关于水污染的报告。于是几乎没有人关注以太坊的事。

从维塔利克写下可以进一步推动加密货币向前的基本结构，到加文在黄皮书中完善了这一概念并将其应用到计算机语言中，再到今天，不过才过去了一年半。刚开始只有几十个开发人员、设计师和博客主，到后来有了全世界数以百计的投机者，大多数人都放弃了一切、背井离乡，个人生活变得一团糟，只能靠仅有的储蓄过活，所有人走到一起就是为了让这一时刻成为可能。这次上线意味着他们终于可以步入正轨了：开发人员现在可以在这个新的区块链上构建应用程序了；创世区块销售中筹得的以太币被分到了每个参与者的钱包里；一个接一个的新区块被发布到由将近40个节点组成的网络上。真正的以太坊正在形成。

开发人员慢慢都离开了办公室，剩下维塔利克一人留在办公室,他一直看着不断变长的以太坊区块链。当晚睡觉时,他感到头晕目眩,第二天一醒来就打开了笔记本电脑。还好,以太坊区块链仍在继续运行着。

由于肯·赛夫没有参加任何聊天群组或在线论坛,没有关注可以看到代码进展的 GitHub 项目组,而且他的团队也没有跟以太币买家沟通,所以他一直都没有及时获得项目进展的消息。他甚至觉得自己的这场豪赌赌输了。但在以太坊上线后的 8 个月,他终于联系了加文。

2016 年 3 月 18 日,肯·赛夫(有修改)写道:

小加,以太币还有价值吗?有流动性市场吗?可以买卖以太币吗?感谢回答。

祝好,

肯·赛夫

2016 年 3 月 18 日,加文·伍德(有修改)写道:

嗨,肯,

以太币现在值 10.25 美元,下边的网站可以跟踪以太币的价格:

http://coinmarketcap.com/currencies/ethereum/

你在一些交易所就可以很方便地买入和卖出,与比特币的交易对的流动性还不错,与法币的交易对也不算太差。我给你推荐两个网站：克拉肯（Kraken，www.kraken.com）和P网（Poloniex，poloniex.com）。

加文

——很多事情的本因是自私自利而非能力不足。

2016年3月19日，星期六，肯·赛夫（有修改）写道：

小加，

之前参加以太坊销售的时候，我感觉我是用比特币买了（有修改）以太币。但现在以太币的价格到了10.76美元，这就说不通了。这意味着以太币的价格已经上涨了30倍或40倍左右，这可能吗？

很抱歉打扰你，但我应该如何计算出我拥有多少以太币啊？

祝好，
肯·赛夫

2016年3月19日（星期六），加文·伍德（有修改）写道：

对，就是这样的。当时一个比特币可以买到2000个以太币。如果你用（有修改）比特币支付了，那你就会得到（有修改）以太币。

如果你有以太币的地址，那很简单，用任何在线区块浏览器都可以查看。

肯打开区块浏览器,按照加文所说粘贴上了他的以太币钱包地址进行了确认。他持有的以太币数量突然让他腰缠万贯,至少看数字是这样。这是他投资最为成功的一次,甚至可以说是他做的投资中最成功的一次,这感觉并不真实,曾经的高风险竟然为他带来了巨额回报。

加文回邮件说:"欢迎你用赚到的钱请我喝啤酒☺。"

17

跑道变窄

陈铭（Ming Chan）匆匆走进麻省理工学院媒体实验室参加会议，她看到靠后的一张桌子有空位，旁边是一个正在用笔记本电脑打字的年轻人，讲座马上就要开始了。大约20年前，她成了这里的学生，现在她正应聘这所著名大学的主任级工作，并进入了最后一轮面试。从工作伙伴凯西·德特里奥（Casey Detrio）那里得知这儿有一个区块链会议的消息后，陈铭就过来了。之前他们团队一直在为苹果操作系统（iOS）设计和开发应用程序，在完成了他们投入了4年的应用程序后，团队终于可以自由地探索其他兴趣了，最感兴趣的就是区块链技术。

在会议中场休息的时候，她向坐在旁边的人介绍了自己。那人是加文·伍德，是最有前途的加密货币之一——以太坊的联合创始人。加文给她看了一个以太坊去中心化应用的演示（那还是

2015年初,所以离以太坊上线还有几个月),陈铭则是拿出了她的苹果平板电脑,给加文看了她和凯西设计的苹果操作系统应用程序。

加文称赞了她应用程序的前端设计,并说以太坊肯定还需要在这方面多下功夫。虽然对设计师的角色不感兴趣,但陈铭把这件事情记在了心上,准备研究一下这个令人兴奋的前沿科技项目,看看还有哪些机会。

当时的以太坊领导层处于混乱状态,整个团队最需要的是一个执行经理。查尔斯和阿米尔都走了,米哈伊也离开团队去创办自己名为阿卡莎(Akasha)的公司。约瑟夫·鲁宾则是忙于管理共世公司,而安东尼·迪·约里奥正在负责建立数字钱包贾克斯(Jaxx)。只剩下维塔利克、加文和杰弗里在管理这个项目。

但加文和杰弗里之间的关系越来越紧张,他们都想让自己建立的以太坊客户端实现成为最常用的客户端。两人开始拒绝沟通,由于双方团队都在争夺首要地位,因此他们各自带领的团队也变得越来越封闭,日益激烈的对抗情绪和竞争氛围很快就让两个团队渐行渐远。

由于每个人都在为自己争取更多的资金,开发人员与项目的业务和通信方的关系也开始紧张起来。埃隆·布坎南在以太币发售后负责监管以太坊开发部门的财务。他指出,虽然已经事先商定过分配金额,可有了比特币之后,一切又都可以公开重谈了。谈判一开始,项目的每个参与者都在为他们应该得到多少钱而吵个不停。

维塔利克试着让大家求同存异，但所有的争吵让他倍感压力，他都快筋疲力尽了。比起当管理者，对他来说还是研究如何完善以太坊更自如些。加文和杰弗里都想一心一意进行编码工作，所以他们决定为柏林办公室聘请一名经理，为以太坊基金会聘请一名主任。凯利·贝克尔（Kelley Becker）被请来管理以太坊开发部的运营并协助埃隆。埃隆需要兼顾不同方向的事务，所以不断地在伦敦、柏林和楚格之间飞来飞去，忙得不可开交，所有这些工作都增加了不确定性，他不知道什么时候，甚至是能不能收到约定好的资金（他通常都能收到，但有时是在最后一分钟）。

此外，他们还聘请了3名董事会成员。请来公司的这些中年人并不像是典型的以太坊开发者：拉尔斯·克拉维特（Lars Klawitter）在劳斯莱斯公司担任高级职务；瓦迪姆·大卫·列维京（Vadim David Levitin）负责财富500强公司的业务发展；韦恩·亨尼西·巴雷特（Wayne Hennessy-Barrett）则是4G资本（4G Capital）的创始人兼首席执行官，这是一家位于肯尼亚的移动货币金融科技企业。

凯利在搬到柏林之前曾就职于旧金山的艺术非营利性组织，2015年2月她开始为以太坊工作，目标是为基金会建立行为准则以及规章制度。其实她很早就意识到还有更紧急的问题需要解决：基金会的资金正在枯竭。但她没有权力决定解决问题的优先级。

团队内的紧张气氛还在不断升级，这时候陈铭申请了执行董事的职位。申请过程持续了6个月，经过了好几次面试她才从其他候选人中脱颖而出，获得了维塔利克的信任。维塔利克在董事会面前为她说话，成员们接受了他的推荐。其实陈铭在2015年3月就接受了这份工作，但由于瑞士的规定，她不得不等到7月，也就是以太坊上线之后才正式开始工作。

陈铭知道她即将投入一个复杂棘手的项目。从大家那儿得到的关于基金会问题的答案不够统一，她感觉大家对以太坊基金会本身以及基金会该如何运行都各持己见。以太坊基金会成立的第一年，其管理方式就像一个早期的创业公司，虽然基金会目前确实也就是一个早期创业公司，但这个项目还在发展。基金会雇用了20多个合同工，手上还有价值几百万美元的加密货币等待处理。基金会需要成为一个正规机构，所以对内对外都需要有组织、有效率。陈铭来到基金会就是为了实现这一点。

"大扫除"这个词有时也在公司里使用，但对陈铭来说，大扫除完全就是字面意思。她前往楚格的基地开始工作，到那儿的时候房子已经基本腾空了。陈铭想查看文书，期待着能找到一些已经被整理过的文件，然而等待她的只有成堆的财务文件、法律合规文件、审计文件和税务文件。文件被塞在橱柜里、堆放在盒子里，盒子被零散地扔在餐厅的各个地方，餐厅很大，曾经是他们的工作空间。还有一些信息被储存在硬盘、U盘和笔记本电脑中，还有一些就只是存在于维塔利克的脑子里。

"没关系，我能记得每个数字和字母。"维塔利克说。

"也许你有过目不忘的能力，但3个月、6个月、1年后，你还会记得每一个细节吗？另外，事儿不是这样办的，我们需要进行系统化的记录。"陈铭回答说。

当务之急是把所有的文件整理好,于是他们把在瑞士的房子作为工作基地。在那儿,陈铭需要把所有不同的账户和法律实体、他们的雇员、税务处理和现金流都弄清楚,这简直就是场噩梦。但还没等这项工作完成,他们就必须想办法削减开支,因为以太坊基金会在网络上线仅仅几个月,就面临着运营资金耗尽的危险。

在以太坊众销期间,比特币的价格一直在下降,从2014年7月22日筹款开始时的600多美元,降到了42天后筹款结束时的近500美元。但基金会的问题就在于,除了从预挖中获得的以太币以外,所有在众销中获得的资金都是比特币。

团队中以加文和埃隆为首的人要求出售至少部分比特币,这样就可以确保他们有足够的资金继续运转。其他人比如约瑟夫,则认为比特币的价格会很快恢复,将众销资金保持为数字货币的形式能让他们赚到更多的钱。但由于查尔斯离开了,众人只能七嘴八舌地讨论,却没有人有最终决定权,因此团队最终连一个比特币都没有兑换。

在众销期间,红迪网上有人猜测以太坊团队正在出售比特币,以此压低比特币的价格。维塔利克站出来澄清这些谣言。在8月14日的帖子中说,"团队只出售了不到100个(比特币)",还说他们计划在未来让资金继续以数字货币的形式存在。

"我们会保留比特币,主要是因为:(1)我们认为比特币价格上升的可能性比下降的可能性大;(2)用比特币支付员工的工资更方便;(3)如果比特币价格真的跌得厉害,那这也部分说明整个加密货币领域已经没那么有吸引力,那我们的项目无论如何用处也不大了。"维塔利克写道。

一年后,维塔利克后悔做出了这个决定。比特币在2014年整年持续下跌,然后在2015年年初就跌破了200美元,这意味着以太坊筹集到的1 800万美元的比特币价值跌到了平台上线时的50%左右;以太币的价格也在下跌:在以太币7月份上线之后不久,市场上出现了第一批支持以太币交易的线上交易所,以太币第一次在克拉肯和P网上线时,交易价格略低于3美元,但到9月底迅速暴跌至约70美分。

"基金会的资金确实有限,其中很大一部分原因是我们没有在价格跌至220美元之前按计划出售我们持有的所有比特币,"维塔利克在2015年9月的一篇博文中写道,"结果就是我们遭受了大约900万美元的潜在资本损失,一个本应持续3年以上的招聘计划最终只持续了不到2年。"

维塔利克在博文中表示以太坊基金会每月的支出约为41万瑞士法郎,陈铭却发现以太坊在某一个月内的支出竟高达70万瑞士法郎。所以从10月开始,团队的目标是将支出削减到34万瑞士法郎,并在中期内进一步削减到20万瑞士法郎。维塔利克还写道,按照每月34万瑞士法郎计算,他们大概能撑到2016年6月,情况好的话可能到2016年12月。到那时他们打算再为基金会寻找其他的收入来源,比如举办开发者工作坊、出售会议门票或者众筹。

情况看起来确实很糟糕,但这样做的目的是将团队的工作重心从基金会转移到基金会以外。资源缩减只是部分原因,主要是项目的范围已经远远超出了早期设想,当时大家都以为以太币只会是万事达币的加强版。

当时基金会持有20万瑞士法郎、1 800个比特币(按当时价格计算为43万美元)和270万以太币(按当时价格计算为170万美元),另外还有49万瑞士法郎的基金,这笔基金是他们为法律辩护预备的。维塔利克表示:他披露这些数字是因为他希望基金会能"最大限度地透明"。

陈铭很快就搬出了楚格的大房子,租了一间更小的办公室。除了之前的工作,她还对以太坊基金会下的所有法律实体进行清算和削减。有开发人员的地方就有这些单位,从而导致开支增加、文件混乱不清。在所有削减行动中,力度最大的一次是针对斯蒂芬·图阿尔管理的伦敦通信办公室进行的,纹理也在该办公室工作。

做出这样艰难的决定自然会树敌,但陈铭的做事方法让大家更难接受。她参与了基金会小到细枝末节的方方面面,从财务到聊天室规矩,而且还喜欢跟大家打电话,一打就态度激烈地聊好几个小时,但其实就是一封简短的电子邮件就能解决的事,至少电话那头的人是这么想的。不过大多数时候,她这样不断地澄清和提醒,是为了减少基金会在未来会面临的监管风险。

泰勒·格林是楚格屋内早期团队的一员,曾带领大家创建了众销网站,这些交流让他不胜其烦。随着泰勒和陈铭之间的关系恶化,泰勒发现他的提案很难通过审查,电子邮件的回复也在变慢。2015年底，他从陈铭的姐夫那里得知是因为他的合同没有续签，陈铭的姐夫是一位律师，目前住在夏威夷，和陈铭的姐姐一起为基金会工作。

然而资金的迅速消耗并不是团队面临的唯一问题。由于瑞士监管机构对基金会使用其持有的以太币有顾虑，直到2015年11月的第一周，基金会都还无法使用在网络上线时发行的以太币。陈铭必须一直向监管机构解释，说明最初的这批以太币是如何产生的，基金会将如何使用它，甚至说到了以太坊区块链如何运作、预挖的以太币和挖矿挖出的以太币之间有什么区别，她就这样一直解释，直到监管机构满意为止。后来她收到监管机构的信，得知以太坊基金会能够使用其以太币的那一天，她如释重负，欣喜若狂，当天晚上都是攥着那封信入睡的。

随着陈铭在2015—2016年对以太坊文件的深入了解，她开始发现有文件丢失和信息不符的情况，另外还有几十万的资金没有入账。经过几个月的团队工作，大部分资金和丢失的公司文件都被找回了。从那以后，基金会制定了与访问权限相关的安全措施。

除此以外，安东尼·迪·约里奥声称他在早期为项目借的贷款还欠52.5万个以太币没给他，之后几个月基金会都在提供文件，证明所有有争议的款项都已支付，最终再没收到安东尼的法律信函。虽然安东尼并不满意，仍然认为自己被拖欠了价值数百万美元的以太币，但他决定不再采取进一步的法律行动。

陈铭在基金会的这份工作单调乏味、充满压力，让她苦不堪言。她还请来了律师、审计师和税务专家帮助她渡过难关，于是事情开始慢慢地步入正轨。但即便如此，很多时候她都是在办公室的沙发上哭着结束一天，那儿也是她经常睡觉的地方。

陈铭几乎是自己一手包办了以太坊基金会的工作。3名新成员加入董事会以后只开过一次会，在那几个月里，他们意识到自己其实没什么实权，因为维塔利克除了跟他们一样有3票以外，还有1张决胜票，于是3人开始担心如果他们对一些事情持反对意见，自己不光无权否决，出事后还会被追究个人责任。维塔利克解释说，基金会过去内部的发展促使他以这种方式构建管理结构。拉尔斯也明白，以太坊是维塔利克的心血结晶，他也不想让基金会朝他不赞同的方向发展，但拉尔斯觉得如果没什么事情可做，他们就不应该留在董事会。当年秋天，这3位新成员决定辞职。

与此同时，加文领导着以太坊的开发团队，面对基金会要求减少以太坊开发部支出的决定，加文感到心灰意冷。2015年9月，他创建了以营利为目的的"以太核"（Ethcore）英国有限责任公司，按照自己的想法推动以太坊发展。在这之后，团队内的紧张关系进一步加剧。跟维塔利克谈话之后，加文以为维塔利克会加入他的新公司，跟他一起建设以太坊和以太坊基础设施。

但以太核公司刚成立，陈铭就从以太坊社区的电子邮件和其他通信中了解到，加文是柏林以太坊开发部的全职员工。该部门是一个由基金会资助的实体。而同时他又在伦敦经营着一家营利性创业公司，这样很容易产生利益冲突。在收到近20个咨询电话后，陈铭认为作为执行董事，她有责任做些什么。不过加文并不记得陈铭提到过利益冲突，他表示围绕他离职的谈话内容主要集中在基金会不愿意继续为 C++ 客户端提供资金上。

"加文，我们不能再这样继续下去了，基金会给你和你手下的员工发工资，保留着你的职位，但你却创立了一个独立于基金会的营利实体。"陈铭在几次讯佳普通话中说。

"我们曾经跟维塔利克达成了一个协议，那就是我可以在基金会中保留一个无薪的职位，为 C++ 客户端提供平台架构咨询并领导开发。"加文说，"他要守信用。"

"那样不行，小加，"陈铭没有改变主意，"拜托请理解一下。我支持你，也支持你的新事业，我也相信你的新事业会取得巨大的成功，而且这样可能对社区更有价值。但你不能一边这样做，一边留在基金会。"

"我为以太坊做的事情比任何人都多，甚至可能比维塔利克还多。以太坊基本上是我从零开始建立起来的，"加文说，"但你现在要把我踢出基金会？这像话吗？"

"没人要把你踢出去。你可以用自己的方式离开，"陈铭解释道，"你自己来写离职公告。"

"你在开玩笑吗？"

加文试图让维塔利克介入这件事，但他发出去的电子邮件和短信都没有得到回复。最后，他明白这个他一手协助建立起来的组织再也容不下他了。生气是肯定的，但他更多的是感到伤心。在过去的 3 年里，以太坊一直是他的生命，维塔利克没有出面帮他,这让他很难过,但他也能理解。他知道维塔利克让陈铭处理运行基金会的繁文缛节,一旦他给了她这个权力,就不会再去干涉了。最终加文放弃了抵抗,他受到的伤害却没有因此减少一丝一毫,甚至他的以太坊公司邮箱也被暂时撤销了。

2015年12月的某段日子里,加文陷入了消沉,几乎成天待在柏林的公寓里,最终他决定不再纠结于已经发生的事情。他只想继续做他喜欢做的事情:技术建设。

加文发的告别帖引用了平克·弗洛伊德(Pink Floyd)乐队的一句歌词:"时间已逝,歌曲已毕,想说的话还有很多。"并宣布他将"带着不小的悲伤"离开,成立新公司让他的"第三代互联网"梦想成为现实。

2015年结束前,加文全身心地投入到以太核公司,这是他与尤塔·施泰纳共同创立的公司,后者曾负责以太坊的安全审计工作。加文带着埃隆和大部分C++开发人员,在更前沿的Rust语言上创建了一个全新的以太坊客户端。他们把这个客户端称为"对等"(Parity),后来公司也沿用了这个名字,叫"对等科技"(Parity Technologies),去除了"Ethcore"的名字。截至2016年4月,这家新公司在硅谷的区块链资本(Blockchain Capital)和上海的分布式资本(Fenbushi Capital)牵头的传统股权融资轮中获得了75万美元的资金。加文的老朋友肯·赛夫也分到了部分股份。

加文是在划清界限:"你可以把我踢出以太坊基金会,但你不能把我踢出以太坊。"

18
首批去中心化应用

虽然资金即将耗尽，领导层也处于混乱之中，但以太坊花园里滋养出了第一批绿芽。就像维塔利克所梦想的那样，人们开始在这个平台上建立自己的应用程序。

乔伊·克鲁格（Joey Krug）是伊利诺伊州人，10岁时他父亲在易贝上给他买了一台第二代苹果计算机，他就在计算机上学习编程。除了编程以外，他剩下的空闲时间都在玩计算机游戏，也就是那时候他开始挖比特币，他把这当成一种只用台式计算机就能空手赚钱的方法。2013年他搬到南加州，在波莫纳学院学习计算机科学，但一年后就辍学创建了一个比特币公司。

接下来他搬到了旧金山，租了一个地下室。比特币只是数字黄金这一事实让他感到懊恼，于是他也开始在比特币协议上建立应用程序。跟一般的加密货币项目一样,他身边是一群志趣相投的程序员,大家分散在全球各地却通过互联网聚集在一起。后来他偶然看到了讨论去中心化预测市场的学术论文,却发现从没有人实现过去中心化。乔伊如获至宝,感觉他有可能建立起一个平行的金融系统,这个系统内任何人都可以创建衍生品合约①(derivatives contracts):从对黄金价格的猜测到谁能赢得美国总统大选。与过去的中心化尝试不同,这样的市场是无法被关闭的。同样对这个想法感到兴奋的还有杰克·彼得森(Jack Peterson)。他正在创建自己的区块链创业公司,跟乔伊在一个在线聊天组中结识。二人决定一起去实现这个想法,把他们的项目称为"预言家"(Augur)。这个项目将是第一批建立在以太坊上的去中心化应用程序。这些后来大量涌现的去中心化应用,是利用区块链技术来减少中心化的低效以及(或者)避免第三方审查的程序。

但他们一开始是在比特币上创建预言家的,这难度可不低。由于比特币协议的脚本语言有限,因此他们不得不为他们想实现的一切建立自定义功能。最终他们意识到,在比特币自身基础上构建去中心化应用是不太可能的,去中心化应用必须建立在一个完全独立的链上。在一年前,也就是2013年,乔伊就读过以太坊白皮书,但那时候,他不明白为什么会需要一个支持智能合约的区块链。挣扎无果之后,乔伊最终接受了维塔利克的建议,将工作重点转移到在以太坊上构建他的去中心化应用。他们发现,

---

① 一般指一种从某些基础资产、利率、指数,如股票、债券或商品之上派生的私人合约。——译者注

之前在比特币上要花两个多月构建的东西，现在在以太坊上只需不到24小时就搞定了。那时候以太坊网络都还没有上线，使用网络的只有核心开发者和一些像他们一样的爱好者。

他们在2015年发布了一个应用的测试版本，比以太坊的边境主网早发布了几个月。预言家有自己的内部代币，称为信誉币（Reputation，以下简称REP）。用户可以对未来的事件下赌注，例如唐纳德·特朗普是否会赢得2020年的选举？然后根据事件结果获得相应的加密货币份额。为了使系统完全去中心化，正确的结果需要通过共识来定义，这时候就需要使用信誉币了。持有者需要把他们的信誉币押在其中一个结果上，下注时间可以是事件结束前，也可以是事件结束后的一小段时间内。那些将自己的信誉代币押在正确结果上的人可以拿回他们的代币，还能拿回下注过程中所支付的部分费用，所有的交易和支付都是通过以太坊智能合约进行的。

因此当乔伊和杰克考虑继续为开发该协议筹集资金时，比起依赖风险投资人，众销信誉币显然更为合理。众销可以将代币分散到潜在用户手中，同时还能筹集到资金，并且他们也不希望该协议被少数风投基金控制。8月17日，以太坊网络上线两周后，预言家开始了第一次基于以太坊的众销。此次众销持续了45天，他们以每个60美分的价格向全球大约3 000个数字地址出售了1 100万个信誉币，总价值530万美元，整个过程都没有依赖银行或基金的帮助。乔伊、杰克和其他开发者保留了20%的资金。这种为开源协议筹资的新方法再一次被证明是成功的。

预言家是第一个使用 ERC20 通证标准（ERC20 token standard）来构建其信誉币的项目，这个术语在之后几乎成了以太坊代币销售的代名词。这个术语由维塔利克在两个月前，即 2015 年 6 月提出，他称之为"标准化合约 API[①]"。

维塔利克在 GitHub 上写道："尽管以太坊允许开发者创建任何类型的应用程序，不受特定功能类型的限制，并以其'无功能'为傲，但仍有必要对某些非常常见的用例进行标准化，方便用户和应用程序之间交互。"

他接着列出了货币、去中心化交易所、注册表和数据传输等十几种常见功能的代码。大家在红迪网上的一个话题"一起谈谈代币标准"下讨论了维塔利克的这篇帖子，许多以太坊成员也积极参与讨论，发表了他们的想法。

大约就在那时，马丁·博泽（Martin Becze）已经默默地为以太坊建好了一个 JavaScript 客户端，在被以太坊基金会聘为合同工之前，他一直都住在印第安纳州父母后院的露营车里。马丁觉得需要用更正式的方式为以太坊提出修改意见，因此他参考"比特币改进提议"（Bitcoin Improvement Proposals，以下简称 BIPs）和编程语言 Python 的"Python 增强建议书"（Python's Enhancement Proposals，以下简称 PEPs），为以太坊创建了"以太坊改进提议"（Ethereum Improvement Proposals，以下简称 EIPs），任何人都能以此格式提出对以太坊的改进建议，文档里必须包括

[①] 即"应用程序编程接口"，本质是一组预先定义的函数，通过该接口能完成和其他组件的交互。——译者注

技术规范和需要改进的原因。

基于此，以太坊开发者费边·福格斯特勒在 11 月参考维塔利克最初的代币标准草案，写了一份合规的规范解释了每个功能和操作，并在以太坊的"以太坊改进提议"GitHub 仓库中创建了一个事项（issue），他称之为"ERC：代币标准"。ERC 是"以太坊意见征求"（Ethereum Request for Comment）的缩写，遵循了互联网工程师和研究人员使用"意见征求"（Request for Comments，以下简称 RFC）的惯例，该标准后来被称为 ERC20，因为这是讨论的第 20 个事项。

这是一个非常简单的文件，只包括 6 个常用的代币函数以及特定函数被调用后触发的两个事件。由于标准非常简单，加上开发人员对在以太坊上部署代币非常感兴趣，所以这份文件很快就在开发人员之间流传开了，对于他们来说，这就是一份范本，只需要直接复制和粘贴就可以建立任何代币。如果你曾经尝试过创建网站，你就会知道相比于自己从头建立网站，直接套用现成的模板是多么简单。ERC20 就相当于是创建代币的模板。

鲁内·克里斯坦森（Rune Christensen）是一名丹麦学生，他一直在中国教英语并经营着一家招聘公司，也是少数几个创建了以太坊项目的人之一。看到区块链技术本身和其潜在的利润空间，鲁内在 2011 年满怀兴奋地一头扎进了比特币领域，他关闭了招聘公司并开始大量投资加密货币。在 2013 年的比特币高峰期，鲁内赚了很多钱，但一年后比特币崩盘时，他的钱又都赔光了。这样的波动简直让他翻肠搅肚，于是他想到了稳定币（stablecoins），这是查尔斯·霍斯金森和丹尼尔·拉里默以前的公司比特股正在创建的一种货币。他开始大力支持比特股，但随后比特股公司那群人的内部闹剧和政治言论变得越来越极端，让他这样如此信奉自由主义的人都感到了厌倦。鲁内觉得这些闹剧和政治观点是产品进步的绊脚石，可能会让市场上的其他竞争对手抢先一步。

而刚刚崭露头角的以太坊社区则与之恰恰相反。在公众视野范围内，从没有出现过基金会内部和联合创始人之间的闹剧和政治活动，除了核心成员以外，开发者大多是一群乐观的千禧一代。由于维塔利克酷爱印有猫和独角兽的T恤衫，受他影响，这群人培养起了以太坊独有的审美：以彩虹、可爱的动物、神话中的生物和互联网表情包为特色。如果要大致简化一下比特币和以太坊的两种文化，那比特币人就是典型的顽固自由派，是凶暴的肉食者；而以太坊人更加自由开明，是和善的素食者。

在比特币和比特股论坛上逛了一段时间后，鲁内发现以太坊社区主要关注的是构建创新技术，而不是任何特定的意识形态，这让他感觉到耳目一新。他回到哥本哈根的家中，决定要创办一种基于以太坊的稳定币。他不知道如何编写代码，但通过自学他在两周内就掌握了基础知识并运行起一个非常基础的系统。他在2015年3月的红迪网帖子中宣布了这一点。

"介绍一下'电子美元'（eDollar），它是一种建立在以太坊上的终极稳定币，"他写道，"过去6个月里我一直痴迷于比特币，现在我发现即便我不怎么会编程,也能在以太坊上毫不费力地做开发,我真是太开心了,我感觉自己已经能为稳定的加密货币想出近乎完美的设计了。"

在鲁内发的这篇关于电子美元(后来改名为Dai)的帖子下,第一个回复他的是维塔利克,他在红迪网上的名字是"维布特林"(vbuterin),鲁内采纳了维塔利克在帖子下给出的技术建议,并应用到了之后的项目实现中,项目名为"造币商"(MakerDAO,其简写MKR也指"造币商币")。接受采访时,鲁内表示如果他按原样发布项目,系统很有可能会被黑客攻击,成为一场彻底的灾难,但好在当时他也是以太坊大军中的一员,坚信智能合约所向披靡、不可破坏。后来以太坊的官网上也写着"建立永不停止的应用程序"。除此之外,还有许多人认为任何事情都是去中心化的版本更好,这意味着如果你有任何的商业构想,稍微跟区块链技术结合一下就会立即获得成功,而项目本身是否真的需要一个分布式账本并不重要。在人们眼中,去中心化本身被誉为一个目标,而不是一种工具。

鲁内创建稳定的加密货币的目的是让人们在与以太坊应用程序交互的过程中,不必担心以太币疯狂波动。电子美元的价值将与美元挂钩,这意味着1个电子美元价值1美元。与比特股稳定币的不同之处在于电子美元将使用以太坊区块链上的多种加密货币作为抵押资产,而不是依靠单一资产,如此电子美元将更加去中心化,也更加稳定。

整个系统将由一个名为"造币商"(Maker)的去中心化自治

组织（DAO）管理。如前所述，DAO这个概念由丹尼尔·拉里默和他的父亲斯坦在2013年9月提出。几天后，维塔利克在《比特币杂志》上发表了一篇文章进行了跟进。2015年，DAO在区块链世界中风靡一时，因为这样的组织跟未来主义的密码朋克愿景完美契合：在他们憧憬的世界里，数字货币和基于区块链的平台将取代老旧过时的银行，所有的人为干预将被降到最低。区块链技术将尽可能地让人类无权制衡，把决策权全部交给计算机程序；组织的规则将被写进代码，由计算机去公开且可预测地执行所有的决定。去中心化网络将确保没有任何一方可以修改代码或关闭程序。贯穿其中的理念是：人可以腐败堕落，可以被欺骗和糊弄，但代码不能。这是一种纯粹的加密状态。

去中心化自治组织"不需要监管，没人想监管，同时也很难监管"，斯坦·拉雷默写道。去中心化自治组织唯一遵守的规则只有市场规则。

在以太坊网络还处于测试阶段的时候，就已经有开发人员开始在网络上构建应用程序了。这种情况将在2016年3月14日发生改变。因为刚好是3月14日，杰弗里·威尔克在一篇博文中把那天起名为"π日"。就在那天，团队推出了以太坊的第一个生产就绪版本[①]（production-ready version），称为"家园"。这次升级修复了以前版本中的一些缺陷，以太坊网络将变得更快速、更可靠。这也意味着以太坊不再处于测试模式，正规公司也可以在网

[①] 指能够在线上环境（用户环境）中稳定运行的软件版本。——译者注

络上进行开发了。家园版本的发布让以太坊网络的增长突飞猛进，有了大约 5 100 个节点，每天能处理大约 2.5 万笔交易，这大约占比特币区块链交易量的 10%，而比特币仅有大约 6 000 个节点。

以太坊网络的活跃度越来越高，更广泛的加密货币市场也开始复苏，这推动了以太币的价格上涨。以太币的价格在 2016 年 1 月回升到 1 美元以上，在 2 月超出了 5 美元，然后在 3 月攀升到了 10 美元以上。以太币价格的跃升也意味着基金会在短时间内不再那么拮据了。

当月晚些时候，一个名为"数化去中心化自治组织"（Digix-DAO）的项目在一天内筹集到了 550 万美元。该项目声称自己是第一个进行代币销售的去中心化自治组织，团队位于新加坡，他们想用储存在金库中的金条来支持项目的 DGX 代币，一个 DGX 币等同于 1 克黄金。另外还有一个独立的 DGD 币，用于在去中心化自治组织中投票，DGD 币的持有者还将会得到由黄金支持的 DGX 代币作为奖励。

在刚刚崭露头角的以太坊社区中，预言家、造币商和数化是其中规模最大的项目，而开发人员也在努力打造让这台世界计算机运行起来所需的基本基础设施，其中"登船"（Embark）和"松露"（Truffle）是开发、测试和部署去中心化应用程序（或称 dapp）的框架；"以太币营地"（Ether.camp）和"交易区块"（TradeBlock）是区块浏览器，或者说是网络发展跟踪工具；"以太坊钱包"（EthereumWallet.com）和"我的以太币钱包"（MyEtherWallet）是数字以太币钱包，用于存储、发送和交易以太币；"迷雾"（Mist）是一个在线浏览器；"数字面具"（MetaMask）是一个基于浏览器的钱包，是用于连接去中心化应用程序的接口。除此之外还有很多基于以太坊的项目。

在这一切如火如荼地进行的时候，威利特，那个用万事达币开始了第一次加密货币众销的人，回忆起比特币核心开发者加文·安德森在以太坊刚刚起步时说的话。他在2014年的一篇博文中写道："他们想达成的事情太多了，毕竟'复杂是安全的敌人'，我怀疑他们这样做的结果，要么是彻底缩小他们的目标范围，要么就是等着玩打地鼠游戏，跟安全问题和DoS漏洞斗智斗勇，然后累得精疲力竭吧。"加文这里指的DoS是拒绝服务攻击[①]（denial-of-service attacks）。但看到以太坊在2015—2016年年初的进展，威利特开始后悔没有让维塔利克把他的想法建立在万事达币上。但这可能是最好的结果，因为现在世界有了以太坊。

---

① 常见的黑客攻击手段之一，即攻击者想办法让目标机器停止提供服务。——译者注

19
有魔力的锁

在以太坊所有项目中，智慧锁（Slock.it）绝对是最具野心的项目之一。德国理论物理学家克里斯托夫·吉安特斯克（Christoph Jentzsch）一直致力于测试和检查不同以太坊客户端之间的兼容性。大家都知道克里斯托夫工作出色、有强迫症、做事一丝不苟，所以当他投入一个新的风险项目时，人们都很关注。

"优步、爱彼迎和其他一些公司已经开了先河，现在我们必须问自己：'这是我们想要的共享经济吗？'让垄断性企业收取不菲的费用还能完全控制市场？"智慧锁公司的一篇博文这样写道。

克里斯托夫的兄弟西蒙·吉安特斯克（Simon Jentzsch）也是智慧锁公司的联合创始人之一，创始人希望让人们在不依赖中介的情况下出租、出售和共享他们的财产，整个过程将通过安装在每件物品上的锁来完成，用户不用到优步和爱彼迎这样的平台上进行匹配和支付。锁将被连接到以太坊区块链，因此所有交易将通过智能合约自动完成。当时，以太坊用户能接触到的最基础的交互界面是数字钱包，但即便是数字钱包，对于非技术人员来说也不够简便易懂，所以像区块链智慧锁这样的东西要真正应用起来还有很长的路要走。但以太坊人最不缺的就是乐观。

"根据以太坊协议中的规则，（允许用户彼此互动的智慧锁智能合约）将始终按照程序运行，因此没有作弊的可能。"2015年12月2日的一篇博客文章这样写道。

智慧锁系统的运作方式是这样的：想象一下，某人有一辆自行车，她只在周末使用，而她的邻居想在工作日骑车上班。这时候自行车主人就可以在自行车上安装一个智慧锁，并设定押金数额以及租赁价格。她的邻居可以在以太坊区块链上发起交易支付该押金（无须向智慧锁公司支付任何费用），这个过程只需要通过智能手机操作，付款后锁就会被打开。支付的押金将被锁定在以太坊网络中，直到用户归还自行车。然后邻居将向以太坊区块链发起另一笔交易，拿回押金并支付租金，这时候租金就会被付给自行车主人。

2015年11月，克里斯托夫在伦敦以太坊的第二届开发者大会（Devcon1）上阐释了这个项目。他在现场演示时，使用了一个连接了锁的水壶。当他发送完以太币后（交易是实时的，每个人都可以在区块浏览器中看到）锁打开了，水壶也随之自动打开，他说话的时候，大家都能看到蒸汽从壶嘴里冒出来。智慧锁一举成了展会上的明星。油管上对智慧锁的一条评论很有先见之明，写的是："闭嘴，钱拿去吧！"这个梗出自动画片《飞出个未来》（*Futurama*）的一张常见表情包。

作为智慧锁公司的社区经理，格里夫·格林（Griff Green）是这个项目中最引人注目的面孔之一。格里夫在华盛顿州的斯波坎市长大，之后在华盛顿大学学习化学工程，毕业后在相应领域找了一份工作，但干了两年就离开了。当他还是小孩子的时候，格里夫就显示出了"左"的倾向，追求平等和进步；在十几岁的时候，他还自称是社会主义者。但后来他转而开始研究奥地利经济学派①。他读了两遍路德维希·冯·米塞斯②（Ludwig von Mises）的自由放任主义③巨著《人的行动：关于经济学的论文》（*Human Action: A Treatise on Economics*）。在对比了各个政治派别的立场后，他最终将自己定义为"嬉皮无政府主义者"，这一信仰让他没办法做那些办公室工作。

格里夫卖掉了自己所有的东西，把储蓄换成了实物的银条和金币，这样他就可以尽可能少地依赖银行。他在南美洲、东南亚和印度背包旅行了两年（但一到"火人节"④，他总会长途跋涉回家参加），这期间多亏一位朋友帮他卖掉贵金属换成现金，才给

---

① 许多奥地利经济学派所主张的政策都要求政府减少管制、保护私人财产并捍卫个人自由，因此，主张自由放任的自由主义、自由意志主义和客观主义团体都经常引用奥地利经济学派思想家的作品。——译者注
② 20世纪著名的经济学大师，卓越的自由主义思想家，奥地利经济学派第三代掌门人。——译者注
③ 又称"无干涉主义"，即政府放手让商人自由进行贸易。——译者注
④ 基本宗旨是提倡社区观念、包容、创造性、时尚以及反消费主义，后来发展成为一个世界性的艺术家、嬉皮士、雅皮士的聚点。——译者注

他提供了旅行经费。

某天，格里夫的朋友想用比特币给他转账，格里夫很喜欢这种不由任何政府发行货币的想法，于是他把他的现金换成了数字黄金比特币。他回到美国和女友住在西好莱坞，在那里凭借着他在泰国学到的技能做按摩治疗师，但他一直忍不住去想比特币的事情。终于有一天，他决定与女友分手，带着他做加密货币投资获得的收益（当时价值几千美元）搬到了厄瓜多尔。他的计划是成为一名加密货币信仰传播者，在充满嬉皮士和侨民的维尔卡班巴镇为这个南美国家创建一个比特币生态系统，然后在那里退休。搬过去之后6个月，他逐渐了解到厄瓜多尔政府会将比特币认定为非法货币，所以他离开了。

格里夫又踏上了到处奔走的旅途。他继续学习，攻读了尼科西亚大学的数字货币在线硕士学位，据说这是第一所提供这种学位的大学。为了完成一次家庭作业，他决定编写一个以太坊智能合约。那时候他无意中进入了以太坊的红迪网页面。他把自己编写的合约发了出去，还写了一篇解释合约的博客帖，想要得到大家的反馈。格里夫很少逛比特币和竞争币论坛，因为他觉得这些论坛上有太多消极情绪和批评言论，所以当他发现自己发布的业余代码竟然没有遭人嘲笑时，他感到很惊讶。而且以太坊开发者亚历克斯·范·德·桑德甚至还花时间为他编辑了代码。

"这就是家的感觉。"格里夫想。

他立刻开始在以太坊社区寻找工作，请求加入智慧锁团队，他认为这是目前最振奋人心的加密货币项目之一。

智慧锁在设计好系统、建立好原型之后，就进入了筹资阶段，代币销售是不二选择。团队编写了一个众筹合约，但随后决定更进一步，创建了一个智能合约，给了代币持有人投票权，决定智慧锁项目应该如何处理资金。但他们仍然不满意，于是团队将这个概念进一步发展，创建了一个真正的去中心化自治组织（DAO）用于控制资金。这意味着代币持有者将决定把钱分配到哪里，筹集到的资金可以支持众多项目，智慧锁只是其中一个。DAO其实将像一个去中心化的风险基金。这样的结构前所未有，但吉安特斯克兄弟和智慧锁团队的其他成员都相信DAO将带来革命，他们想要一马当先。

克里斯托夫撰写了一份白皮书，主要描述了去中心化自治组织将如何运作。希望通过加密货币进行众筹，众筹能成为越来越受欢迎的机制，并且对投资者来说更有保障。克里斯托夫写道，一方面，预售使创业者更容易获得资金，也能让任何人更方便地投资大型科技项目；另一方面，"财务管理不善、明目张胆的欺诈行为仍然容易影响到小投资者"，而且这些人"可能没有确定问题、参与管理决策或轻松收回投资的权力"。作为这类情况的一个解决方案，文件中提议让参与者直接、实时地控制他们的资金，建议将管理规则正规化和自动化。

DAO的代码是用Solidity编程语言编写的，被部署在以太坊区块链上。代码上线后，参与者的以太币将被发送到DAO的智能合约地址，然后代码根据发送的以太币成比例创建代币，并将这些代币发送给已经发送了以太币的账户。代币可拆分、可自由转移和交易。DAO 可以用于存储和转移以太币，但其作用也就仅限于此了。

如果代币持有者想使用 DAO 中筹集到的以太币，可以提交提案，然后他们就会有一段时间进行正式讨论和投票。所有人的投票权和所有权与他们持有的 DAO 代币数量成正比。提案获批后，获胜项目的智能合约中将会收到以太币。之后项目也可以将获得的利润发送到 DAO，这样这些以太币就可以用于资助其他项目或像红利一样被分配给代币持有人。

在白皮书中克里斯托夫提出了一种防止"多数人抢劫少数人攻击"的方法。这种攻击指的是拥有 51% 代币的攻击者能够改变管理和所有权规则，或者直接提出并批准将所有资金发送给自己。克里斯托夫提出的这个解决方案源于维塔利克的一篇博客文章，那就是让少数人有权选择让 DAO 分离，通过这种方式来取回他们的资金，也就是如果有人不同意某项提案并想收回他们的资金，他们可以创建一个新的"子 DAO"转移出他们的以太币，而留下的人可以随意处理自己的以太币。不过这种情况下仍然会存在"投票人冷漠"的问题，即有些人可能并不了解情况，所以不会采取行动。因此还创造了"守卫者"这个角色作为防止 51% 攻击的最后保障，守卫者可以通过投票选出和废除，还可以控制接收以太币的地址列表。

DAO 的白皮书被智慧锁团队放到了开源代码中，就像曾经测试以太坊客户端一样，克里斯托夫也对白皮书中的每一块代码进行了多次测试。但发布白皮书还是让他觉得有点不安，于是他在位于西雅图的迪佳悟公司（Deja Vu）①进行了安全审计，该公司也曾审计过以太坊的代码。审计确认完成后，克里斯托夫觉得为了确保一切无误他已经竭尽全力了，于是他在2016年4月发布了白皮书。DAO这种组织结构形式就是从这个协议中诞生的。他们把一个按照DAO的形式组织的基金称为"那个DAO"（the DAO），这名字可能有点让人摸不着头脑，但之所以使用这个毫无创意的名字，是因为智慧锁团队并不想为基金命名，因为他们认为团队实际上并不真正拥有这个基金，所以他们决定先用"the DAO"作为名字占个位，之后再由社区投票换成另一个名字。

这之后整个以太坊社区都只在讨论一件事——"the DAO"。这是在以太坊区块链上尝试过的规模最大、最具野心的项目，因此11位最杰出的以太坊人成为守卫者，包括维塔利克·布特林、加文·伍德、亚历克斯·范·德·桑德、弗拉德·扎姆菲尔、费边·福格斯特勒和克里斯蒂安·瑞特维斯纳，他们都曾经是或目前是以太坊基金会的一员。

就这样，一个为期4周的筹款活动于4月30日开始了。创建了ERC20标准的以太坊开发者费边对此极为热衷，他很高兴看到第一个完全去中心化的、自治的、由社区运行的基金。他买了一些DAO代币，心想它一定会流行起来，不过费边觉得the DAO最多也只能吸引2 000万美元的资金。但the DAO众销刚过15天，就已经吸引了3 400万美元，当金额超过5 000万美元时，

---

① 该公司名来源于法语"dé jà vu"，意为"似曾相识"。——编者注

费边欢呼雀跃。但当资金超过 7 000 万美元并且还在不断攀升时，他开始担心起来，特别是考虑到他作为守卫者需要为资金担负一定的责任。

同样开始担心的还有克里斯托夫。数百万美元在顷刻间涌入他写的试验性代码中，如果出了问题怎么办？而且项目开始引起关注，他不断接到记者给他打来的电话和发来的电子邮件，这简直是火上浇油。事情发展到这个地步，他再也无力处理，于是他不再回复电子邮件。那段时间，格里夫会陪克里斯托夫散步以帮助他冷静下来，当时格里夫住在克里斯托夫的母亲家里，在德国米特韦达地区。

到 5 月 28 日众销结束时，已经有 1 200 万个以太币（每 1 个以太币等于 100 个 DAO 代币）涌入了这个用新的 Solidity 编程语言构建的、未经测试的智能合约。由于以太币的价格在 12 美元左右，这些代币就相当于 1.5 亿美元。以太坊的众销曾经空前地筹集了 1 800 万美元，而这次的金额又上升到了另一个数量级。

绕月飞行
ETHEREUM

第四部分

20

硝烟四起

柏林阳光明媚。人们成双成对地躺在格尔利茨公园（Görlitzer Park，当地人称之为 Görli）的草地上。公园位于克罗伊茨贝格区，整个园区都是波希米亚风格。在 the DAO 项目筹款活动结束一周后，克里斯蒂安·瑞特维斯纳在克罗伊茨贝格区闭关检查他之前协助创建的"固态"（Solidity）语言[①]。那时所有的以太坊智能合约，包括 the DAO 的智能合约都是用这种语言编写的，the DAO 筹集到的资金已然让其成了区块链上的一个庞然大物。不过，克里斯蒂安的关注点并不在这个项目上，他注意到代码当中有个缺

[①] Solidity 语言有 3 种调用方式，分别是 call、callcode 和 delegatecall 函数，3 种方式的区别在于调用后内置变量 msg 的值是否会修改为调用者以及执行环境是否是调用者的运行环境。——译者注

陷，可能会被人利用，从一些合约中抽走资金。他登上 GitHub，这是一个供开发者讨论和存储代码的地方，以"克里斯以太"（Chriseth）的名字提醒其他使用以太坊的人注意这个问题。

这个缺陷看起来并没有什么问题，所以虽然代码开源，所有人都能看到，却没有人能看出这是一个漏洞。问题出在一些合约发送资金的设置上。代码本身没有问题，但如果够聪明的话可以利用命令顺序的漏洞提取到比他们实际拥有量更多的资金。漏洞就在于：只有在资金发送后计算机才会告知减少的余额，而在发送资金和更新余额的间隙，用户可以发起对同一笔交易的新调用，这个操作同样也会先发送资金，再更新余额。这种所谓的"重入漏洞"（reentrancy bug）可以不断重复，直到原始交易中的气近乎全部被耗尽。这意味着有人可以在他们的余额被更新、计算机注意到他们的账户没有任何的剩余资金之前，多次请求发送资金。这个问题经常会用一个例子来解释，那就是一台出了问题的自动取款机。这台取款机只在取款结束时才会更新你的账户余额，所以你可以持续多次取款，当机器发现你的账户里已经没有钱时，一切为时已晚，因为你已经带着非法现金潜逃了！

克里斯蒂安在 6 月 5 日发现了这个问题。6 月 9 日另一位开发者彼得·韦塞内斯（Peter Vessenes）写了一篇博文介绍这个问题。

他写道："克里斯蒂安在 Github 上随手指出了一个相当糟糕的针对钱包合约的攻击，这个问题是我之前没有考虑到的。简言之，如果你跟踪到每一种用户余额且不是极端小心，你智能合约里的资金很有可能都被抽空。"

这是这个潜在的漏洞首次被公开在 GitHub 以外的地方。当以太坊开发者都在争先恐后地找出哪些合约存在风险时，黑客已经造出了用来攻击"母舰"的"飞船"。早在 the DAO 的众销刚刚结束时，代币持有者就开始完善分离功能，这个功能允许 the DAO 的成员创建子 DAO，以便在发生 51% 的攻击或不同意某项提案时将资金转移到子 DAO 中。好几十个人开始试用这一功能，他们给自己的子 DAO 起了一些名字，如"再把宝贝分一次"和"香蕉分离"等。

第 59 个出现的子 DAO 名字叫作"孤独，好孤独"。从创建子 DAO 到所有者可以从主 DAO 中提取他们的以太币之前，有一个 7 天的等待期，而要从子 DAO 中提取这些资金，还需要等待额外的 27 天。在最初的那一周里，其他人也可以加入子 DAO，而攻击者正是利用了"孤独，好孤独"的分离，这一子 DAO 后来被称为"黑暗 DAO"（dark DAO）。6 月 8 日，"黑暗 DAO"建立，黑客能够从主 DAO 转移资金的倒计时已经开始，以太坊人哪能料到他们只有这几天时间来修复克里斯蒂安发现的错误。

在彼得的博文发表 3 天后，MakerDAO 团队意识到他们的代码易受攻击，于是使用黑客技术抽空了他们存储在智能合约中的 8 万美元，保证了资金的安全。

"今天我们发现了以太坊代币封装器[①]（wrapper）中的一个安全漏洞，这导致任何人都能将 DAO 中的资金抽空，"他们在

[①] 智能代理和外部知识源之间的接口。——译者注

团队的懒聊频道中写道,"我们自己利用这个漏洞将资金进行了转移……据我们所知,每个人的代币(包括 ETH 和 MKR)都是安全的。"

一天后,也就是 6 月 12 日,一位网名为"以太罗瓦"(Ethrowa)的开发人员在 the DAO 代码的奖励部分发现了同样的错误,这部分代码的作用是将项目的利润分配给代币持有人。

"这个漏洞也存在于 the DAO 的代码中,准确地说是在 DAO.sol 脚本中的 withdrawRewardFor 函数,"他们写道,"这将导致用户可以通过多次调用合约重复提取他的资金。"

"哇!发现得好!"格里夫回复说。

当然,那时候在 the DAO 的奖励(Reward)部分还没有任何资金,但这引出了另一位智慧锁联合创始人斯蒂芬·图阿尔的帖子,该帖子后来因其大胆自信的标题而臭名昭著:"以太坊智能合约'递归调用'①(Recursive Call)漏洞发现后,没有任何 DAO 资金面临风险"。

代码框架在几小时内就修复了,但 the DAO 内使用的代码却无法那么快就改好。克里斯托夫和其他开发人员开始更新代码,整个过程烦琐而复杂,由于管理规则被写成了固定代码,因此更新代码将需要两周的投票时间,需要获得大多数代币持有者的投票。

但这次更新无论是需要两周还是两天,对攻击者来说都不重

---

① 在函数内直接或间接调用函数本身的操作。——译者注

要,因为他(或她或他们)计划利用的具体安全隐患,也就是代码在分离DAO(splitDAO)部分的递归漏洞,仍未被发现。

但有个人似乎已经发现了。康奈尔大学的计算机科学教授埃米·冈·瑟勒(Emin Gun Sirer)研究the DAO已经有一段时间。早在5月,他甚至就呼吁过项目要"暂停支付"。在与研究人员弗拉德·扎姆菲尔和迪诺·马克(Dino Mark)共同撰写的一篇博文中,他描述了投票机制出现问题的至少9种不同的方式。

埃米彻底检查了代码中可以利用这种递归调用漏洞的地方。6月11日,他给他最聪明的学生菲尔·戴安(Phil Daian)发了电子邮件。

埃米表示"我十分确定该怎么抽空the DAO",然后他俩开始翻查代码。

第二天是个星期天,埃米感冒了,卧病在床的他还在继续研究。最后,他觉得他找到了一些东西。

"我仍然认为分离DAO部分可能有一个漏洞,"他写邮件给他的学生,"利用这个漏洞可以不遵守提款模式,在调用之后才将余额字段清零。所以我认为,多次将奖励代币转移到还没完成分离的DAO中是有可能的。在DAO.sol脚本的第640—666行(哈哈!)就有这种情况。我没说错吧?"

菲尔花了几个小时仔细检查这几行代码,得出的结论是这个漏洞无法触发。他回复了埃米,就这样,带着对学生的信任,教授没再研究就去睡觉了。正是那天,斯蒂芬发表了他的"没有DAO资金面临风险"的帖子。攻击者可能本来就一直在摩拳擦掌,跃跃欲试,看到这篇帖子就更有充分的理由判定:尽管"地雷"就在代码的第666行中,但根本没有人注意到。

6月17日下午3点左右,维塔利克正待在上海一个朋友的公寓里。他收到了一条信息,内容是:"我不确定这算不算是个问题,但看起来the DAO正在被抽空。"

"这就很奇怪了,"维塔利克心想,"现在应该还不能从the DAO中取出钱来。"

他去检查合约,发现每秒钟都有大约100个以太币从合约中消失。当时以太币的价格已经涨起来了,所以智能合约中持有的以太币总额相当于2.5亿美元。直到他把这个消息转发给以太坊核心开发人员和智慧锁团队的时候,他都不愿意相信这是个恶意事件,但这次事故很快就让他们无计可施。以太坊有史以来尝试过的最大项目、一个大约占所有以太币14%的宝库,正在遭受攻击。如果黑客成功了,那他结束的不光是这个项目,还有以太坊。

维塔利克想到的第一件能做的事情,就是向以太坊网络发送垃圾信息以减缓攻击,然后努力跟其他开发人员确定到底发生了什么。几个小时后,克里斯托夫、西蒙和格里夫将吉安特斯克家的餐厅变成了作战根据地。一边是克里斯托夫的5个孩子跑来跑去准备上学;一边是开发人员在跟其他开发人员通电话,处理几十封留言和电子邮件,潜心研究代码以弄清资金是如何被抽空的,攻击者是谁,以及最重要的是他们能做些什么来阻止这次攻击。

当亚历克斯·范·德·桑德[大多数人知道的都是他的网名"亚范桑"(Avsa)]在里约热内卢的公寓里醒来时,事态已经恶化升级,交易所和安全研究员都发来了大量的信息。人们呼吁关闭市场,停止交易并部署紧急代码。

以太坊基金会发言人乔治·哈勒姆(George Hallam)在一个有不同加密货币交易所负责人的聊天室中通知:"所有交易所:请尽快暂停以太币交易。"一些交易所的CEO质疑这个措施是否绝对必要,B网(Bittrex)的比尔·希哈拉(Bill Shihara)表示虽然停止交易可以防止攻击者清算资金,但这对合法交易者不公平。维塔利克本人通常倾向于"不干预",但这次由于非常担心攻击会对以太坊造成什么影响,所以他也动摇了,要求交易所进行干预。"好吧,你们能不能停止交易,"他说,"还有存取款也得停。"还有一些交易所也照做了。

亚历克斯无法相信他所看到的一切。

"亲爱的,记得我上周说的那一大堆钱吗?那个由无法破解的代码保管的钱?"亚历克斯眼睛盯着手机屏幕,对他的妻子说。

"记得呀,怎么了?"

"嗯……代码被黑了。"

那时,大多数代币持有者已经听说了这个消息。与其自己创建一个子DAO,等待7天后才能从主DAO中提款,不如直接加入任何正接近提款期限的子DAO,就像泰坦尼克号沉没时乘客穿着睡衣跳进一艘离他最近的救生艇一样。亚历克斯也试图这样做,但是当他按下以太坊钱包上的按钮时,他得到的信息是:"密码错误。"这可以说是世界上最令人讨厌的信息之一了。

"等等,这不可能啊,就是这个密码,一定是程序出错了。"

亚历克斯边想边咒骂着建造这个应用程序的人,然后想起这个人就是他自己。

他不再去想黑客的问题,开始调试这个故障。故障修复好时,他想跳上的那艘救生艇的最后期限已经过去。他打开讯佳普开始给格里夫发消息。"嗨,格里夫,我有10万个DAO代币,我怎么才能把这些资金取出来?"但他立刻就自觉羞愧并删除了输入的信息,因为他认识参与创建the DAO的每一个人,他自己甚至还是一个守卫者。他意识到他应该帮助大家,而不是只想着自己。

"嗨,格里夫,我有10万个DAO代币,我能帮什么忙吗?"

"嗨,亚范桑!我们都还在摸索中!但是谢谢你的好意!"格里夫回复道,他一整天几乎都没有离开过克里斯托夫家餐厅的椅子。

克里斯托夫尽全力不让自己的情绪崩溃。过去的几周对他来说已经非常紧张了,他辞去了以太坊基金会测试员的工作,带着5个孩子,无偿承担了智慧锁项目的工作。曾经由the DAO产生的兴奋感现在像鞭子般抽在他的背上,由于每个人都想赶紧了结这件事情,所以他需要尽快交付,这让他倍感压力。当初数百万美元开始涌入项目时,他就感觉不太好,而现在那种不适感已经让他快要窒息了。

以太坊协议、以太坊软件客户端和以太坊应用程序的开发人员都停下了他们正在做的事情,聚集在讯佳普、极客(Gitter)和懒聊聊天室中,试图找出解决方案。或许他们可以尝试复制这次攻击，从攻击者那里收回所有资金；他们还可以把仍然在主DAO中的钱全数转移到一个安全的地方，另一个选择是所谓的软分叉（soft fork），实施软分叉后矿工将不再处理任何想要从the DAO或任何子DAO中提取资金的交易，以此有效地防止攻击者窃取资金。

最后一个选项非常棘手，因为公共区块链应该是抗审查的，而且修改代码需要让大多数参与者达成共识。所以按理说，像这样由一小部分人阻止一个特定的动作已经直接违背了这一点。但是对维塔利克来说，软分叉是一个相对快速的解决方案，他也相信这一提案已经获得了足够多的开发者的支持，所以他公布了这个办法。

维塔利克以"紧急状态更新回复：关于DAO的漏洞"为标题发了一篇博文，文章中指出："有人在the DAO中发现并利用了一个漏洞发起攻击，目前正在将the DAO中的以太币一点点转向一个子DAO中。"

维塔利克解释道即使不采取行动，至少27天内攻击者无法提取以太币，而且虽然这个问题明显影响到了the DAO，但"以太坊本身是完全安全的"。

"将采用软件分叉的办法，"他写道，"交易若使用调用函数减少代码哈希值为0x7278d050619a624f 84f51987149ddb439cdaad fba5966f7cfaea7ad44340a4ba（即the DAO和其子组织）的账户的余额，则调用本身以及交易无效。"

后来渐渐出现了另一个更加极端且有争议的选择：硬分叉

（hard fork），换言之就是修改以太坊协议本身。硬分叉后的新链中，一切都将维持原样，只是 the DAO 智能合约将被修改成只允许代币持有人提取他们的资金。

"这真是以太坊最糟糕的噩梦，希望大家不要支持硬分叉，"有人在红迪网上的以太坊页面上发帖称，"硬分叉将毁掉以太坊平台的正统性。"

当天晚些时候，出于某种未知的原因，攻击者停止了盗取资金。他将1 200万个以太币中的30%，即360万个以太币转入了他的子 DAO，而其余的以太币还留在主 DAO 中。

"我觉得我们已经弄清楚了攻击者的手段。"格里夫在发给亚历克斯的一条信息中这样保证。他接着解释了攻击者如何使用递归调用功能（就像你多次连续提款）并设法拿走比他们拥有量更多的钱的机制。

"我认为我们可以复制这种攻击，我们可以自己抽空 the DAO。"格里夫说。

亚历克斯加入了一个私密讯佳普小组，小组内有格里夫和其他开发人员，包括费边·福格斯特勒、乔迪·贝利纳（Jordi Baylina）以及莱夫泰里斯·拜利纳（Lefteris Karapestas），虽然还有其他人会突然出现在讨论中，但他们几个才是主要参与者。他们正在准备一次非恶意的反击，也就是所谓的"白帽"攻击，目的是想从 the DAO 中把资金盗取回来，然后重新分配给其合法主人。这次行动就像是英雄人物罗宾汉在行侠仗义、劫富济贫，所以这个小团体被命名为"罗宾汉小组"。

当大家准备就绪聚在一起的时候，巴西正是下午 3 点左右，欧洲已经天黑了。白帽黑客们已经成功地在测试网中复制了攻击，技术上已经没问题了。

"但问题仍然是我们应该这样做吗？"

"问题是如果你们知道可以这样，还有多少人也知道呢？"

"我们肯定不是唯一一会这样做的人。"

"所以现在任何人都可以随时发起攻击吗？"

"是的，这只是个时间问题。我们其实并不知道为什么最开始的那个攻击者会停下来。"

"或许他觉得自己已经偷得够多了，而且可以带着 30% 的钱侥幸逃脱。"

"又或者是他的攻击不如我们做得好。我们觉得他可能在攻击时用光了他的代币。"

攻击时需要使用 DAO 代币才能从主 DAO 中请求以太币，而且必须连续快速地发送请求，将代币从一个账户转移到另一个账户，才能避免主 DAO 的计算机程序在以太币转移成功前划走代币。

"如果有 60 万个代币，我们可能只需几分钟就能抽空剩余的资金。"

"但还是那个问题……我们应该这样做吗？应该还有其他的解决方案。"

"每个人都在说要么实施软分叉，要么实施硬分叉。"

"难道这次白帽攻击不是一个很好的预防措施吗？如果其他

解决方案不起作用,那我们连这样做的机会都没有了;但如果其他解决方案成功了,那这次攻击也不会生效,所以这样做没有任何影响。"

"我们也不能马上发动攻击,需要先潜入 the DAO。"

"那我们动手吧!"

"但我们不知道这件事的法律后果,也没人知道,我可不想牵连到公司。"

"基金会也不能被牵扯进来。"

"对,我们需要自己承担一切,重要的是谁来按下开始键。"

"我们进行攻击的时候需要向大家宣告我们正在做这件事。我们不能秘密进行,否则就不是白帽攻击,而是一次普通的黑帽攻击。"

"而且假如没人知道是什么情况,这次攻击会让市场崩溃的。"

这时候以太币已经从黑客攻击前的 21 美元暴跌至 15 美元左右,在一天之内损失了大约 1/3 的价值。

"所以应该是谁来按开始呢?"

紧接着就是一阵长时间的沉默。每个人都希望能够完成这件事情,但没有人想成为执行这件事的人。讨论就这样循环往复了一阵子,直到亚历克斯说他可以当那个按开始的人。他已经自愿提供了他的 10 万个代币,所以就算他不主动迎接攻击者,攻击者也会自己找上门。

"我来吧,但你们得教我怎么做,我可以来按开始。"

"好吧,下一个窗口期是什么时候?"

之前提到过从主 DAO 分离出来之后，需要等一周的时间，资金才能转移到子 DAO。关键就在于要在这 7 天里加入其他代币持有者的"逃生舱"中。那时候大家已经都知道了罗宾汉小组的存在，小组可以利用这一优势，渗透到已经创建的"逃生舱"中。他们需要创建两个账户：一个人类账户，一个机器人账户，这样才能自动实施攻击。他们还必须知道谁是舱主，以便与舱主协调，确保他们"偷"回来的钱会被合理归还。另外，挑选出的子 DAO 还必须临近最后期限，以减少攻击者"登舱搅局"的机会。

格里夫开始将信息发送给社区中的人，询问谁已经创建好了子 DAO。随着消息传出，大家知道有一个团体正在计划反击，于是都开始自愿帮忙。最后格里夫找到了一个完美的人选，这个人的子 DAO 即将到达最后期限，不知情的人肯定已经没时间加入了。他们准备好了。

所有人都在随时待命。黑客们开始指导亚历克斯完成这个过程。他们先让亚里克斯用一个难以攻破的密码创建了一个新的账户，然后把 DAO 代币移入该账户；接着，小组给亚历克斯发了一段代码让他到部署账户中，这段代码就是将与他一起登上子 DAO "逃生舱"的机器人，小组将利用机器人在子 DAO 中抽空母舰，动作够快的话就能抢在攻击者之前拿到资金。他们必须尽可能地拖到最后一刻才行动，以免让攻击者察觉到他们在做的事情。还剩 30 分钟时，他们发起了一次新的调用；还剩 25 分钟时，亚历克斯部署了机器人并为其注入了所需的代币；还剩 20 分钟时，攻击时间到了。

"一起抢银行吧!"亚历克斯边说边按下按键,他感觉热血沸腾。

但是什么也没有发生。他等了几秒钟,然后是一分钟,还是没有动静。

"我这边出了点问题,交易没有响应。"他说,但电话的另一端是一片寂静。原来他断线了:讯佳普是离线状态;他打开谷歌发现计算机也断网了。于是他试着把他的调制解调器打开又关上,仍然没有任何反应,最后他用他的手机重新登录了讯佳普。

"朋友们,我断网了!谁能接手弄一下?"

"我来吧!"格里夫说。

格里夫连接到了以太坊区块链,但他必须等着同步到最新的区块,这时候亚历克斯正在气急败坏地给他的互联网服务提供商打电话。

"你家附近的网络有问题!"电话另一头,机器语音这样告知亚历克斯,"如果网络连接在3个小时内还是没有恢复,我们会安排工作人员上门。预约时间请按1。"

"啊!!"亚历克斯一边在手机上按键,一边冲着自己大叫。他感觉自己的肩上承担了以太坊的未来,而他能做的只有预约网络服务提供商。他感觉心里就像压了块石头,心情沉重地看着最后期限飞逝。结果格里夫那边也没能按时连接成功。

"下一次机会是什么时候?"

"明天早上。但到那个时候,很可能所有的钱都没了。"

"会不会攻击者觉得3 000万美元已经足够了?"

"我觉得不会,他明明可以得到所有的钱。"

"我们明天再会吧。"

与此同时,越来越多的人争论是选软分叉、硬分叉,还是接受 the DAO 被黑的事实,任其自生自灭。对许多人来说,不论团队对此采取什么行动,以太坊的核心价值都不再成立,因为这就表明项目越大越不容易覆灭,而且最终都会有人力挽狂澜,伸出援手,就像 2008 年华尔街的那些大银行一样。如果他们走上了这条最初试图逃避的道路,那么加密货币的意义何在?这之后没过多久就出现了一个密码朋克术语:"代码即法律",成了一项不可违反的基本原则。

还有人认为应该是"代码为人"而不是"人为代码",如果开发者知道如何解决这个问题,可以将钱归还给合法的所有者,那么他们就应该这样做;否则袖手旁观并不比盗取资金好多少。一些人认为如果按下重置按钮,人们就会丧失对以太坊的信心;其他人则认为不按重置按钮,才会丧失对以太坊的信心。实际情况就是:整个项目危在旦夕,其核心价值也受到质疑。如果以太坊的代码不是不可更改和不可审查的,那么它代表着什么?

一些人在进行这样的深刻反省,也有一些代币持有人只想拿回自己的钱,而从一开始就对以太坊持怀疑态度的比特币人则是把这当成了幸灾乐祸的绝佳机会。双方敌对到这种程度,引发了阴谋论:有人认为是一家著名的比特币公司部署了机器人,在社交媒体上发布反以太坊的评论。还有一些人评论说项目一出事就要讨论采取紧急行动的唯一原因,是以太坊基金会成员投资了这个项目,并且他们还都是守卫者。此言一出,以太坊基金会简直像"一摊烂泥沾上身,跳进黄河也洗不清"。社区讨论帖里人们横加指责、惊恐万状,这些评论多到让任何看完这些帖子的人都会觉得自己沾了一身麻烦。

在6月18日星期六的凌晨,即黑客攻击开始后的第二天,曾认为以太坊会失败,并提出要以众销50%的价格出售以太币的米尔恰·波佩斯库,在他的博客上发了一封信。这封信的作者声称自己是攻击者,但该作者并没有用加密签名证明自己的身份,大家更倾向于认为这是有人专挑以太坊社区最艰难的时刻兴风作浪,用互联网的话来说,他就是在发文煽动情绪,而不是真正黑了the DAO 的人。

"致 the DAO 和以太坊社区,"信件这样开始,"我仔细研究了 the DAO 的代码,在发现可以使用分离功能获得额外的以太币奖励后,决定参与进来。我利用了这个功能并正当地拿到了3 641 694 个以太币,我想感谢 the DAO 给的这个奖励。"

信中继续说,实施软分叉或硬分叉相当于"没收"他合法赚取的以太币,并将"进一步损害以太坊,破坏其声誉和吸引力"。信里还威胁要对任何试图没收或冻结资金的人采取法律行动。信件最后的留言,让任何阅读它的以太坊人都感到心里发慌:"我希望这个事件成为以太坊社区一斥(原文如此)宝贵的学习经验,祝你们好运。此致,'攻击者'。"

攻击还是没有重新开始,但罗宾汉小组决定重新召开会议,再次尝试反击。在加入下一个子 DAO 之前,他们还有一个小时的时间,然而他们还没能确定这个子 DAO 的所有者是谁。他们都刚刚将自己的计算机重新连接到以太坊网络,但他们还是重蹈覆辙,在同步到最后一个节点上花了太长时间,又错过了最后期限。如果他们这个星期六早起了就好了,但事实是他们前一天晚上几乎没有睡觉。

第二天,他们依然需要等待时机,伺机加入提前找好的子 DAO,但这次亚历克斯早上 5 点就起床了,计算机也准备好了。他跟格里夫一起算出了下一个临期子 DAO 的截止时间,然后用人类账户和机器人加入,整个过程没有出现任何故障。他们成功进入了预选的子 DAO,这感觉很好却有点索然无味。两人往聊天组里发了几个庆祝的表情符号,然后格里夫就去睡觉了。

但亚历克斯一整天都没有休息,他觉得不应该就到此为止,他可以马上加入其他"逃生艇"。之前小组没有这样做是为了不引起注意,也避免让攻击者察觉他们的计划,但已经过去两天了,攻击者仍然没有重新出现。此外,随着这次入侵细节的不断曝光,其他人更容易找出利用漏洞的方法,所以所有子 DAO 都被暴露在被攻击的危险之中。亚历克斯认为他不妨先发制人,不让黑帽黑客有机可乘。

他告诉小组的人他在做什么,并使用同样的方法潜入到了预计在未来 3 天内离开母舰的每一个"逃生艇"。

但这些都是合法的吗?罗宾汉小组进行黑客攻击的计划确实是公开的,他们的目的也是将资金归还给他们的主人,但仅凭好意就能在法庭上站住脚吗?执行他们的计划仍然意味着他们在从一个不受他们控制、甚至都不是他们写的智能合约中盗取数百万美元。

此外,其他人也在写代码开发其他替代方案。以太坊社区的大多数人都希望尽可能地避免硬分叉,认为软分叉是两害相权取其轻,所以软分叉的想法才得以继续推进。

罗宾汉小组在接下来的几天里召开了会议,讨论他们是否应该部署他们的战士,结论是要按兵不动。直到6月21日,在第一次攻击的4天后,他们在主DAO,即母舰上检测到了一些动作。

"我认为攻击者又开始行动了。"罗宾汉小组的一名黑客在讯佳普聊天组中说。

每个人都进入了高度警戒状态。资金正被抽走,他们赶紧检查这到底是代币持有者在合法地拿回他们的以太币,还是一次真正的攻击。

"确认了,这是一次重入攻击。这有可能是原来的攻击者使用了一个新的身份,也可能是一个模仿者,但很明显,这是一次真正的攻击。"

"那我们要不要反击?"

"要,当然要。"

如果他们之前对单方面拿走资金有任何疑虑的话,现在他们觉得攻击者是在逼他们出手。

"亚历克斯,你还能继续当那个按键人吗?"

每个人的心都开始怦怦直跳,眼睛紧紧盯着计算机屏幕。他们坐在不起眼的地方:在临时的家庭办公室里,桌子上堆满了苏打水罐子和垃圾食品，但他们觉得自己是在某个遥远的星系中执行一项高风险的任务。亚历克斯想象的背景是一个混乱的太空站，其规模相当于一个小城市，有数百艘飞船停在母舰上。许多飞船的船长都要求起飞，排起了队准备发射，而每艘飞船上都有罗宾汉小组的一名成员和两名探员，一个人类和一个机器人。

起飞前的最后一步是在星系间用飞船里的 DAO 代币交换母舰里的以太币。为了进行攻击，特工们必须装满代币，罗宾汉黑客们一起凑齐了 30 万个代币。当轮到他们进行交易的时候，机器人会向母舰出示代币并要求获得等量的以太币。正常情况下，下一步是母舰交出以太币并拿走代币，但在这次攻击中机器人被编程设定为反复请求资金。母舰的计算机会计算代币的数量，但还没从机器人那儿划走代币，于是当机器人再请求时，母舰将再次发送全额的以太币。这个过程将重复进行，直到机器人达到它所能执行的操作极限。接着机器人将把它们所有的代币发送给人类操作员，这样母舰就无法拿走代币，随后两名特工又可以用同一批代币重新开始上述操作。

亚历克斯按下了按钮。他们等了几分钟，等待整个以太坊网络确认交易并记录区块，然后……

"成功了！我的天哪，真的成功了！有 100 美元被转移到了分离账户里。"

"是的，但按照这个速度我们永远也无法抽空母舰啊！另一个攻击者也转移了 20 美元，我们得超越这些人。"

他们把代币移回了合约中，然后重新开始。由人类控制的账户将把代币交回给机器人,几秒钟后就可以继续攻击,但由于母舰中有 1 亿美元,照这个速度完全抽空可能需要一个星期。他们忙前忙后让投资了 the DAO 的朋友和熟人也贡献出他们的代币,最终加起来一共有了 80 万个代币。

他们的机器人装满了这些补充弹药,每分钟就能拿走几千美元。但突然间出现了第二个攻击者,他也开始抽空系统。更广泛的社区也注意到了,罗宾汉黑客意识到他们别无选择:他们必须从暗处走出来,即使这样意味着惊动更多的攻击者。于是亚历克斯决定在推特上宣布这一消息。在亚历克斯的成长过程中,他最喜欢的一本书是道格拉斯·亚当斯(Douglas Adams)的《银河系漫游指南》(*The Hitchhiker's Guide to the Galaxy*),这是道格拉斯科幻小说系列作品中的第一部。书的封底上印着"不要惊慌"的黄色字体,这几个字仿佛就像是喊出来的,这给年轻的亚历克斯留下了深刻的印象。因此,当他在编辑推特的时候,借此机会引用了他青少年时期心目中的太空英雄的话。

"DAO 正在安全地进行资金转移!不要惊慌!"他在推特上说。

不是每个人都懂他的用意。

"没有什么比连着用感叹号更让人惊慌了。"有人回复道。

攻击者正在升级他们的把戏,所以罗宾汉团队需要更快行动。亚历克斯把他的账户密钥交给了费边,费边写了一个脚本进一步将这个过程自动化。一切都进行得很顺利,但后来状况还是发生了。"我发起的交易没有通过!"费边说。原来区块链上的每笔交易都带有一个印戳用来计数,记录交易的唯一编号(nonce),系统会无视错误顺序的交易,但当亚历克斯交出他的秘钥时,他们弄错了交易的序号,由于系统一直在等待正确交易序号,所以没有交易能够通过。攻击者在任何时候都可能超越他们,费边搞清楚状况之后,觉得自己正在区块链上进行一场汽车追逐赛。他迅速手动设置了序号值,所有待处理的交易一下子都被执行了,他们才得以继续进行下去。

很快,白帽子们又恢复到了每秒提取数千美元的速度,这时候出现了一头以太坊巨鲸(这里指的是某个拥有异常多代币的人),提出要为此事业贡献几百万代币。

现在他们已经拥有 600 万个代币了。有了这些代币,罗宾汉小组的智能合约每隔几秒钟就会抽出大约 3 万美元。区块链中还出现了第 3 个、第 4 个攻击者,他们也加入了这场以太币争夺战,但每次都只能偷到几百美元。这样的情况又持续了几个小时,直到他们的程序获取钱的数量已经超出了已有数量。费边和其他人还在不断完善代码,直到他们抽走了母舰上的最后一分钱。最终小组收回了大约 70% 的资金,剩下的 30% 仍留在最开始被攻击的"黑暗 DAO"中。另外,还有少量以太币在其他黑客手中。罗宾汉小组现在只需再等几天,他们就可以提取资金并还给其所有者了。

整整一个星期,白帽子们终于能睡会儿觉,不用担心醒来后发现已经完全被清空的 DAO 了。但这种放松的感觉是短暂的,因为他们的飞船里还有其他人。

在将母舰完全抽空后，有一个发现让他们感到不安：一个不明身份的人或东西在他们中间。他们急忙检查飞船的乘客名单，核实这个新冒出来的东西是不是友军。当发现在清一色的人类账户中有一个机器人时，他们既沮丧又失望，感觉飞船好像正在被击沉一样。由于攻击必须由一个人类账户和一个机器人来执行，所以他们飞船上的那段代码只能意味着有一个攻击者和他们在一起，并且他也已经潜入到了他们跳上的每一艘飞船中。他们本以为自己即将飞向安全地带，却没想到还有一个"外星人"正潜伏在他们当中。

对于这个机器人他们没什么能做的。其他人能加入子DAO的7天时间已过，在这之后，子DAO的成员们必须再等27天才能将资金提取到一个独立的账户中。然而一旦他们这样做，攻击者便可以再次加入他们，阻止他们提取资金，然后他们又必须经过另一个缓冲期才能提取资金，攻击者也仍然可以进行阻止，如此反复。他们可能永远被锁在这些银河系的DAO之战中。

21

分叉

现如今恢复被盗资金的唯一方法，似乎只有软分叉了，即矿工拒绝处理想要从 the DAO 或子 DAO 中取出资金的所有交易。彼得·西拉吉已经是杰弗里·威尔克在"冲吧以太坊"（Geth）团队中的得力助手，他正在带领大家为 Geth 客户端加入软分叉的选项，这个可以启用软分叉的以太坊软件客户端的版本被称为"DAO 之战"。

"我们已经发布了 Geth 的 1.4.8 版本（代号为'DAO 之战'），这个版本是一个小型的补丁发布包，能让社区有发言权来决定是否暂时冻结 the DAO 1.0 版本的资金释放，"彼得在 6 月 24 日的博客文章中写道，"如果社区决定冻结资金，那么只有少数白名单账户可以取回被封锁的资金并将其归还给以前的所有者。Parity

客户端的 1.2.0 版本也提供了类似的机制。"

进行软分叉需要大多数矿工将他们的软件更新到"DAO 之战"版本，随着 6 月 30 日补丁版本的应用日期临近，大多数矿工都进行了更新。但事情依然没那么简单。在按计划实施软分叉的前两天，曾经发现 the DAO 缺陷的康奈尔大学教授埃米·冈·瑟勒和两名学生宣称，这版更新将让以太坊面临潜在的拒绝服务攻击。

虽然软分叉会让矿工拒绝所有协助攻击者从 the DAO 提取资金的交易，"但攻击者可以使网络上充斥着大量需要执行困难计算的交易，然后在 the DAO 合约上发起操作，"研究人员写道，"运行软分叉版本的矿工最终将不得不先执行这些交易然后被迫放弃，最终收取不到任何费用。"这可能会堵塞网络。

就这样，软分叉这条路走不通了。第二天 Geth 团队就发布了代码，撤销了"DAO 之战"软分叉版本中的修改。为了保持《星球大战》(*Star Wars*)（或者说 DAO 大战）的主题，新的软件版本被称为"网络反击战"(the Network Strikes Back)。从命名就能看出，这就是计算机极客们掌控大局时的样子。

剩下的选择要么是什么都不做，要么就是进行一次硬分叉。连续好几天，大家都在以太坊红迪网页面和推特上争论硬分叉的利弊，群情激奋，热度只增不减。以太坊是否应该遵循"代码即法律"的加密教条，即智能合约和区块链协议中的内容不能被篡改？假如开发者现在改了这个，谁又能保证他们将来不会再改别的呢？但如果遵循这一原则威胁到了平台的生存呢？是否应该在情有可原的情况下采取紧急行动?

由于以太坊是余额账户模式,其硬分叉与比特币硬分叉不同:改变比特币区块链意味着整个网络历史将回滚[①]到争论点;以太坊不回滚交易,而是修改特定的有争议的账户余额。一些人认为这使得硬分叉的干扰性更小,而其他人则表示如果开发人员能随意调整区块链,这种独断专行只会让情况变得更加糟糕。

软分叉在6月28日被取消,留给他们的时间只到7月21日,在那之后攻击者就可以从"黑暗DAO"中提取资金了。

跟当时要进行软分叉之前的情况一样,软件客户端的开发人员写了一个版本让用户可以选择是否要进行硬分叉,实施硬分叉后将开启一条以太坊新链,新链上the DAO中的资金将重新回到它们的所有者手中。但还有个事情需要决定:硬分叉选项应该被设置为默认,矿工可以直接退出;还是应该反其道而行之,让矿工主动选择下一步去向?

"硬分叉的决定很棘手,对我们来说进退两难,"杰弗里·威尔克在7月15日一篇题为"分叉或不分叉"的博文中写道,"由于这不是一个可以由基金会或任何其他单一实体做出的决定,我们再次转向社区,希望能评估社区中所有人的意愿,以便最恰当地改进协议。"

在一个由非基金会开发者创建的网站上,人们就选项的设置问题进行了一次投票,投票权重由参与者数字钱包中的以太币决

[①] 指的是程序或数据处理错误,将程序或数据恢复到上一次正确状态的行为。——译者注

定，投票工具用结果展示了社区的立场：在这次持续了一天的投票中，参与投票的人持有的以太币仅占以太坊总供应量的5.5%，其中大约80%的人投票支持退出选项，这意味着硬分叉的选项将被设置为默认，但这些"退出票"中有1/4都来自同一个地址。这次投票的结果并不能代表整个社区，而且推特上非正式投票和红迪网上的话题也没有显示人们更倾向于硬分叉，但由于没有更好的选择，所以以太坊软件客户端开发人员把这些结果当作社区的确认：硬分叉将成为软件升级的默认选项。

7月20日，以太坊硬分叉的那一天，维塔利克坐在一家咖啡馆里，俯瞰纽约伊萨卡康奈尔大学里的跑道。这一天，他所建立的平台将发生不可逆转的变化。一些人警告说以太坊将因此被摧毁，但维塔利克希望以太坊能就此涅槃重生。维塔利克来这儿是为了参加区块链训练营，带领训练营的人有不断指出the DAO缺陷的埃米教授，还有包括罗宾汉小组的亚历克斯（也就是亚历桑）、弗拉德·扎姆菲尔、凯西·德特里奥以及当初引入了"以太坊改进提议"的马丁·博泽在内的开发及研究人员。他们中的一些人现在正挤在维塔利克的笔记本电脑周围，等待着编号为1 920 000的区块出现。除非大多数矿工选择退出，否则这就是实施硬分叉的时候。

区块链显示器显示以太坊链正在变长，每隔几秒钟就会新加一个区块。从屏幕的侧面看过去，以太坊链就像一个正在建造的狭长的乐高塔，但突然间下一个区块并没有直接接在链条顶端，而是被放在了塔的一侧。

"来了！"亚历克斯说道，维塔利克吓了一跳，随即笑了起来。

新的区块被链接到新链上，旧链则停止了增长。这意味着大多数矿工都支持新链，the DAO 的资金安全地转移到了新链，硬分叉的过程并没有出现任何故障。

即使是那些对是否要进行硬分叉摇摆不定的人，包括维塔利克，这时候也松了一口气。

埃米的态度却十分坚决，他认定无论如何都不能让以太币盗贼逍遥法外。他也不认可整个"代码即法律"的说法。"代码不是法律，"他说，"法律就是法律。我们不能在推倒整个金融系统并建立起一个新系统后，却又被我们想出的算法所奴役。货币系统必须为人服务，否则人们就会想办法取代它们。"

为了让维塔利克认可硬分叉，埃米对他说："我问你一个问题，希望你能如实回答。我不会对你说三道四，所以你完全诚实回答就好了。你是认真地想要建立这个世界计算机吗？还是你想吸引非法资金流、毒品贩子、非法赌徒以及诸如此类的东西？"

"不，那不是建立以太坊的目的，"维塔利克回答，"我们想打造下一代的应用程序。"

"假如你是想吸引这些非法资金人群，那不可更改就至关重要，"埃米说，"但如果你不是这样想的，那分叉就完全合情合理。"

维塔利克依然认同"不可更改"的价值，但他也认为这是一次特殊情况，以太坊本身处于危险之中，因此需要采取极端措施。此后随着以太坊网络的发展，像 the DAO 那样单个项目的漏洞就能危及整条链的情况，只会越来越少；并且随着社区的不断扩大，要想让大部分人对类似规模的变动取得共识也会变得更加困难，他希望至少能给以太坊一个发展到那一步的机会。

在硬分叉当天的晚些时候，康奈尔大学的研究人员带了一瓶香槟到他们用来讨论共识算法的教室。大家为过去发生的这些事件换了一个更加形象贴切的代号：叉子。他们举杯相碰，玻璃杯叮当作响，其中夹杂着塑料杯的声音。但像往常一样，庆祝活动并没有持续很久。

几个小时后，在场的所有人都以为已经沉寂了的以太坊旧链突然死灰复燃，又开始继续增长，与新链齐头并进。

"这是怎么一回事？居然有人在赔钱挖一条不赚钱的链？图什么啊？"亚历克斯说。

旧链持续增长，说明有人连接到了旧网络，在一条没有价值的加密货币区块链上消耗能源以确认区块。

旧链就像一个平行宇宙，那里保存了分叉前的以太坊，每个人账户中的货币数量还是跟当时的一样，资金也仍然停留在"黑暗DAO"中。但旧链上的加密货币不再是以太币，而是这个平行链自己的加密货币。只有在新链上才可以挖到以太币。

所有的区块链本应该基于经济激励运作，但在这个例子中，后来被称为以太坊经典（Ethereum Classic）的以太坊旧链是一群不考虑直接经济激励的人创造的，这些人花费时间和金钱来确保一条未被更改的以太坊链能够存续下来。也许该链的加密货币之后会升值，那样他们还能得到些补偿。

"我们以去中心化、不可审查、无须许可的区块链为信仰。

我们信仰以太坊的最初愿景：一台永不停止的世界计算机，运行着不可逆的智能合约，"以太坊经典的网站上这样写道，"我们相信关注点分离[①](separation of concerns) 有效并以这一方法为原则行事，系统分叉的唯一可能是为了修正平台的实际漏洞，而不是为了挽救失败的合约和特殊群体的利益。"

其他支持旧链继续存在的人是比特币圈人，他们想借此说明一个问题：以太坊是一种愚蠢的小型竞争币，有一堆阿谀奉承的追随者对他们的最高领导人维塔利克·布特林卑躬屈膝。

当维塔利克正试图弄清眼前的事情时，他收到了一条来自格雷戈里·麦克斯韦（Gregory Maxwell）的消息，这个人是有名的比特币开发者。他在消息中表示想购买维塔利克在旧链上的货币，这一举动分明是在表示他对以太经典币的支持。照埃米的话说，格雷戈里"毫不客气地给了维塔利克一记耳光"。

很快，任何想购买以太经典币或出售他们免费得到的货币（任何持有以太币的人都会得到同等数量的以太经典币）的人就能进行交易了，甚至是连当初盗取 the DAO 的小偷也能兑现了。7月24日，硬分叉后的第4天，加密货币交易所P网率先上市以太经典币，代码为ETC（以太币的代码为ETH）；另外两家交易所——克拉肯和比特菲尼交易所（Bitfinex）几天后也跟进上市了；币基（Coinbase）则是在之后的一周上市了ETC，这样一来大多数主要交易所都能交易以太经典币了，同时以太币的哈希率

[①] 面向对象的程序设计的核心概念，即将计算机程序分隔为不同部分的设计，每一部分会有各自的关注焦点，是处理复杂性的一个原则。——译者注

（挖掘能力）也在不断提高。到 8 月底，ETH 的价格约为 13 美元，而 ETC 的交易价格略高于 1 美元，市值约为以太坊市值的 10%。

几天后，格里夫·格林抵达苏黎世。现在罗宾汉小组在他们的子 DAO 中持有 720 万 ETC，在当时约值 1500 万美元，由于以太坊经典链上依然存在"DAO 之战"，所以他们必须确保手上的 ETC 安全并将其归还给它们的主人。

不过此时的罗宾汉小组已经不是之前的那个小组了，只有部分人还在这个新小组中，而最初在罗宾汉小组中扮演了重要角色的亚历克斯·范·德·桑德，也就是亚历桑，并没有在内。这个新团队后来被称为"白帽黑客组"，全组的人都如惊弓之鸟。特别说明一下：此前的罗宾汉小组是"白帽黑客"，进行的是无恶意的攻击，这个新团体也是如此，他们刚以白帽小组的身份被大家知晓，然后就有很多 DAO 代币持有者威胁要对小组采取法律行动，要求小组把他们的钱交出来。归还代币从始至终都是小组的目标，但他们想在不违反任何法律的前提下做到这一点。小组聘请了一家名为"比特之股份公司"（Bity SA）的瑞士公司，该公司也曾为智慧锁提供咨询。8 月 11 日，白帽黑客之一的乔迪·贝利纳在红迪网的帖子中写道，此举是为了"在独立的瑞士法律结构下，保护资金免受攻击、保卫资金安全，随后公平分配资金"。

在前往瑞士之前，白帽小组在没有引起任何人注意的情况下再次攻击了以太坊经典链。虽然不知道之前的攻击者是谁，但他（们）并没有从中作梗——阻止小组从子 DAO 中移出资金。这块从以太坊分叉前就一直悬在小组成员心上的石头终于可以放下了。可能是攻击者被分叉分散了注意力，也可能是满足于目前得到的钱。大家还猜测攻击者可能并不是从实际攻击中获利，而是由于预测到以太币在 the DAO 被黑后价格会暴跌，因此攻击者便可以从卖出、买进以太币中赚取差价。

白帽小组可以恢复大家的资金了。他们本可以简单地将等值的 ETC 返还给他们的所有者，但在与比特之公司讨论后，他们决定应该以 ETH 的形式将资金重新归还给大家。考虑的原因有很多：格里夫觉得大家是用以太币进行的投资，所以也应该以以太币的形式归还；大家对以太坊经典有一些普遍敌意，比如格里夫把以太坊经典称为"已死 ETH"，他们觉得 ETC 在未来不会有任何价值了；他们还认为经典链是由一些所谓的"比特币至上者"在支持，这些人最喜闻乐见的就是以太坊失败，而给 DAO 投资者分发 ETC 无疑是"长他人志气灭自己威风"；另外还有一些技术方面的担忧，最大的威胁是以 ETC 的形式将代币返给持有者后，以太坊经典链上的交易会在以太坊链上"重演"，由于两条链在分叉之前一模一样，这意味着会有交易混淆和货币丢失的风险。

但一夜之间向市场抛售 720 万个 ETC 并不容易。白帽小组和比特之公司才将大约 14% 的资金换成了以太币和比特币，比特之公司的账户就被加密货币交易所 P 网和克拉肯冻结了，理由是要审查所有交易。比特之公司请求交易所释放资金，但几天过去了都没有明确的解决方案，所以现在这笔资金的构成是 ETC、ETH 和比特币。

比特之公司在 8 月 13 日的一份声明中说："事情的发展让我们

陷入了困境：我们想安全地将抢救出来的 ETC 归还给 DAO 代币持有者，但换成 ETH 后归还比直接分配 ETC 要昂贵和复杂得多。"

到9月初白帽小组才拿回了被冻结的 ETC，但这样一来他们还帮 DAO 投资者赚到了一些额外的钱：8月初卖出 ETC 的时候，ETC 的价格在2美元左右，而在9月份买回 ETC 时，就只需要1.2美元左右了。

大约在那个时候，9月5日，最初的攻击者从以太坊经典链上的"黑暗 DAO"中提取了他的战利品，一共有360万个 ETC，在当时大约价值550万美元。然后攻击者向以太坊经典开发基金捐赠了1000个 ETC，以这样的方式再一次传达了对以太坊的鄙夷。

当 the DAO 的窃贼带着他那袋非法获得的加密货币溜走的时候，格里夫·格林正在参加一年一度的"火人节"朝圣活动。活动在内华达州的沙漠中举行，是一个为期一周、疯狂又快乐的嬉皮士聚会。在一堆艺术装置和淳朴自然的音乐表演中，格里夫戴着一顶红色的圣诞帽，身穿绿色 T 恤衫和短裤，外面是类似圣诞老人的外套，在舞台上宣扬去中心化自治组织。他仍然极力在大家面前宣传他的 DAO 愿景，热情得一如既往。

在他面前大概有20名观众，这些来参加火人节的人晒得黝黑，风尘仆仆。他们有的坐在地板上，有的坐在粉红色沙发上。格里夫告诉大家他刚刚参与了一个项目，"能将两种人直接联系在一起，其中一种人有钱并渴望改变世界，另一种人有改变世界的计划，并且有时间实施。联系这两种人的只有计算机代码，他们之间没有任何其他东西：没有律师，没有银行家，没有会计师，一切都外包给了区块链"。

"不幸的是我们的项目并不成功,最终被黑了,"他在接受观众提问前说,"但我们最终成功黑了黑客,把钱还给了所有人。所以尽管遭到黑客攻击,也没有人损失一分钱。"

在以太坊并非所有人都像格里夫这样乐观。对许多以太坊人来说,the DAO 和硬分叉是打在他们身上的一记重拳,他们只能气喘吁吁地努力恢复平衡。

另一个以太坊人鲁内,虽然他创始的 MakerDAO 稳定币平台是最有前途的以太坊项目之一,但他已经决定在接下来的几个月里退居泰国。

在以太坊陷入困境时,由于当时没有更好的选择,MakerDAO 团队支持了硬分叉并继续在以太坊区块链上建立其项目,但鲁内很矛盾。当初他被加密货币吸引是因为根植在他体内的自由主义信仰,他喜欢区块链所允许的去中心化控制,也相信未来的管理可以由计算机代码实现和支配。他认为搞砸了 the DAO 代码的人就应该自食其果,还觉得是否要进行硬分叉的整个投票都是假的。当然,参与投票的更有可能是那些在 the DAO 里有钱的人。对他来说以太坊启用硬分叉就感觉像是走上了一条下坡路,终点可能就是区块链的灭亡。

"我加入以太坊,期望的是写的代码会保留下来并发挥应有的价值,"他对 MakerDAO 的一名团队成员说,"但现在情况是:'哦不,我们损失钱了,所以要改变规则。'这听起来难道不像是那些该死的政治制度吗?一样是'钱多钱少不一样,规则围着钱改变'。"

鲁内和其他许多人都意识到，以太坊并不全是彩虹般的幻想和独角兽企业。在分叉之前社区只看到了区块链技术的好处，几乎将其奉为魔法，却对潜在的危险和弊端视而不见。

其实与中心化的私人应用程序相比，开源代码可能更容易遭到破坏，由于开源代码的公开性，任何人都可以看到，因此开源意味着任何人都可以对代码进行审查和修复，但也意味着有人会为了获得个人利益，恶意利用代码中的错误。另外，区块链并没有解决一切问题，反而让一切变得更为缓慢、艰难，只有在非常特殊的情况下使用区块链才有意义。智能合约并没有创造出无可匹敌的应用，合约不光代码难写，而且用处也不大。突然间，在现实中经历了硬分叉的检验之后，以太坊给人的感觉不再像是一次充满魔力的快乐革命；区块链技术也越来越像是一些无趣的商业工具。

"啊！这东西到底哪儿有用啦？用例在哪里？现在似乎都没有什么用例！"

"那我们的稳定币呢？"

"稳定币只有在其他以太坊项目成功的时候才有用。我相信区块链是有用例的，但现在有太多无用的东西了。这些项目只是把区块链拿过去，随机应用到一些东西上，然后轻轻松松进行炒作。这都是在扯淡！"

当时正在泰国的鲁内这样说道。他决定在泰国多待一段时间，从项目中抽离出来在东南亚旅行。

"爷不干了！"

22

系统攻击

某个星期一的凌晨4点,马丁·霍尔斯特·斯特文德(Martin Holst Swende)在上海的酒店房间里被一阵电话铃声吵醒。这是他成为以太坊基金会安全负责人的第一天。严格来说,他的职责就是保持系统在这4小时内不受攻击,所以他即将听到的电话内容就像是一个不好笑的笑话。

"网络被攻击了。"

马丁是在前一天从他的家乡斯德哥尔摩飞过来的,像许多以太坊社区的人一样,他来上海参加第三届年度开发者大会。他之前在纳斯达克信息安全部门工作,后来辞职加入了以太坊。在过去的3个月里,他一直在线上跟核心开发人员聊天。

"很好笑哦,"马丁一边说一边从床上坐起来,"跟一个初来乍到的人玩恶作剧。"

"呃，不，不是在演习，快来！"

"真见鬼！"

杰弗里·威尔克的得力助手彼得·西拉吉当时正领导Geth的实施。他和其他一些开发者，包括尼克·约翰逊（Nick Johnson）、弗拉德·扎姆菲尔以及维塔利克正待在即将召开新闻发布会的会议室里。这次发布会可能是迄今为止最大规模的以太坊会议了，马丁赶紧加入他们。杰弗里的儿子刚刚出生，所以他待在阿姆斯特丹的家里线上参会。几个小时后就将会有大约800人涌入这个会议室。这是9月19日，硬分叉已经过去了两个月，但以太坊人还旧伤未愈。这次的第三届开发者大会将是一次大家庭重聚，再聚首的大家可以"一抱泯恩仇"，专注于他们正在建造的酷炫玩意儿。

只是有人死活不愿意让这一切发生。他们希望在上海大会的舞台上听到的第一句话是："欢迎来到第三届开发者大会，以太坊刚刚被摧毁了。"攻击者的交易中嵌入了一条德语信息，写着："回家去吧。"

这次的问题出在Geth上，是软件实现而不是以太坊协议本身的问题。Geth的开发者为了让系统运行得更快，部分内存没有保存在硬盘里而是保存到了缓存中，正是在这里攻击者发现了可以利用的漏洞。攻击者想方设法让系统不断地重复读取数据，直到内存空间耗尽而崩溃。当时以太坊网络中有90%的节点都在使用 Geth 客户端，这次攻击让这些节点都瘫痪了。而以太坊能够继续运行，多亏了 Parity 客户端，这是由加文·伍德的公司领导实现的软件。

马丁戴着厚框眼镜，说话的节奏很慢，但低沉的语调让他说的话听起来更有重点，在 2015 年主网（也称边境）上线之前，马丁曾经也是试图在以太坊的概念验证中捕捉漏洞以换取以太币的开发者之一。

像马丁一样，大多数找漏洞的人关注的都是共识缺陷而不是拒绝服务攻击。他们觉得这类攻击不太可能造成实际的损害，因为攻击时需要支付燃油，所以会很昂贵。

在那个星期一，黎明降临上海时他们才意识到自己错得有多离谱。对于攻击者，他们当然感到愤怒，但当他们手忙脚乱地寻找解决方案时，大家普遍都觉得这是一次考验。虽然过程是痛苦的，结果却是一件好事，因为有人在逼他们消除他们未能发现的缺陷。以太坊本应该能够抵御这类攻击，如果不能的话就最好尽快修复。

他们在几个小时内想出了一个解决方案，方案很粗糙却达成了目的。他们把这个补丁称为"来自上海的爱"（From Shanghai With Love）。

"Geth 1.4.12 版本：来自上海的爱，热修复[①] 了最近的拒绝服

[①] 即热修复补丁，指一种包含信息的独立的累积更新包。和升级软件版本相比，不会使设备当前正在运行的业务中断，即在不重启设备的情况下，可以对设备当前软件版本的缺陷进行修复。——译者注

务攻击问题。请更新！"凌晨 5 点 37 分，在上海的维塔利克往红迪网上发布了这样一条内容，社区对此次修复赞不绝口。

"Parity 坚如磐石，在重大危机期间维持了网络的运转，"帖子下一个人这样评论道，"Geth 的开发者是真实的吗？即使是谷歌或苹果这样的公司，也无法跟他们的响应和交付时间媲美。"

"我觉得大多数的非开发人员没法明白，开发人员响应得如此快速、如此尽心尽力是多么难能可贵，"有个人这样评论道，"这让以太坊在我心里的形象高大起来了。是的，以太坊虽然开源，但它的背后也有一群守护以太坊愿景的人，他们专业又坚定。感谢来自上海的爱，我们同样也爱你们。"

然而，攻击者仍然坚持不懈，不断寻找减缓网络速度的新方法。每隔几个小时，开发人员就不得不挤在酒店大堂和侧厅，想办法击退最新的进攻，而在大会的舞台上，关于可扩展性、监管、以太坊虚拟机和智能合约的讨论依然在如期进行。

开发者大会结束后，攻击还在继续进行并持续了整整一个月。开发人员必须随时准备放下手中的事情，扑向计算机。一天早上，马丁正送他的女儿去学校，一次新的攻击又开始了。他在电话里把能交代的交代完，立马冲回家打开笔记本电脑。在大多数情况下，黑客都是在用无意义的交易充斥网络，拖慢一切的速度。这是一个打地鼠游戏，以太坊开发者需要在攻击者找到新的出路前赶快修复漏洞，每个人都心力交瘁。当时马丁的两个孩子一个 6 岁、一个 8 岁，所以如果这份工作必须不分昼夜地时刻待命，他就不得不辞职照顾孩子。

他对妻子说:"我可以这样干几个月,但我想要的新工作不是这样的。"

工作的压力也开始让杰弗里苦不堪言。在 DAO 之战、硬分叉期间,以太坊最常用的软件实施方案是 Geth。该项目一直是杰弗里在领导,而这次攻击发生期间,刚好他的第一个儿子出生了。

他发了条推特:"最糟父亲奖颁给……(但我要为自己说句话,我在调代码 # 以太坊)",并附上了一张照片。照片中他一只手放在笔记本电脑键盘上,另一只手拿着奶瓶给他的小宝宝喂奶。

黑客一直在反复猛攻 Geth,开发人员将其中一个攻击修复包称为"冲我来吧兄弟"(Come at me bro)。攻击者确实冲着他们来了,开始利用以太坊本身的缺陷。由于黑客创建空账户的成本很低,所以他们创建了成千上万个空账户,占用空间让系统膨胀了起来。这次遇到的问题只能通过另一次硬分叉来解决。

这次的决定不再有争议了,因为这是一件必须做的事情。这次分叉重置了部分燃油的成本,被称为"橘子口哨"(Tangerine Whistle),分叉在 10 月 18 日实施。这次分叉使得网络正在遭受的攻击变得异常昂贵,就这样,所谓的上海攻击终于停止了。另一个被称为"伪龙"(Spurious Dragon)的分叉在一个月后实施,目的是摆脱攻击者在网络上发布的所有无用交易。

如果黑客的目标是从买卖以太币的差价中获利,那这样做就不太值得了。马丁估计大大小小的攻击消耗了大约 800 个以太币,当时价值 9 600 美元,而且这前后 10—15 种不同类型的攻击还得靠黑客们全职发动。但从上海攻击开始到一个月后的第一次分叉，数字货币的价格只下滑了 10 美分，跌到 12.59 美元，也就是跌了还不到 1%。所以彼得认为在没有产生多少利润的情况下，这次攻击展现出的持续性表明黑客的主要目标是摧毁以太坊。

到 2016 年底，以太坊用 3 次硬分叉扛住了两次重大攻击。整个过程成了区块链管理的前车之鉴。就目前的管理规则，如果社区内有人不同意协议上做出的决定，那么这个群体就可以从原来的链上分离，开启一条新链以自己的规则运行网络，然后每条链的实力和价值将由矿工和市场决定。就像当初虽然大多数以太坊人都同意阻止 the DAO 的攻击者并将钱还给投资人，但也有不同意的人选择继续支持以太坊经典链；而在其他一些可以简单决策的情况下，比如在上海攻击之后，以太坊会通过快速响应并升级网络来解决问题，而不必产生新链。

批评以太坊的人曾在早期指出：拥有一台图灵完备的计算机和运行智能合约的能力，虽然增加了网络的灵活性，但也损害了其安全性。现在这些攻击也证明了这一点。攻击者总是在等待着发现代码中任何可利用的缺陷，因此复杂性的增加让网络更容易受到攻击。

以太坊人认识到他们可以为计算机编程却不能为人类编程，人类的贪婪、野心和聪明才智强大到足以让他们找到绕过这些程序的方法。代码可以以特定的方式运行，然而人类的行为不一定可预测，所以代码和人类之间总是会发生冲突。以太坊还在继续发展，开发人员意识到智能合约里装不下全世界，而且智能合约的智能程度取决于编写它的人以及那些出于邪恶或狂妄的原因试图破坏合约的人。

但以太坊成功抵御了这些攻击，这让许多人相信以太坊已经变得比以往任何时候都更加强大。以太坊区块链经受住了反复测试，背后的开发者们披荆斩棘，稳操胜券。不仅如此，人们也在该平台上进行了实际建设：到2016年底，以太坊的去中心化应用比前一年增加了一倍多，达到约250个，只是这些应用远非主流，还只有少量用户。不过这个自比特币以来最具野心的区块链，就如同维塔利克和他的同伴们最初所设想的那样，已经初具世界计算机的去中心化应用的雏形了。

即将着陆
ETHEREUM

第五部分

23

引爆导火线

2016年末,在科技和金融的交叉路口,有迹象表明某些事情正在酝酿。初创公司为了筹资依然在出售自己的加密货币,11月时这些公司的数量比10月增加了两倍,但总共也只有9个项目,筹集了约2 000万美元,这点钱在强竞争高回报的市场中显得微不足道。在12月又增加了9次代币销售,但筹集到的资金更少。以太币的价格仍在10美元以下徘徊。最明显的迹象体现在比特币价格图上:比特币的价格在6月曾大涨至接近790美元,但在接下来的一个月里却跌至600美元以下,此后其价格一直在稳步攀升并在11月超过了900美元。不过,这些价格变动还不足以引起太多关注,而且人们对类似的比特币价格波动早已司空见惯了。

泰勒·莫纳汉（Taylor Monahan）之前本是一个洛杉矶的电影制片人，后来转成了网络开发者。她是少数能意识到有事要发生的人。以太币预售时，泰勒购入了一些以太币，大约一年后以太坊上线，她把这些代币转移到了一个安全的钱包里。她发现整个过程需要 10 多个步骤：包括打开她计算机的编码终端、输入一堆命令，这对用户一点也不够友好。

于是她和她的朋友科萨拉·赫马钱德拉（Kosala Hemachandra）决定为不太懂技术的人建立一个名为"我的以太币钱包"（MEW）的数字钱包。这款数字钱包一开始只是她和朋友之间在使用，完全是个业余项目，因此在 2015 年的大部分时间里这个项目都没什么人用。2016 年年初，有人在红迪网上询问钱包的代码是否还在维护，然后偶尔会有人要求更新特定的功能。他们花在这个项目上的时间越来越多，但仍然把它当作一个副业，项目也一直都处于非营利状态。

真正的用户量激增是在 2016 年 5 月 the DAO 被黑的时候，那时泰勒又开始把自己代入了普通的、非专业程序员用户。当白帽黑客正在努力拿回人们的钱时，她一直在想："好吧，但是人们到底要怎么把钱'拿'回来呢？"她了解到开发者设计了一个智能合约，这个合约可以让人们将资金提现。为了弄清楚如何操作，她又一次阅读了大量维基页面，但上面的说明都很令人费解，于是她决定为智能合约打造一个界面：人们只需要在界面上点击一个按钮，就可以拿回投资在 DAO 上的钱。在那之后，她开始看到"我的以太币钱包"第一次出现了可观的使用量。

在2016年下半年，该应用程序的用户数量逐渐增加。市场上不断有人进行代币销售，用这款钱包参与其中的人也越来越多。这些代币发售就是所谓的首次代币发行，这一概念近似于"首次公开募股（发行）"，指的是相对成熟的企业向投资者出售公司股份并在证券交易所上市，命名的相似性表明了ICO并不是为了几千美元而进行的代币销售，不会草草了事，如果情况好的话也许还能筹集到几百万美元，可以像以前一样在筹资后建立一个区块链创业公司。这些ICO开始大量筹集资金，加上the DAO事件证明了人们对发财有强烈欲望，而且即便是在最糟糕的情况下，也没有人损失钱，甚至连盗取资金的人都没有锒铛入狱；"上海的拒绝服务"攻击也表明以太坊已经足够强大，黑客连续一个月试图破坏网络都没能将其击倒，因此加密货币的创业者们变得更大胆了。

整个事情都是在互联网上完成的：初创企业写出一份白皮书放在网站上，其中包含了他们项目的技术规范和详细计划，大多数时候一个网站加一份白皮书就是这些项目的全部，但这正是这种筹资机制的意义所在。传统投资者为了获得建设项目的资金，通常会避开早期的开源去中心化协议，而ICO为这些协议开辟了一条新的道路。需要筹资的项目团队会在红迪网和推特上四处宣传自己的销售，争取尽可能多的媒体报道，然后为销售确定日期和条款，在销售开始时出售自己的数字货币（也被称为代币）以换取比特币和以太币。由于以太坊的图灵完备网络和ERC20代币标准让建立应用程序和发行代币变得容易，所以大多数的ICO

都是在以太坊上完成的。

为了证明以太币不是一种投资合同，以太币被标榜为"实用代币"，是用来运行以太坊机器的燃料，这些ICO也仿照了此种模式，因此代币在项目上线后（如果能上线的话）需要能在项目平台上使用，还可以在二级市场上进行交易，这也是代币持有人能进行的所有操作了。跟股票不同的是，代币并不赋予买家对发行项目的任何权利，就像"代币"这个名字所暗示的那样，它们就像游乐场里用的游戏币。

代币跟股票的另一个区别在于这些代币都没有在监管机构注册。发行这些代币的人给出的理由是：这是实用性的代币，没有必要注册。他们最多会花钱向律师事务所求一份意见书（就像以太坊所做的那样），证明他们出售的代币基本上不会是证券。

当发售日期到来时，正在进行ICO的初创公司会指定一个数字钱包地址，来自世界各地的"投资者"（大多数项目都避免这样称呼他们）可以将他们的比特币和以太币发送到该地址以换取代币。也许有些人是真的想购买这些货币，以便在初创公司的平台上使用，但他们也看到了比特币曾经的交易价不到1美元，现在却价值几百美元；还有以太币预售时的价格是30美分，但在交易所上市时跃升到10美元以上。因此当大多数人在购买这些名不见经传的代币时，他们实际上是想在下一个大事件中发笔横财。这些代币的购买条件也很简单：有时候只需要一个电子邮件地址，没有最低资产要求，不用是合格投资者①(accredited inverstor),也不需要证明自己的资金是清白的。

那这些都是合法的吗?从2014年万事达币进行史上首次的ICO开始,加密货币社区就知道这可能有不合法的风险。但随后以太坊提出了实用代币的定义,出具了第一份意见书,于是进行代币销售的项目变得更多了。截至2018年,虽然没有监管机构站出来表明"ICO是合法的",但也没有人说它们是非法的。这情况对筹资者来说已经够好了。

在上海攻击事件之前,大多数ICO筹集的资金都不到100万美元;袭击发生后,甚至在袭击发生时,各个ICO筹集的资金就陆续筹集到100万美元以上了。销售通常不设上限,会持续好几天。但在线游戏公司"第一滴血"(First Blood)在出售代币时,将其在9月26日进行的ICO上限定为550万美元,当天发售的代币将作为游戏中的奖励使用。销售在5分钟内就结束了,这意味着一家成立不到一年的公司,每分钟就能筹集超过100万美元。在所有筹集金额超过500万美元的项目中,第一滴血用的时间是最短的:以太坊的众销花了大约两个月;乔伊·克鲁格的预测市场"预言家"的销售花了大约一个月;想把代币和金条联系起来的"数化"(Digix)项目用了不到一天;而第一滴血的销售只花了5分钟。

在11月的第2周,泰勒待在洛杉矶的家里,准备多花点时

---

① 美国证券交易委员会的D条款规定,要成为"合格投资者",投资者必须有100万美元的净资产,至少20万美元的年收入,或者必须在交易中投入至少15万美元,并且这项投资在投资人的财产中所占比率不得超过20%。——译者注

间在"我的以太币钱包"项目上。她知道之后软件的使用量会增加，因为"戈仑"（Golem[①]，一个分布式计算协议）正在进行ICO，这是一个著名的项目和团队，它的销售吸引了许多人的兴趣。之前在DAO众销和上海攻击期间，"我的以太币钱包"一度十分卡顿。为了防止这种情况在戈仑代币发售期间发生，泰勒和科萨拉扩大了他们的服务器规模，并提高了用户为每笔交易支付的燃油默认价格，以确保交易能顺利进行。此外，他们还进行了其他一些修复措施。11月11日销售当天，泰勒在确保一切就绪后，在快凌晨5点的时候才睡下。

早上6点30分，泰勒的丈夫凯文（Kevin）叫醒了她。凯文是一名音乐制作人，但也开始协助钱包的事情。原来是网站出了问题：凯文发现他的交易无法发送，无论他怎么点那个"发送"按钮都没有用。半小时后代币销售开始了，服务器虽然没有崩溃，处理请求的时间却很长。原因很简单：在早上7—8点，交易者们进行了708 490次请求，这相当于是每秒就有来自1 264个独立访客的大约200个请求，但由于众销只持续了不到30分钟，所以很可能大部分请求都挤在了前半个小时。他们的服务器才100美元，这个量已经大到没有办法处理了。

参与销售的人心急如焚地向戈仑的销售地址发送以太币。最后大约700笔交易就达到了860万美元的上限，所以只有不到700个人成功了。那些没能成功的人只得悻悻作罢，转而把愤怒

[①] 该词也译作"魔像"，起源于犹太教，指用巫术灌注黏土而产生自由行动的人偶。——编者注

发泄在泰勒身上：既然以太币发不出去，那就给她发消息好了。这些人发来的消息一句比一句咄咄逼人，字里行间都充满了对女性的歧视和语言暴力：

愚蠢的 MEW，搞砸了戈仑众销。

你搞砸了我的投资，把我害惨了，你到底有什么毛病？你简直就是一坨失败的屎，连代码都写不明白吧？

我要朝你的喉咙里塞根管子，到时候你就会希望你从来没有建立过这个狗屁不通的网站。化妆都盖不住你这张臭脸。

泰勒在浏览这些信息的时候只觉心中郁结。她把这个项目当作一种爱好来做，而且是免费在做！在创办 MEW 的一年多时间里，他们只收到了价值 1 万美元的以太坊和比特币捐款。为了确保一群陌生人的口袋可以装满加密货币，她只睡了不到两个小时，早上 6 点就起床了，而这就是她得到的回报吗？但她没在这个问题上纠缠太久就瘫倒在床，她已经精疲力竭了。在睡了 6 个小时、吃了 3 片比萨之后，她鼓起勇气又查看了推特和红迪网，惊讶地发现愤怒的大众（大部分）已经销声匿迹了。以太坊的人向她伸出了援手，现在支持性的评论已经湮没了攻击性的评论。事实证明加密货币就像磁铁，最好和最坏的人都被吸引了过来。

在戈仑销售之前，MEW 已经支持过 6 次 ICO，从没有出现任何故障。但这一次，人们被天花乱坠的炒作搞得晕头转向，"担心错过"①（the fear of missing out，FOMO）这种情绪已经开始蔓延。从泰勒收到的那些信息就能看出，这样的恐惧能让人失去基本判断力。但跟即将在2017年发生的事情相比，这只是餐前小菜。

---

① 指"错失恐惧症"，这是一种总在担心失去或错过什么的焦虑心理。随着社交媒体的高速发展，该症状也逐渐在全球各地显现。——编者注

24

意外的以太币财富

2017年1月1日,比特币的价格自2013年12月以来首次超过了1 000美元。这就好像是加密货币在宣布:"今年将是加密货币年。"目前还不清楚到底是什么导致了这次上涨,但部分原因是比特币的实际应用。随着新兴国家本币走软,比特币的交易量正在回升。委内瑞拉就是一个例子。在推动总统尼古拉斯·马杜罗(Nicolas Maduro)下台的请求在法庭上被驳回后,抗议者再次走上街头。还有印度,在一项旨在遏制腐败、禁止大额现钞流通的举措适得其反后,卢比的汇率一路飙升。比特币在埃及和尼日利亚的交易量也有所上升,这两个国家都因经济下滑而导致了本国货币贬值。

从更广泛的角度来看,美国联邦储备委员会主席珍妮特·耶伦（Janet Yellen）于2016年底加息，并示意2017年还会多次提高利率，让美元指数达到2003年以来的最高点，这一举措让新兴国家陷入了困境；唐纳德·特朗普当时刚刚当选为总统，他的政纲承诺禁止在边境进行贸易和移民，这同样也不利于发展中市场；当年早些时候，英国投票决定退出欧盟，这一迹象也表明世界正变得更加民族主义。围墙拔地而起，边界封锁不通，这使得全球数字货币变得更具吸引力了。加上媒体关注度也跟了上来，激起了更多的交易，但交易的主力军并不是那些想要保护自己免受货币贬值或政府排外带来损失的人，而是那些认为比特币和其他数字货币市值会走高的投机者。

　　理查德·伯顿（Richard Burton）并没有注意到这些迹象。他以他能想到的最佳方式开始了2017年：此前他回到了英国老家度假；然后，他在法国偏远地区的山坡上玩了一段时间风筝冲浪；现在他正在挪威的苔原上穿行，初雪过后，他踩在滑雪板上，任由手里抓着的一个风筝拉着他向前滑行，越过地面。

　　他刚跟其他两位联合创始人创办了一家金融技术公司，以继续维持他对风筝冲浪的嗜好，但他能像今天这样也是经历了一路坎坷。在获得一年制的会计学位后，他开始痴迷风筝冲浪，哪儿有浪，哪儿就有他，他用他在网上卖连帽衫的钱从印度尼西亚冲到南非。在他25岁的时候，他的一个朋友和他进行了一次认真的谈话："小理，你现在就是一个冲浪的流浪汉。你明明可以更好。"理查德知道忠言逆耳，于是申请了"条带"（Stripe）公司的工作，这是一家他读到过的支付创业公司。现在Stripe的估值已经超过了 200 亿美元，拥有超过 1 500 名员工，但在当时，也就是 2012 年，它还是一家刚成立两年的公司，团队里只有 30 人。

理查德得到了这份工作，感觉自己就像登上了一艘火箭船，但由于他不太服从指示，3 个月后就被解雇了。他连续几个星期都很郁闷，但之后又重新振作起来，跟一个朋友开了一家招聘公司。这个朋友是他在旧金山合租认识的，当时他们跟另外 15 个男人一起合租了一个昏暗的屋子，大家都是计算机迷。但这份工作也没持续多久，结局是他的朋友把他赶出了公司。愤愤不平的他开始跑步，好排解那些快要吞噬他的消极情绪。在一次跑步的过程中，他听到了维塔利克的声音，当然这声音并不是从天而降的圣音，而是从一期播客里传来。

当时理查德没有完全理解维塔利克所说的内容，但他说的内容听起来都意味深长，而且与他之前听到的其他加密货币项目都有很大的不同。他看到加文·伍德那周恰好要在镇上发表演讲，就去看了看，结果他大为震撼，然后主动要求加入。理查德为加文工作了大约 3 个月。2014 年，加文要进行一次关于以太坊潜力的演讲，理查德为这次演讲做了界面设计和建模，由于没有工资，他工作到无法为下一次信用卡还款时就离开了。他从没觉得有谁亏欠他，但他没想到在以太坊上线时自己竟然得到了贡献者的份额，这下他手上持有的以太币数量就更多了。在做了一段时间设计网页的自由职业后，他兑现了一些以太币，与别人共同创立了一家名为"余款"（Balance）的金融科技公司，在他离开公司去享受冰雪假期时，他都还有一大笔以太币。

理查德正沿着斜坡向下滑行，以太币的价格却开始反向往上发展。他的资产中大约有95%都是数字货币，这意味着价格的每次小幅上涨都会对他产生巨大影响。有一次，理查德看到他的以太币持有量价值翻了一番，后来又变成了原来的3倍。他买入时以太币的价格在30美分左右；在他开始旅行时，以太币的交易价格还不到10美元；但当他4月回来的时候，价格就已经上涨了5倍多。就这样，新生活向他敞开了大门。某天晚上他第一次对新生活有了更具体的感受，当时他正住在挪威滑雪小镇上的一家30美元一晚的旅馆里，接待员告诉他接下来的几天都没有空房了，他第一反应是觉得自己必须要回到奥斯陆了，但随后就想起了他的以太坊钱包。他记得他做的下一件事就是在街边的五星级酒店办理入住，他不在乎这点钱了，因为他现在是个百万富翁。

与此同时，在布鲁克林，约瑟夫·鲁宾的公司共世仍在把以太坊当成信仰在宣传，即使过去一年戏剧性事件不断：the DAO事件、上海攻击和层出不穷的ICO，他们也没有停下宣传的脚步，有更多的公司被共世吸引到以太坊事业中来了。对于领导这项工作的安德鲁·凯斯（Andrew Keys）来说，以太坊收获的第一员大将是微软。谈合作需要从发一封冷邮件[①]（cold email）开始，跟微软接洽的邮件发给了马利·格雷（Marley Gray），他是微软位于时代广场的技术中心的金融服务技术战略总监。当时微软已经开始在其"无限魔盒"（Xbox）游戏商店中接受比特币，所以劝

---

① 泛指与收件人关系不熟，但想要对方帮忙的邮件。——译者注

他们使用更灵活的区块链会更加容易。那时候还是2015年，这种合作关系意味着微软基于云的商业服务"蔚蓝"（Azure）客户端将可以访问由共世维护的企业版以太坊。签下微软后，共世与其他大公司的合作就变得更加容易了。

共世公司是希望借助跟这些大公司的合作，让以太坊能覆盖到从更快的证券结算系统到更精简的后台建构功能。跟共世合作的还有普华永道等公司，这将有助于共世与那些愿意探索区块链技术的客户建立联系。

到2017年2月底，团队已经准备好宣布他们的进展，并将他们的所有合作伙伴都聚集在同一个屋檐下，建立他们所谓的"企业以太坊联盟"（Enterprise Ethereum Alliance）。一些世界上最大、最顶尖的公司都在其中：包括摩根大通、芝加哥商品交易所、纽约梅隆银行、瑞士信贷、桑坦德银行、西班牙对外银行、荷兰国际集团、瑞银、英国石油、英特尔和微软。虽然合作意味着这些巨头将开始试用以太坊，但这样的关系并不是捆绑，也没有设定很多具体的目标或实际结果。不过以太坊在当时还只是一个几年前才出现的，还有小故障的测试网络，并且这项技术还未经过测试，这些公司能同意将自己的名字跟以太坊联系起来，已经算是以太坊取得的很大进展了。这样的合作关系是"双赢"的，不仅为以太坊披上了一层信誉的外衣，同时也让那些不够灵活的大公司能借机告诉股东，公司正在借全新闪亮的技术流行语"区块链"之势走创新之路。

接着市场也有了响应。2017年3月初，以太币从上个月的

11美元左右首次突破了20美元，之后每隔几周价格就会翻一番，在3月中旬超过了40美元，在4月底飙升至80美元。

当时住在拉斯维加斯的纹理搬到了加州奥克兰的一套公寓，那时候以太币的价格在11美元左右。只要价格不低于这个数字，他手上的以太币至少还可以支撑他在加州生活一年。直到看到企业以太坊联盟宣布成立，他才相信以太坊真能成功，因为他认为以太坊有可能会遭到管制然后直接消失，这一风险让他一直放心不下，但有大公司的支持至少让这个项目有了一些影响力。这样即使政府开始打击加密货币，他猜想这些财富500强公司也会找说客去阻止监管机构。

紧接着，比特币的价格在3月突破了1 200美元，超过了1盎司①黄金的价格，引发了新一轮的头版头条，标题上写着诸如"比特币比黄金更值钱"的内容。这样的涨势部分是由于人们都在猜测期待已久的比特币交易所交易基金②（ETF）能被批准。温克莱沃斯兄弟，也就是与马克·扎克伯格在脸书所有权问题上打官司的人，决心成为第一个推出由比特币支持的交易所交易基金的人。他们已经深入到了这场加密货币的游戏中。此前，他们支持查理·史瑞姆的BitInstant，还在联邦调查局关闭涉嫌欺诈的Mt. Gox时购买了大量被扣押的比特币。2013年，在他们向美国证券交易委员会提交了第一份文件后，就一直在等待交易所交易基金能够被批准。

---

① 重量单位，1盎司约等于28克。——译者注
② 一种可以在证券交易所交易，提供投资人参与指数表现的指数基金。——译者注

同样一直在等待的还有比特币投资者。交易所交易基金的结构类似于股票、债券或商品等一篮子证券，可以像单一股票一样在交易所进行交易，相当于向小型个人投资者开放了类似共同基金的工具。因此人们认为比特币交易所交易基金将为这些所谓的散户投资者，以及大型金融机构打开进入加密货币世界的闸门，从而推动比特币价格上涨。

3月10日上午，美国证券交易委员会将要给出裁定，这时比特币的价格创造了新纪录，飙升至近1 340美元。但当天下午，美国证券交易委员会拒绝了提议，原因是"担心在比特币交易中可能出现欺诈性或操纵性的行为和做法"。裁定消息传来后，数字货币的价格暴跌回了1 000美元以下。美国证券交易委员会对操纵市场的担心是正确的，因为大多数加密货币交易过去是（现在也是）在监管不严的交易所进行，交易所里夸大交易量、欺骗其他交易者的现象屡见不鲜，比如有刷量交易[①]（wash trading）和幌骗[②]（spoofing）等。

但比特币的价格再一次在短短几天内就恢复了。当时人们的想法是，还有更多的比特币交易所交易基金正在筹备当中，美国证券交易委员会至少会批准其中一个，这只是时间问题。等待交易所交易基金批准的过程助长了"机构资金涌入"加密货币市场这一主题，并在2017年变成了加密货币市场的一大常态。

---

① 指利用多个账户相互买卖，伪造高交易量，从而误导他人的交易决策，以实现自己的目的。——译者注
② 指的是在股票市场或期货市场交易中虚假报价再撤单的一种行为。即先下单，随后再取消订单，借此影响股价。——译者注

到5月底，整个加密货币市场已经增长了4倍多，市值达到了800亿美元。这个刚刚起步的资产类别在短短5个月内市值就增加了600多亿美元。作为最早开始报道加密货币这个新兴行业的商业性出版物之一，Coindesk在当月组织了第三届共识峰会，于是加密货币的许多大人物齐聚在纽约时代广场的马奎斯万豪酒店。这次大会有超过100名发言人和2 700名与会者，其中一半是"货币台"宣传的"高管层"嘉宾，阵容和规模相当于加密货币领域的超级碗[①]（Super Bowl）。

人们对此次活动的期待让比特币的价格继续上涨，打破了其先前在2013年的纪录，超过了2 000美元。像这样好看的整百、整千的数字往往能引起记者和分析师的注意。对于比特币来说，这个大大的"2 000"确实做到了这一点。以太坊的价格也陆续突破了100美元和200美元的大关，这些数字也继相占了一波头条。在这之前，也有主流金融媒体会不时报道加密货币，但现在其价格的飙升以及最近被醒目地刊登在各大报纸上的区块链公告，给了媒体一个扎堆报道的理由。《财富》（Fortune）杂志在5月21日的一篇报道中写道："数字货币比特币又迎来了一次令人瞩目的涨势，价格在上个月飙升了近65%，并在本周首次突破了具有象征意义的2 000美元大关。比特币过去也曾有过这样激动人心的时刻，但像现在这样让人热泪盈眶还是头一次。"

我开始更加频繁地为彭博新闻社撰写有关加密货币的文章，

---

① 是全国橄榄球联盟（也称为国家橄榄球联盟、NFL）的年度冠军赛，多年来都是全美收视率最高的电视节目，并逐渐成为一个非官方的全国性节日。——译者注

读者们就是怎么都看不够。几乎所有标题中带有"比特币"的内容都会成为当天彭博终端中阅读量最高的文章，还会被发布在彭博网站的首页；比特币价格指数也被显示在彭博终端，数据来源于几个最符合监管要求的交易所，彭博的用户还希望终端能为其他币种也提供类似的数据；另外，在彭博电视的底部有一个持续滚动的指数价格条，2017年的某一天，比特币的价格也开始出现在那里。

热情高涨的不只有彭博社的读者：在5月的共识峰会上，IBM宣布自己已经签署协议，将利用区块链技术帮助马士基和沃尔玛节省"数百亿美元"，颠覆航运和零售业；一家专门为金融领域打造区块链的初创公司、背靠多家银行的财团R3，宣布从包括美银美林集团、汇丰银行和富国银行在内的出资方那里筹集了1.07亿美元；当然，还有很多待进行的ICO，其中最受关注的是文尼·林厄姆（Vinny Lingham）的"思维客"（Civic）项目。文尼是南非的一个企业家和真人秀明星［参加过美国的创投真人秀《鲨鱼坦克》(*Shark Tank*)］，他计划在ICO中为一个由区块链驱动的身份系统筹集3 300万美元。

企业以太坊联盟这边也是门庭若市：联盟刚成立时只有30个成员，仅仅一个月后，规模几乎变成了原来的3倍，有了86个成员。新加入的公司中有三星电子、默克制药和丰田汽车。联盟中几乎每个行业都有对应的大公司代表。连那些最期待区块链技术崩溃的公司也加入了进来，比如存储和清算美国证券的美国证券托管结算公司（DTCC）。

主流媒体报道最多的是富达公司首席执行官阿比盖尔·约翰逊的主题演讲。她宣布富达投资公司将推出与加密货币交易所币基的整合,但最让人印象深刻的是她在会上对区块链技术的热情认可。《华尔街日报》就这次主题演讲写了一篇文章,题为"想不到的比特币推广大使:富达公司首席执行官阿比盖尔·约翰逊"。

"你们中的一些人可能在想:阿比盖尔今天为什么会在这里?"《华尔街日报》援引她的话写道,"我爱故我在。"

在中本聪向密码朋克们的邮箱发送了白皮书近10年后,区块链技术和加密货币才终于为大公司所重视。以前的区块链活动只是比特币活动,兴许会有几个大牌赞助商,但会议现场大多是技术人员和初创公司代表,坐都坐不满。但到了2017年,每个行业的所有重要人物都涌入了会议的小组讨论和主题演讲,现场的人多到大家只能站着。比起现在才来参加峰会的人,那些最初就参与进来的技术人员大多已经自觉高人一等了。参会者大多是西装配卡其色长裤或牛仔裤的美国白人男子,纷纷在会议现场给出他们的名片,试图获得一些"内部消息",好知道应该在哪款货币的ICO中买入,以及现在才抢购一些比特币是不是太晚了。各界的关注在6月将比特币的价格推向了3 000美元,以及将以太币的价格推向了400美元,这距离两种货币在之前分别到达2 000美元和300美元的整数分水岭,才过去了两个星期。

随着比特币和以太币价格的攀升,加密货币投资者有了更多钱可以花在其他数字资产上。这些从加密货币中赚来的钱不像"血汗钱"那样来之不易,所以人们更容易大手大脚地把钱投入到还未经测试的项目和团队中去。很多人都觉得自己像是中了彩票,所以他们要继续冒险赌博。大家普遍都情绪高涨,这让70家初创公司在6月底之前的ICO中筹集了8亿美元,这数额几乎是有史以来所有代币销售所筹资金的3倍,也是所有区块链公司在传统风险投资中筹集资金的2倍,另外这也是首次初创企业出售数字代币所筹集的资金超过了出售股权筹集的资金。其中绝大多数代币都是在以太坊上发行的。

25

新型募股

到 2017 年年中,泰勒的 MEW 项目几乎停滞不前。1—6 月底,她和一个大约 5 人的团队运作这款数字钱包,项目刚刚启动,缺乏规划,一直处于混乱的状态。团队建立了轮班制,每天 24 小时待命监控 MEW,这让大家的作息完全颠倒了。泰勒经常通宵达旦地工作,应答每天收到的数百次请求,确保一切都在线并抵御攻击者。其实钱包里并没有存储用户的资金,但黑客们总是想拿走人们的钱:从试图入侵他们的服务器,到创建钓鱼网站欺骗人们发送他们的加密货币或钥匙,无孔不入。曾经一度出现了大约 100 个虚假的 MEW 网站,泰勒和她的团队给域名和托管服务商发邮件,试图把这些网站一个个地撤下来。她一般在上午 10 点才上床睡觉,然后由团队接手她的工作以确保一切正常运行。

如果有什么突发事件,他们就会叫醒泰勒。

起初每周大约有一次ICO,然后是每两天有一次,接着是同一天内可能就有两次。每一次的ICO融资规模都很大,但每隔一周就会出现一次规模更大的ICO,让之前声势浩大的ICO都相形见绌。代币发行本是旨在为建立和交付去中心化平台的项目提供资金,却逐渐演变成了利用炒作来积累资本。

5月5日,一个名为"代币卡"(TokenCard)的项目在30分钟内筹集了近1 300万美元以太币,项目的目标是为维萨借记卡嵌入智能合约,这样用户就可以在接受维萨卡支付的地方使用加密货币。与代币卡项目一样,当时推出的大多数ICO的野心都非常大。例如,"非凡数字电视"(SingularDTV)想成为"去中心化的网飞①";"爱基金"(Iconomi)想成为"基金管理领域的优步";还有"时间银行"(Chronobank),其目标是"颠覆人力资源、招聘和金融行业,向代表着自由职业革新的'上工作'(Upwork)看齐"。

在几分钟内就能筹集数百万美元的项目变得司空见惯,但后来出现了一家创业公司在几秒钟内就筹集到了数百万美元,那就是"狮子王"浏览器(Brave),此款网页浏览器在5月31日的30秒内售出了价值3 500万美元的注意力币(BAT),其创始人是摩斯拉联合创始人兼JavaScript创造者布兰登·艾克(Brendan Eich)。注意力币发售时,交易者们为了参与销售不惜铤而走险,

---

① 一家美国公司,为多国提供互联网随选流媒体播放,定制DVD、蓝光光碟在线出租业务,其中在线视频流服务是其现今最主要的服务之一。——译者注

一位投资者甚至支付了超过 6 000 美元的以太坊燃油费用以确保他们的交易顺利进行。多米尼克·斯泰尔（Dominic Steil）也是急于加入的加密货币爱好者之一。他在 2013 年开始挖矿和购买比特币，现在又在从事企业区块链项目以及去中心化应用，随着加密货币价格的飙升，他获得的收益已经可以让他停工一段时间跟女朋友一起旅行。狮子王浏览器进行 ICO 的时候，他正在意大利海岸的五渔村，他已经为销售做好了计划，在销售即将开始时他进入了一家咖啡馆。然而计划赶不上变化，当他打开笔记本电脑时 ICO 已经结束了，他简直不敢相信。最终只有 130 人成功参与了销售。

还有人正准备组织一次迄今为止规模最大的 ICO，她就是加利亚·贝纳兹（Galia Benartzi）。加利亚和她的弟弟盖伊（Guy）在硅谷长大，他们的父亲是一位从以色列移民过来的工程师，经常谈论技术和商业，姐弟俩从小便耳濡目染。大学毕业后，他们想尝试自己经营一家公司，于是在 2005—2011 年间，他们与其他联合创始人一起建立了两个面向智能手机游戏的初创公司，分别是"梦托邦"（Mytopia）和"粒子编码"（Particle Code），后来两个公司都被卖掉了。在那之后，加利亚在沙山路最古老的风险投资公司之一——三一创投（Trinity Ventures）担任入驻企业家[①]（entrepreneur in residence），并成了彼得·蒂尔创始人基金（Founders Fund）的风险合伙人。2012 年，加利亚搬到特拉维夫，

---

① 指已经具有成功创业及运营经验的创业家被吸收进入风险投资公司，成为一名全职工作人员，从风险投资公司获得薪水、其他工作条件以及必要的资源支持。——译者注

为创始人基金接入以色列新兴技术。在以色列，加利亚发现了比特币，了解了开发者在比特币上建立不同的层和应用的初衷，还开始看伯纳德·列特尔（Bernard Lietaer）的作品，伯纳德是一位经济学家，早在比特币被发明之前她就提倡使用替代货币，并主张社区可以从自己创建的平行本地货币中受益。

受到加密货币和列特尔观点的启发，她与之前的创业团队、互联网创业者艾尔·赫佐格（Eyal Hertzog）一起开发了"应用币"（AppCoin），得到了创始人基金和其他公司的投资。他们开发了一款软件（不基于区块链），有了这款软件任何人都可以很轻松地为他们的社区制作货币，并且还能在市场上使用。他们先在特拉维夫的一群母亲中进行了测试，在一年内大约有2万名用户交换了价值约2 400万美元的"心"（hearts），这是一款社区的虚拟货币。团队的理念是本地货币可以促进社区内的商品和服务交换，社区成员不用花费额外的现金就能创造富裕和资源，而光靠使用传统货币是无法实现这一目的的。

但团队意识到这群母亲还要在其他社区内活动，包括整个国家经济体。社区的货币要想成功，它们就不能只在一个小圈子里交换，而是要在任何产生用户互动、有价值交换需要的地方。问题就在于"心"不具有流动性，也就是说在母亲的小圈子之外，没有足够多的人购买和出售它们，所以这样一个新兴起来的经济体是孤立的，宛如一个不能从世界其他地方进口或出口本国任何东西的新国家。等团队得出这个结论的时候已经是2015年了，他们不得不关闭了这个业务。2016年，团队看到了一个前景大好的智能合约平台，那就是以太坊，他们发现这个平台可以让他们通过编程的方式解决竞争币的流动性问题，即便货币可能没有什么交易量。看到已经有人开始创建自己的竞争币，团队打算创建一个平台，任何货币无论规模多小，都可以在此平台上获得流动性，这个新项目被称为"班科"（Bancor）。

任何加入班科网络的货币都必须在其智能合约中有少量货币储备，用于和其他代币的交易。关于"储备货币"，到底是应该用以太币还是另创一种特定代币，团队集思广益，最后决定创建一个名为班科币（BNT）的平台专用代币，这样以后不仅是以太坊，许多区块链都可以使用班科网络。但无论是用以太币还是用班科币，他们都需要很多货币，他们却没有。在权衡了各种选择后，他们决定进行一次众销。

但他们想在以前的众销上有所改进，以便让所有人都能购买班科币，而不仅是那些速度最快或愿意支付最高燃油价格的人。所以他们决定不为众销的第一个小时设置上限，这样任何人都可以买到班科币，但团队接收的以太币数量会有一个隐藏的最高限额：如果他们接收到的以太币在那一小时内超过了上限，销售就会结束，超过的部分会被放入一个智能合约内，以便让班科币持有者拿回他们的以太币；如果没有达到上限，销售将继续进行，直到达到上限为止。他们为投资者可以支付的燃油费用设置了上限，以避免交易者支付数千美元插队。

班科币销售的前几周是团队最紧张的时候。团队里有很多人都睡在特拉维夫的办公室里，这个由12人组成的团队每天工作

20个小时,忙于搭建技术,建立规章制度(此项目遵循以太坊模式,有一个位于楚格的基金会),沟通计划和进展,还要应对人们日益增长的兴趣。这些人要么想为项目工作,要么就是想给项目投资,其中就包括亿万富翁风险投资人蒂姆·德雷珀(Tim Draper)。他上电视时经常戴着印有比特币B标志的领带,他也来购买了班科币。尽管美国投资者对该项目也感兴趣,甚至美国监管机构也没有出台明确的指导方针,但这次销售仍没有向美国投资者开放,因为团队想确保此次代币销售是合法的。

销售当天和销售前几天并没有什么不同,许多团队成员还是睡在办公室。办公室里有一张沙发和一个床垫,办公室经理还为每个人都准备了牙刷。那天早上,当大家陆续准备开始办公时,加利亚和其他创始人把所有人召集在一起进行了一次动员讲话。这次销售将实现他们过去一年中一直在为之努力的目标:为数字资产的互操作性制定去中心化自动协议。创始人表示,他们一直在为这一时刻做准备,现在他们已经准备好了。

但加利亚的心一直紧着,怎么也放松不下来。这几周以来,她一直觉得眼前布满了荆棘,自己只能挥着砍刀破除障碍,却根本不知道前路何在,没有任何参考为她指明方向。销售的每一部分都充满不确定性,但所有的部分又都必须配合得严丝合缝:智能合约必须接收以太币并发放代币;网站必须向所有人显示当前情况的实时信息;用户的钱包、团队的办公室以及所有渠道上的所有账户都必须保证安全;所有信息必须有准确和实时的应答;电源必须保持接通状态;以太坊网络必须正常运行。在

ICO中，热情和资金将如洪流般涌入，而处于洪流中心的人只能尽力而为。

班科团队的人围在两名技术主管身边，等待他们按下开启销售的按钮，按钮按下的瞬间，以太币就开始涌入了。"一定要稳住，一定要稳住，一定要稳住！"加利亚对自己说。

然后，就在一瞬间，一切都停止了。

"朋友们，交易没有通过。"有个人这样说，他们看着笔记本电脑，买入班科币的订单越来越多。

"老天！我觉得是有人在攻击我们的网站。"另一个团队成员说。

"流量激增，一定是拒绝服务攻击。"一位开发者说。

团队过了很久才意识到，虽然他们的网站确实是被攻击了，但阻碍交易的真正原因是他们的ICO阻塞了以太坊网络，有几千个积压的订单正等待确认。而他们为人们设定的销售时间即将结束，但几乎所有下了购买订单的人都没有得到班科币。现在他们只有几分钟去想解决方案了。

"我们可以先把第一个小时里进来的所有订单处理完，就关闭这次销售。"加利亚说。

"但要是我们在等前一个小时的交易结算时，又有人下单了怎么办，难道这些交易就不算数吗？"

他们拨通了瑞士律师的电话。

"为了处理这种技术障碍而延长销售时间，这种做法正确吗？我们曾经承诺，在一个小时内所有人都可以获取代币，但人们在这一个小时内只得到了崩溃的以太坊；或者说延长销售时间会不会跟我们之前的承诺相违背？"加利亚问道。

瑞士的律师一致认为，重要的不是代币生成合约中语言的表达形式，而是其想要传达的本质含义，就像合约也无法预先说明由于外部因素导致第一个小时内只有一小部分交易能通过时该怎么办。

与此同时，加利亚手机通讯录中的每个人都在给她发信息询问如何购买班科币。其中有投资者，有她的人生导师，有她的家人和大学朋友。墙上的时钟嘀嗒嘀嗒地响个不停。

最后他们决定延长这次销售时长，等待所有待处理的交易通过，这将需要两个半小时。该决定一做出以后，人们便开始指责他们利欲熏心，违反了条款，但团队只能承受这些骂声。当ICO关闭时，加利亚看到还有价值约4亿美元的以太币交易等待被处理，最后一共有来自1.1万名买家的不到40万个以太币交易成功，价值大约1.53亿美元。其中8万个以太币将进入初始储备池，确保即将开始运行的班科网络中班科币的流通，还有12万个以太币将进入代币回购合约中。

销售当天下午，当以太币还被锁定在钱包里的时候，每个参与销售的人都已经收到了班科币。等以太坊网络又正常运行的时候，创始人召集团队感谢了大家的辛勤工作，然后立即进入了办公状态。之前出错的事情太多，每个人都还耿耿于怀，并没有心情庆祝。

约两周后，另一个被炒作起来的ICO出现了，那就是状态浏览器（Status）的销售。这家创业公司想为以太坊网络打造点对点的加密通信服务，用户可以在其上聊天和发送以太币，就像用微信支付和转账一样。班科众销时泰勒已经经历了一次劫难，她想确保这次众销不会出现任何问题。销售定在6月20日洛杉矶时间早上7点开始，前一晚她又是熬到很晚才睡，只睡了几个小时。她在销售开始前起床并配置了MEW的提示信息：这样当用户将资金发送到正确的地址时，用户就会看到提示信息，确认他们即将加入status的ICO；如果用户将资金发送到伪装成ICO钱包的诈骗地址时则发出警告。

配置完MEW后她回到床上却辗转难眠，于是起身去洗澡，想到了最近的一次讯佳普对话。她和其他以太坊成员一直在谈论状态浏览器的众销规模到底能大到什么程度，她觉得众销可以筹集到2亿美元的资金。维塔利克也是聊天群中的一员，只是很少参与大家的谈话，可这次他插话说如果知道status的销售被过度炒作，也许市场会自我纠正，那么愿意参与的人就会减少。维塔利克从来没有预料到去中心化筹资会在以太坊上以这种方式迅速发展，虽然由此带来的以太坊使用量增长鼓舞人心，但看着这些盲目的投机行为，维塔利克也越来越担心。看维塔利克这样一说，泰勒希望他说的是对的，但她也知道加密货币市场远没有维塔利克那么理性。

当她从浴室出来时，她的丈夫正在等她。

"格里夫和乔迪想和你谈谈。"他说。

"啊，不是吧，"泰勒说，她意识到这并不是什么好事，"绝对没有什么好事情。"

格里夫曾经是智慧锁社区经理，他和乔迪曾在白帽小组共事，然后两人一起从事各种区块链项目。

乔迪在帮助 status 设计一个更好的系统，从而能让代币分配的范围更广，避免代币在最初的几分钟内流向少数的几个大额持有者。这一次为了确保状态币（SNT）能分配给更多的人，销售依然是分阶段进行，每个阶段里每个地址向销售合约发送的以太币数额都是有限制的，这样投资者就很难一次性购买大量代币了。项目能筹集的以太币总额也有限制：最高是 30 万个以太币。

但这次的问题在于想要一次性购买大量代币的人为了绕过投资上限，发起了很多独立的小额交易，因此阻塞了以太坊网络，这导致其他交易无法正常通过，所以人们只能重复发送交易，进而造成了更严重的拥堵。

泰勒接到了一个讯佳普电话，她的湿头发还在滴水。

"虽然从名义上讲销售已经结束了，"乔迪说，"但所有这些交易要花 9 个小时才能处理完成。"

"所以人们会继续发送以太币，觉得依然还能参与 ICO，但最终却只会发现他们的交易失败了？"她说。

"是啊……这可真是太糟糕啦！"乔迪叫道。

"别这样！之前你是想设计一个更好的代币系统，这个目标已经完成了；然后你还想让代币在销售中分配得更加合理，你可能也都做到了，"泰勒说，"但现在这个情况我们该怎么办？"

泰勒给出的解决方案是用 MEW 发送一条消息，告诉用户根据待处理交易的数量，状态浏览器的 ICO 基本已经结束了。当时以太坊上的平均交易费用已经创了新纪录，超过了 1 美元，同时区块确认时间也在攀升；币基和比特菲尼等大型交易所也暂停了以太币交易，直到网络恢复正常。

比特菲尼交易所发了一条推特说："在网络里积压的订单清零前我们准备暂停以太币提款业务，这样才能确保区块链上的交易稳妥进行。"

status 的众筹只进行了 3 小时就达到了其筹款目标，卖出了近 1 亿美元的状态币。与以往的销售相比，参与此次众筹的人数更多了，大约有 1.5 万人，虽然这次销售只进行了 3 个小时，但清空所有待处理交易用了将近两天，之后网络才恢复了正常。但由于还有很多人没能成功参与销售，泰勒再次受到了很多指责，收到了一连串发泄不满的推特和邮件。

泰勒发推特反击这些喷子："我也受够了那些不眠夜！你们去把钱丢给别人吧！等这次众销也担心参加不上，那次众销也害怕进入不了的时候，再像疯狗一样朝我们乱咬吧。"

论坛上的人们也在指责 status 贪得无厌。他们真的需要 1 亿美元来开发一个聊天应用吗？以太坊不都只筹集了这个数字的一小部分吗？连微信在其种子轮融资中也只筹集了 350 万美元。不论什么时候有人提起 ICO，"贪婪"这个词就会出现，且出现频率越来越高。

数字货币狗狗币（Dogecoin）的创始人杰克逊·帕尔默（Jackson Palmer）在 status 众销时发布了一段油管视频。他在视频中说:"过去一个月,以太币的价格每周都会上涨100美元左右,价格上涨背后的真正原因是贪婪:开发者的贪婪、投资者的贪婪以及这个投机市场中所有人的贪婪。"他创造的狗狗币来源于一个互联网热词,他是少数强烈呼吁理性的加密货币名人之一。

每一次ICO崩溃后人们都针锋相对,百般责难,其中一种说法是投资者和开发者都太贪婪了,但事实是用于运行ICO所需的基础设施还没有准备好。最终更令人担心的事情还是发生了:以太坊无法应对由其第一个杀手级应用"筹款"带来的流量。

26

鬼马小精灵

到2017年6月2日，区块链初创公司已经能在几分钟内筹集到数百万美元，比特币的价格突破了2 000美元，以太币的价格也超过了200美元。这一天，维塔利克来到俄罗斯圣彼得堡一个体育场大小的、玻璃钢架结构的会议中心，他将在这里参加一场秘密会议，与地球上最有权势的人之一交谈。弗拉基米尔·普京（Vladimir Putin）刚刚结束了跟一群经营数十亿美元市值公司的CEO的会晤，现在他出现在这位200亿美元区块链的创造者面前，维塔利克倍感荣耀。两人之间的会面只有几分钟，而且没有记录。俄罗斯政府的新闻部称："布特林先生描述了在俄罗斯应用维塔利克所开发技术的机会，总统支持他与潜在的俄罗斯合作伙伴建立联系。"那天维塔利克没有穿他那件经常穿的印有卡通图案的T恤,换上了一件系扣衬衣,但仍然没有打领带。他后来提到他当时和普京说:"区块链很酷。"

关注区块链技术的不只是许多财富500强公司,还有世界上最强大的政府。俄罗斯官方对加密货币的态度时冷时热,有时称其为庞氏骗局,有时又支持区块链计划。在普京与维塔利克会面后,不断有新闻报道称俄罗斯对加密货币的支持度越来越高。俄罗斯最大的几家银行组成的财团开发了"大师链"(Masterchain)。这是一种分布式账本,使用的是修改过的以太坊协议;一些新闻标题还暗示俄罗斯想要创建自己的国家数字货币;最离谱的是俄罗斯的汉堡王连锁店竟然开始提供一种名为"皇堡币"(Whopper-coin)的忠诚度积分代币。

维塔利克明白,为了让以太坊成为世界计算机,他必须努力建立一个规模广泛和能给予支持的社区,这和开发技术一样重要。他不断地参加各种会议、社区聚会、黑客马拉松,以及与CEO和政府官员的商业会议,无论对方在世界何处,他都会赶过去。他参加了很多小组讨论,做了很多次演讲,次数多到他已经不会像最初在观众面前那样尴尬了。他从他死板的技术性演讲中放松下来,当初生硬的手部动作也缓和了,于是他书呆子式的幽默感开始散发出来。他站在拥挤的人群前面,讲述因他而起的革命性区块链,他早已不是那个在课堂上几乎不敢发言的内向少年。他的父母有时会去有他发言的会议,他们坐在前排观看,并为维塔利克的进步感到骄傲。

到2017年年中,除了圣彼得堡,维塔利克还去过中国的上海和台北、巴黎、维也纳、新加坡、马耳他，还有奥克兰。陈铭经常和他一起到各地参加会议，她说那一年维塔利克每个月的国际旅行多达4—5次。难怪维塔利克更改了他个人网站上的简历，把他的住所写成了"国泰航空"。简历上还列出了其他一些关于他的情况，比如，"政治立场：聪明嬉皮士，叛逆人中人""喝酒，吸烟还是其他：喝绿茶""信仰的宗教：加密货币"。

每次出门，维塔利克携带的行李都不会超过一个旅行袋，里面有两条裤子和几件T恤衫，他也永远不会托运行李。不像许多因为他的发明而致富的人，他还是选择坐经济舱，住廉价酒店。他和陈铭会尽可能找最便宜的房间，他俩把这当作游戏。最极端的一次是在墨西哥一家每晚19美元的酒店，房间的窗户面向一个公共厕所。由于住宿环境实在是太脏了，他俩都生病了。在那之后，陈铭就为价格制定了下限。维塔利克一直都很节俭，在经历过以太坊资金基本快要耗尽的情况后，他变得更加谨慎了。他对于浪费深恶痛绝，觉得为一个只用来睡觉和洗澡的房间付好几百美元是种不必要的浪费。

除了在生活上避免浪费，维塔利克还专注于研究减少他眼中的另一种浪费：为保证像比特币和以太坊这样的工作证明区块链的安全而消耗的能源。量化比特币网络到底消耗了多少能源有不同版本的预估，但一份经常被引用的报告，即普华永道高级顾问亚历克斯·德·弗里斯（Alex de Vries）在2018年发表的一篇论文，论文中将比特币的能源消耗与奥地利和爱尔兰的能源消耗进行了比较。

甚至早在2015年以太坊上线之前,维塔利克就认为有必要找到一种方法,在不消耗那么多能源的情况下保证同样的安全水平。要知道工作量证明是一种共识算法,而分布式系统就是通过共识算法,在不需要第三方的情况下决定哪些数据块应该被纳入链中。有一种叫作"权益证明"的替代方式,曾经在少数小型链条上试验过,这种机制由矿工投票决定哪些区块应该被纳入,然后根据矿工持有的货币按比例获得奖励,而不再依据消耗的能量。在权益证明机制中,矿工被称为验证者。这样的方式,除了更环保之外,还能保证网络不会集中在拥有更好的挖矿硬件的少数玩家周围,不过网络也仍然会集中在那些最有经济实力的人周围。

弗拉德戴着眼镜,是一位长发飘飘的区块链研究员。他在2013年开始深入钻研比特币,当时他把比特币看作地下开发者和中央银行家之间展开的一场战斗,战斗的目的是建立更好的金融系统。2014年,他对以太坊提出的通用智能合约区块链越发地感兴趣。在多伦多的一次黑客马拉松上他结识了维塔利克,4月份查尔斯·霍斯金森向他提供了一份基金会的合同工作。2014年年初,维塔利克就反复告诉弗拉德·扎姆菲尔:"权益证明是未来。"但作为一个前比特币玩家,弗拉德仍然热爱工作量证明,维塔利克主张的更生态环保的替代方案,并没有打动他。

除此之外,维塔利克还告诉弗拉德他为"无利害关系"(nothing at stake)问题想出了一个解决方案。"无利害关系"是权益证明链中的一个常见问题,指的是在发生分叉的情况下矿工会在两条链上挖矿,这样无论哪条链胜出,他们都能得到奖励。由于这个原因，权益证明被认为十分不安全。为了解决这个问题，维塔利克想出了一种惩罚算法（Slasher），如果矿工同时在不同的链上挖矿就将失去他们的区块奖励。在伦敦的一次以太坊聚会上，弗拉德就在思考这个问题。会后阿米尔·塔基在他的棚屋举办了一次小聚会，整个聚会过程中弗拉德都一直在和另一个黑客讨论维塔利克的惩罚算法，讨论到最后他决定进一步推进这个概念：矿工们应该押下一笔加密货币保证金，如果他们按规则办事，只挖一条链，就能从押注中获得少量回报；如果他们不按规则办事，那他们将失去押下的全部保证金。这样提供的激励力度更大，链条也会更安全。到2014年9月12日上午，除了那些顽固不化的人，弗拉德告诉大家以太坊应该转向权益证明。有了 Slasher 算法和矿工保证金的想法，弗拉德和维塔利克开始共同实现这一目标。

到 2017 年中期，他们开发出了权益证明版本名为"卡斯珀①"（Casper），二人的研究已经分化成了两种不同的方法：弗拉德研究的是"卡斯珀－构建修正"（Casper Correct by Construction, Casper CBC），而维塔利克正在研究"卡斯珀－友好的确定性工具"（Casper the Friendly Finality Gadget，以下简称 Casper FFG）。他们实现这一成果的过程，以及两种方法之间的区别技术含量太高，这里无法进行详细讨论。但在写这篇文章的时候，维塔利克的"卡斯珀友好的确定性工具"是首先被纳入以太坊发展计划中的权益

---

① 借用了影片《鬼马小精灵》中卡斯珀的名字，卡斯珀是一个天真善良的小精灵形象。——译者注

证明版本,而弗拉德的版本将在后续阶段加入。

维塔利克还在研究如何让以太坊能够在每秒内处理更多的交易,换句话说就是如何让以太坊扩容。为解决这个问题,区块链开发者们构思出了不同的机制,其中的"分片①"(sharding)、"等离子体②"(plasma)、"零知识证明③"(zero-knowledge proofs)和"状态通道④"(state channels)是迄今为止最著名的方法。在这些机制中,分片是唯一一个应用在以太坊区块链上的技术,被称为"第一层解决方案",而其他的机制都是"第二层解决方案",建立在主链之外,不需要改变基础协议。从非常基础的层面上讲,两类解决方案会通过一些复杂的方法来减轻区块链节点的负载,这样每笔交易就不必由整个网络来传播和验证,但这往往会在去中心化和(或)安全性方面作出一些妥协。

这些方法将让以太坊的效率提高几个数量级,能够真正支持面向大众市场的应用。分片技术将与宁静版本中的权益证明一起实施,宁静版本是以太坊发展路线图上的最后一次重大更新,但是到 2017 年都还没有一个预计的上线日期。这次升级的复杂性不容小觑:这种具有更强扩展性能的权益证明链计划将从旧的工

---

① 正常情况下,以太坊的每一个节点都需要处理整个网络中的所有交易,分片技术可以将交易量分到不同的分片,这样不同分片中的节点就可以同时处理不同的交易,从而大大提高了交易的处理效率。——译者注
② 也被称作"链中链",主要思想是建立一个侧链框架,将智能合约计算转移到以太坊主链以外进行。——译者注
③ 是密码学的分支,应用在区块链上可以用来生成关于某个计算已经按照预定规则执行的密码学证明,由于零知识证明本身比其所代表的数据小得多,因而可以达到扩容的目的。——译者注
④ 通过促进链外交易来减轻以太坊主链压力的方法。——译者注

作量证明链中独立出来，成为一条全新的区块链，称为以太坊2.0；而要将以太币和旧链上的去中心化应用迁移到新链上还涉及很多步骤；并且在这之前，当前的链条也需要升级以继续支持链上不断增多的活动，一直到以太坊2.0上线。对当前链的各种改进版本被称为以太坊1.x。虽然新的权益证明链是摆在以太坊面前的大目标，但至少在接下来的几年里，旧链还是要支持之后所有建立起来的去中心化应用。

同时，第二层解决方案还可以帮助开发者建立更多可扩展的应用程序，虽然这些应用在2017年还只处于开发的早期阶段，而且以太坊网络也依然还会因为ICO而堵塞。但初创企业和投资者都从未因此止步：这类众销越来越多，投资者也依然在不断买入代币。

一些人认为，出现这样的问题是好事。以太坊吸引了成千上万的创业者为自己的项目进行众筹，同时也吸引了想接触到最先进技术的投资者；但另一方面，以太坊还吸引了那些想利用炒作快速致富的投机者和骗子。还有人认为，持续的网络拥堵凸显出以太坊离真正的世界计算机还很远，网络甚至连ICO都处理不了。

"最近的ICO基本上都成了对整个以太坊网络的分布式拒绝服务攻击（DDoS），这难道还不是一个巨大的问题吗？"6月17日，正在建立一家区块链公司的拉吉斯拉夫·斯泰斯卡尔（Ladislav Stejskal）在红迪网上发帖写道。

最近的班科以及注意力币发售基本让整个区块链在3小时内都无法使用,除非你支付极高的费用,这简直没法接受。
……

这对我来说是一个巨大的问题,真的,早就说过我们需要扩容功能了!

但是这些功能依然还没有出现,而市场也只是刚开始升温。

27
繁荣一时

由于中本聪一直保持匿名,所以比特币的诞生并没有让任何人成为全民偶像。但以太坊的创造者则完全相反:不仅他的身份为人所知,他自己还是一个公众人物,会发表以太坊研究报告、在会议上发言、在红迪网上发帖,还会在推特上发文回应提问,态度也越发随心所欲。以太币价格的飙升、人们对 ICO 的狂热以及维塔利克的环球旅行,让他一跃成为加密货币界的"摇滚明星"。崇拜他的人比比皆是,"粉丝"们对他在台上谈论区块链技术的发言如数家珍,还会早早排好队等他讲完,挤在越来越长的队伍里就为了能和他自拍一张。维塔利克会满足"粉丝"的要求,面带微笑僵硬地站在人群中间,照片上每个人的脖子上都挂着参会牌,这几十张照片开始在网上火起来。跟他拍照的人当中,一些人只是"粉丝",还有一些人则是想暗示这位以太坊联合创始人正在支持他们的ICO,但这些人也并不是在牵强附会,因为维塔利克有时确实也充当少数加密货币初创公司的官方顾问。

极度渴望在加密货币世界中有所作为的年轻创业者们,不远万里跑到瑞士的以太坊办公室为自己争取机会。陈铭把办公室的门一打开,就会看到一些不请自来的人,他们赶过来或征求建议,或寻求支持,或来求一份基金会的工作,甚至有的人就是想来参观办公室。大多数时候,陈铭都会向他们说声抱歉然后拒绝他们。有的时候,她不想看到一个个程序员满怀希望地等了她一天却只能失望而归,她通常会从大楼的后门离开。

对维塔利克有所图的人实在是数不胜数,陈铭担心他不懂得拒绝。在她看来,维塔利克自己的意图一般都是好的,所以他推己及人,总是觉得其他人的意图也不坏。陈铭觉得自己有责任保护维塔利克,特别是当他被外界施压弄不清楚人们是真诚的还是想利用他的时候。为了帮助保护维塔利克和基金会,陈铭跟他一起开会,检查他的议程。

维塔利克自己也受够了不断有人求他为ICO提供建议和投资。6月13日,班科项目筹集到1.53亿美元的第二天,他在推特上表示除了他已经加入的"奥密斯币"(OmiseGo,后更名为DMG Network)和"开博网络"(Kyber Network)项目之外,未来他将不再担任任何ICO项目的顾问。他将在私底下为大家提供建议,人们也可以随意地说这件事,"但不要把我的脸放在网站上"。维塔利克表示虽然这么多项目都把他列为顾问,但大多数都没有给他报酬,而且对他来说帮助大家最好的方式是专注于权益证明以及扩容解决方案。

市场又进入了狂热的循环:人们购买以太币投资 ICO,以太币价格继续走高,随着价格飙升又有更多的人想进行 ICO。还是跟之前一样,以太坊轻松地将所有较小型的加密货币甩在身后,到 6 月占了整个加密货币市场的 1/4。与此同时,比特币的市值有史以来第一次跌破总市场的 45%。以太坊迅速增长的市值引发了人们的猜测,认为以太坊的市值将很快超过比特币的市值,大家用"大反转"(the flippening)一词来形容这一潜在状况。还有一个网站专门跟踪以太坊的发展,加上新闻文章不断涌现,人们对此更加期待。《纽约时报》一篇文章的标题甚至叫"让路吧比特币!以太币才是当下的数字货币"。

加密货币总市值在 6 月的第一周突破了 1 000 亿美元,一个月前这个数字还是 470 亿美元,而在年初仅为 180 亿美元。这意味着加密货币市场总值在 30 天内翻了一番,在 5 个多月的时间里飙升了 4 倍多。2017 年有近 1 000 种不同的货币出现在"币市榜"(CoinMarketCap)网站上。网站会根据加密货币的市值进行排名,其中有 137 种加密货币的价值超过了 100 亿美元。在纳斯达克上市的公司,如多宝箱、挪威邮轮和孩之宝等,其市值与帽子币(FedoraCoin)、大麻币(PotCoin)、微笑币(SmileyCoin)、折叠币(Foldingcoin)、青蛙佩佩币(Pepe Cash)和镲币(Einsteinium)等僵尸币大致相同,但镲币只在不正规的加密货币交易平台上交易。

除此之外，还出现了耶稣币（Jesus Coin），承诺记录代币持有人和上帝之子之间的交易时间；还有川普币（TrumpCoin）、普京币（PutinCoin）、牙科币（Dentacoin，全球牙科行业的区块链解决方案），以及坦率到带点挖苦意味的"无用以太坊代币"（Useless Ethereum Token），这款代币将其ICO宣传为"世界上第一个百分百坦率的以太坊ICO，"表示此代币"对投资者来说显然没有任何价值"。无用以太坊代币的标志是一只竖起中指的手，代币的网站上写着"说真的，不要买这些代币"。然而，人们还是在其ICO中送去了将近7.5万美元。在20世纪90年代末的互联网泡沫鼎盛期，宠物网（Pets.com）是非理性炒作的典型代表，然而在ICO热潮中，宠物网却是最保守、最有根据的商业理念之一了。

而且不仅仅是小众的加密货币爱好者会购买这些货币。常有名人为这些加密货币做收费推广，鼓励他们的"粉丝"去购买一些"无名小币"。对于数百万的"粉丝"来说，这些明星发的帖子可能是他们第一次听说ICO。弗洛伊德·梅威瑟，一个久战不败的拳击手，经常在社交媒体上晒自己在拳击场上赚到的数百万美元，他在脸书上告诉他的1300多万"粉丝"应该购买"中枢币"（Centra）。没过多久，音乐制作人DJ卡勒德（DJ Khaled）就在照片墙上发布了一张自己坐在白色扶手椅上的照片，背景是尚·米榭·巴斯奇亚（Jean-Michel Basquiat）的画像，他面对镜头，一只手拿着一瓶诗珞珂伏特加，另一只手上拿着一张银色信用卡。照片的配文是："我刚刚收到我的钛制中枢币借记卡……这将颠覆行业,赶快去买中枢币!"女继承人、社交名媛帕丽斯·希尔顿在推特上说她"期待参与全新的"吕底亚币代币发行。演员杰米·福克斯(Jamie Foxx)的文案也差不多,他在推特上说:"期待加入全新的 @柯宾汉(cobinhood)代币交易所!交易零费用!"

随着加密货币价格的飙升,一些早期买家如今已然是百万富翁了,报道他们的头条新闻成倍增加。《商业内幕》(*Business Insider*)这样形容,"一个为比特币赌上毕生积蓄的瑞典人,净资产爆炸性地增长了130多倍",以及"走近'加密街之狼',一个用尽全部积蓄的俄亥俄州少年成为加密货币百万富翁的故事"。而福布斯发的文章写着"用比特币赚到的2500万美元走遍世界"。在当前正在炒作的加密货币中也出现了同样的故事。据美国全国广播公司财经频道报道:一个荷兰的5口之家几乎卖掉了"他们所有的东西——从200多平方米的房子到他们的鞋子"来购买比特币;《浸声》(*Vice*)杂志采访了西班牙的一群学计算机科学的学生,为了购买以太币搭上了他们所有的微薄积蓄;还有一个匿名的红迪网用户说他用自己的房子做抵押,贷款了30多万美元购买比特币。

油管上一个20多岁自称是创业者的人发布了一个视频,讲述了他用45个比特币买了一辆白色的兰博基尼"飓风"的故事。他大概是在2011年买入了这些比特币,当时的初始投资只有115美元。该视频很快获得了超过100万的浏览量。随后,在一夜之间成为百万富翁,用数字货币变现买跑车的故事不断涌现,兰博基尼(或兰博)成了加密货币新富的终极地位象征,兰博基尼因此也演变成了一个网络梗。精通技术的千禧一代创办加密货币创业公司、投资代币,他们对互联网的依赖意味着与此前任何一场投机狂潮相比,这场发生在网上的金融泡沫都有过之而无不及。随着市场的爆炸性增长,网上的梗和话题标签也随之而来。"生命在囤币①"(Hodl)就是一个经典的例子,这个词来源于"谈谈比特币"论坛的一个用户,他可能喝醉了,在一个帖子中写错了"持有"(hold)这个词,他强烈建议在比特币崩盘时保留自己的比特币。"#奔向月球(Tothemoon)""#什么时候登月(whenmoon)"和"#何时兰博基尼自由(when-lambo)"是其他一些很受欢迎的帖子。

只有在一小部分交易中这些加密货币才发挥了其原始作用(比特币是点对点现金,以太币是世界计算机燃料),但这并不重要。没有实际平台可供使用的数字货币本质上只是几行代码,现在却比现实中有收益和资产的公司更有价值,这也无关紧要了。

这种行为实际上"在很大程度上是理性和明智的",经济学家和诺贝尔奖获得者罗伯特·希勒(Robert J. Shiller)在他的《非理性繁荣》(*Irrational Exuberance*)一书中如此说道。希勒写道:"实验证明,人们更愿意相信大多数人的观点或权威,即使这些观点明显与实事求是的判断相悖。"但是当人们仅仅因为"从众"而蜂拥向同一方向时,这种行为就很容易变成非理性行为,如果市场中出现这种情况,那资产的基本价值信息就没有传播出去。

---

① 被拼错的"hodl"后来发展成为"Hold on for Dear Life"。——译者注

如前所述，互联网将这种行为概括为错失恐惧，而这正是2017年加密货币领域所发生的事情。

加密货币正处于泡沫状态的警告随处可见。企业家马克·库班（Mark Cuban）的听众想让他在播客中谈论比特币。他在推特上回应说："我认为比特币正处于泡沫期。我不知道这种情况什么时候能被矫正，也不知道能矫正到什么程度。"有人在他的推文下回复说比特币的价格在他评论之后下跌了5%。他回复说："太性急了。笑死。当一个随意的推特帖子就能引起价格波动的时候，你总该知道这是一个泡沫了吧。"全球最大的资产管理公司贝莱德团的前首席投资策略师理查德·特尼尔（Richard Turnill）在接受采访时说："我看了价格走势，于我而言走势看起来很可怕。"股市分析师艾略特·普莱切特（Elliott Prechter）在他的稿件中写道："价格波动和狂热情绪促成了当前的售价，近400年前出现的'郁金香狂热①'（Tulip mania）跟这一比都显得小巫见大巫，"而且大多数竞争币不过是"炒高再抛售的高新技术骗局。"亿万富翁投资者、橡树资本联合创始人霍华德·马克斯（Howard Marks）在给投资者的信中写道："数字货币只不过是一种毫无根据、一时流行的狂热（甚至可能是一场金字塔骗局）。"对于《经济学人》（*The Economist*）的一位头条作者来说，加密货币是否处于泡沫之中根本就不是一个问题，问题是"如果比特币泡沫破裂了怎么办"？

也有其他看好加密货币的分析师，他们认为加密货币之所以

---

① 1637年发生在荷兰，当时由奥斯曼土耳其引进的郁金香球根引起大众抢购，导致价格疯狂飙高，泡沫化过后价格仅剩下泡沫时的1%，是世界上最早的泡沫经济事件。——译者注

还在激增,是因为它们正在成为主流,虽然在投资组合或商家接受方面加密货币的渗透率仍然很低,但这实际上是一件好事,因为这预示着更多的上行空间。"基金战略"(Fundstrat)是第一家发布比特币价格指标的华尔街股票研究公司,其分析师汤姆·李(Tom Lee)预测比特币到2022年可以飙升至5.5万美元,迅速成为比特币市场最大的多头[①]之一。其他规模更大些的华尔街公司,虽然更加谨慎,但也在发表积极的报告:美银美林表示数字资产在分散投资[②](diversification)方面得分很高,因为它们与其他资产的相关性接近于零;摩根士丹利公司的一位股票策略师表示作为保值手段,比特币与黄金的优势类似;高盛的一位分析师说该领域的市值超过了1 000亿美元,已经大到"值得关注"。如果传统的投资银行在泡沫期间发布了乐观的加密货币报告,狂热者们就会宣称最近的回升只是一个开始,比特币价格将继续攀升到惊人的高度。加密基金预测比特币的价格将在2018年激增至2—10万美元。

其他观察员则是认为不应该像分析股票或其他证券那样分析加密货币,加密货币是一个新出现的庞然大物,它的出现解释了它为什么会有如此高的估值。"或许这些货币确实值得这些高价,甚至可能值得更多倍,"科技动向的一篇专栏文章写道,"但问题是加密货币不是上市公司,没有盈利、支出和每股收益,我们没

---

① 指交易者利用借入资金,在市场上买入期货,以期待将来价格上涨时,再高价抛出,从中获利的行为。——译者注
② 将资金分散地投入不同的行业、企业、市场等等,以避开投资风险,追求投资收益最大化。——译者注

有办法弄清它们的价值。"最极端的例子是约翰·迈克菲（John McAfee），他最出名的就是创造了以他的名字命名的杀毒软件。自2017年以来他持续不断地鼓吹ICO，说："你们那些认为这是泡沫的老古董，根本没有理解区块链中全新的数学运算，或者你们根本不屑于去尝试。从数学的角度来看，这种新范例是不可能出现泡沫的，所以根本也不存在'矫正'的说法以及其他说法。"

这样的说法并不是第一次出现。同样的论点在20世纪90年代末，互联网泡沫破灭之前就有了。当时股票分析师为了将互联网公司的天价估值合理化，宣称互联网公司不能与"普通"公司相比。诸如收入之类的东西不再像以前那样重要，技术发展提高了生产力，从而有效降低了经济衰退的风险。时任美联储主席的艾伦·格林斯潘（Alan Greenspan）向参议院银行业委员会表示，最近的经济表现如此"超常"，可能"将全国乃至全球的生产力趋势带到一条全新的更高轨道上"。技术的发展带来了一个无法用旧标准衡量的新系统，这一概念在20世纪90年代被称为"新经济"（New Economics）。关于"新经济"这一概念，约翰·卡西迪（John Cassidy）在其关于互联网泡沫的著作《互联网经济：非理性的繁荣》（Dot.Con）中也写过类似的论点。而现在，我们对加密货币也用起了同样夸张的话术。

不仅只有加密货币在升温，整个股票市场也达到了新高。人们对科技股的乐观情绪推动标准普尔科技指数首次超过了2000年互联网繁荣时期的纪录,2017年7月,标准普尔500指数①(S&P 500)攀升至新纪录。各国的中央银行继续扶持着疲软的经济,全球各地都出台了宽松的货币政策,这推动了所有资产类别,尤其是风险较高的证券走高。事实一再证明,加密货币和包括股票、黄金和债券在内的其他资产之间没有关联,这意味着无论传统资产是上涨还是下跌,加密货币都不受干扰。不过,由于投资者带着现金涌入推动了资产上涨,很难说这种乐观情绪没有蔓延到加密货币上。

如果按市值衡量,比特币和以太坊之间的差距一直在缩小,直到6月18日以太坊占了市场份额的32%,距离比特币38%的份额仅一步之遥。这个诞生仅两年的货币已经变得几乎和加密货币的鼻祖一样值钱了。

但以太币的价格最近首次突破了400美元,并且还有继续往上涨的趋势。但是很快在5天后,即6月22日,一笔价值数百万美元的销售订单触发了所谓的止损指令②(stop-loss orders),即当价格跌破某一点时自动卖出的指令,这一指令又引发了更多的止损指令。就像多米诺骨牌效应,崩溃来得像闪电一样快,数秒之间就将以太币的价格从320美元砸到了10美分。价格跌得快,恢复得也很快,但两天后又开始暴跌,这次下跌的原因是市场仍然人心惶惶,而且网上有传言说维塔利克发生了一场致命事故。

---

① 记录美国500家上市公司的一个股票指数,由标准普尔公司创建并维护。——译者注
② 指要求在市场价格高于某一个设定价格时买入或者在市场价格低于某一设定价格时卖出的指令。这种指令的下达是利用市场的惯性运动谋利或者用以止损,有停止买进指令和停止卖出指令两种类型。——译者注

有人在"四叶频道"(4chan)上发帖称"维塔利克·布特林确认死亡。内部人士都在狂出以太币。这是一场致命的车祸"。这是一个以制造骚扰和恶作剧而闻名的匿名在线论坛。

> 大家都心知肚明：他是把以太坊凝聚在一起的胶水。如果加密货币领域有了大麻烦，以太币将很难再恢复。

6月25日，以太币的价格从发帖前一天的325美元高位下跌了22%，低至253美元，但其实维塔利克只是藏在世界某个遥远的地方从事以太坊的扩容工作，目睹了正在发生的一切后，他在推特上发了一张照片，照片上他拿着一张写着乱七八糟数字和字母的纸。纸上写的是以太坊的最新区块，在加密货币领域，这张照片就相当于拿着当天的报纸拍了一张照。他的推文写道："又一天，又一个区块链用例。"

在接下来的两天里，以太币价格跌到了204美元，然后开始反弹。但是这个恶作剧（操纵市场的可能性更大）让人们非常清楚地了解到，尽管以太坊有去中心化的野心，但仍然依赖于一个人，那就是其23岁的创造者。

加密货币领域很快又受到了新的打击，但这一次不再是四叶频道上的谣言，而是美国证券交易委员会的一份声明。在the DAO事件近一年后，监管机构对那次销售进行了调查，并得出结论认为DAO代币是证券。这意味着the DAO、智慧锁、智慧锁的联合创始人以及那次销售中的中介"可能违反了联邦证券法"，委员会在 7 月 25 日的声明中如是说。

在大家猜测了这么多年以后,美国证券监管机构终于向加密货币爱好者给出了一个答案:是的,数字代币会被视为投资合同,但这并不是他们所希望的答案。这样的结果对加密货币领域产生了巨大的影响,这意味着所有向有电子邮件的人出售数字货币的初创公司都有可能违反了美国证券法;买卖这些代币的投资者以及所有加密货币交易平台可能也逃脱不了关系:这些网站自称"交易所",但实际上并没有注册,如果数字代币真的是证券,那他们是没有在美国交易数字代币的许可证的。

美国证券交易委员会表示,销售用的是加密货币还是美元并不重要;委员会也不关心支持销售的是什么技术,或者是否有计算机代码在自动执行某些功能。出售的数字代币仍有可能是证券,必须在委员会登记或者符合豁免条款。但发行人要怎么知道他们销售的是不是证券呢?对此监管机构没有提供一个明确的准则,只是说"这将取决于不同的事实和情况,包括交易的经济现实"。对相关事件的当事人来说,好的一面是虽然 the DAO 和智慧锁的成员可能违反了证券法,但美国证券交易委员会放他们一马,只是予以警告并不会采取执法行动。

分析这一最新突发事件的文章、时事短评、推特和电视合辑接踵而至。这是什么意思?ICO 凉了吗?加密货币完蛋了吗?7 月 26 日,也就是美国证券交易委员会发布报告的第 2 天,市场上依然还有代币发行,而且有 3 个,在这个月的余下时间里又出现 5 个。8 月,所有代币销售的销售额确实有所减少,从 7 月的 5.74

亿美元降到了1.34亿美元,这似乎表明加密货币创始人和投资者很在意美国监管机构的警告,但这样的情况并没有持续多久。美国证券交易委员会这样象征性的惩罚,最初确实带来了冲击,但很快加密货币爱好者们又重新振作起来。这是他们一直担心的事情,虽然现在已经发生了,但也没那么糟糕。明目张胆的骗局那么多,美国证券交易委员会却只关注the DAO,在事件发生一年以后,即使他们确实认定DAO代币就是证券,the DAO的发行者或投资者也没有承担任何后果。于是ICO又在9月大放异彩,筹集的总资金达到了7.05亿美元,创下了月度纪录。

加密货币的价格甚至从更早以前就开始恢复了。虽然6—7月的价格出现了下降,但从8月开始,市场又开始飙升。比特币的价格在8月5日首次突破了3 000美元,8天后又猛增到4 000美元;以太币则是收复了所有失地,重新攀升至略低于400美元的位置。美国证券交易委员会的消息似乎已经成了过眼云烟。

在加密货币价格飙升的时候,那个玩风筝冲浪的创业者理查德·伯顿正在前往加勒比海。他在2017年上半年回到了旧金山,然后决定研究一下为什么他所持有的以太币和整个加密货币市场都在上涨。他发现这个领域令人感兴趣的东西很多、洋溢着乐观情绪并且十分活跃,有来自世界各地的开发人员建立新的应用程序和协议,还有试用区块链的大公司,因此他又渴望重新回到加密货币世界。与此同时,银行切断了理查德在其金融技术公司"平衡"(Balance)中使用的数据输送,因此他的应用程序基本上无法使用了。他一边深入了解去中心化、开源系统,一边亲身体验了中心化企业是如何单方面、出其不意地改变游戏规则的，银行的这个举动促使他和他的联合创始人将 Balance 重建成一个加密货币钱包。

他的联合创始人已经通过协议实验室（Protocol Labs）加入加密货币的行列，这是一家开发去中心化数据存储网络星际文件系统（InterPlanetary File System，IPFS）和文件币（Filecoin）的软件公司。IPFS 是一个实现点对点文件共享和存储的协议，而文件币则是用 IPFS 协议建立一个内置代币的网络来激励用户。像 2017 年的许多加密货币项目一样，文件币也要进行代币发行。在销售开始前的先导阶段，协议实验室的员工、顾问和潜在投资者都在库拉索岛的一个海滨度假胜地团建。理查德通过他的联合创始人获得了邀请，他手上的以太币储备现在让他成为候选人之一，可以参与令人垂涎的代币销售。

IPFS 及文件币的联合创始人胡安·贝纳特（Juan Benet）的愿景一开始就让理查德大为震撼。胡安描述说，虽然数据的创建和共享呈指数级增长，但只有少数实体监督其存储，从而造成了危险的单点故障[①]（single points of failure）。一个让数据存储去中心化的系统不仅可以消除这种风险，而且还有可能为提供硬盘空间的人创造额外收入。在他的描述下，数据存储将不再是一些无聊的后台服务，而是一个社会均衡器：第三世界国家的穷人可以通过把他们的计算机空间借给世界上任何一个人而赚取加密货币

---

① 指系统中一点失效，就会让整个系统无法运作的部件，单点故障就会造成整体故障。——译者注

来谋生。

但在库拉索岛团建了几天后,理查德发现很难将胡安描绘的愿景与他眼前的景象联系起来。文件币团队的人正骑着水上摩托艇飞速掠过碧绿的加勒比海,这群人坐飞机来到这个天堂般的岛屿,住在豪华的房间里,整整一周都在海滩上狂欢,吃自助餐,在游泳池边喝着五颜六色的鸡尾酒。从加密货币对冲基金和风险投资人的谈话中可以听出,文件币筹集到数千万美元没有问题。所以大家就顺理成章地把这次众销看作有史以来最大规模的ICO,他们就该这样消费。但到了周末,理查德终于忍无可忍,他的胃再也吃不下天妇罗寿司混朗姆酒,他再也受不了那些区块链话题了。

协议实验室在代币发行之前进行了首次私人发售,像理查德这样的顾问有机会以 0.75 美元的大幅折扣购买货币,代币的起价是 1 美元,销售时可能会涨到 6 美元左右。这次代币发行将仅限于合格投资者(指年收入超过 20 万美元或净资产超过 100 万美元的人),这一限制表明还是有一些加密货币初创公司担心会违反证券法。另外他们的销售是通过"币上市"(CoinList)进行的,这个新近出现的平台只进行符合美国证券交易委员会规定的ICO。协议实验室还有一项额外的预防措施:在销售时并没有分发文件币代币,而是出售了一份网络上线时购买货币的协议。这种合约被称为"未来代币简单协议"(Simple Agreement for Future Tokens,以下简称 SAFT)。律师向创始人建议这是降低监管风险的好方法,越来越多的人开始使用这种合约了。

随着监管机构加紧控制，虽然可以理解文件币团队希望能够谨慎对待这次销售，加密货币社区的许多人还是感到被出卖了。这可是最有前途的项目之一，大多数人却无法参与其中。ICO 的意义在于大众化投资，文件币却又重蹈覆辙，只为那些与项目关系密切的人提供优惠交易，而且只向富人开放销售。

此外，还有一些人批评他们拿走的货币比例过高。协议实验室和文件币基金会将保留网络上第一个区块创建代币的 70% 左右，随着矿工开始赚取货币作为奖励，这部分份额将逐渐缩小，而且基金会和协议实验室必须等待 6 年才能卖完他们的代币，但仍有一些人觉得他们贪婪。

理查德觉得这次销售的条款以及团队的过度消费都不尽如人意。他认为文件币已经背叛了加密货币社区，因为几乎没有一个建立了 IPFS 的开发者能够参与到这次销售中。在团建结束时，他告诉胡安他不会把钱投入到这个项目上。

接下来的一个月，总部位于帕洛阿尔托的协议实验室在其非公开销售中获得了 5 200 万美元，资金主要来自风险投资公司，包括安德森霍洛维茨基金、联合广场风险投资基金和红杉资本。9 月，协议实验室在面向合格投资者的公开销售中又获得了 2.05 亿美元。两次总计 2.57 亿美元的代币销售是有史以来数额最大的一次，此前保持记录的是"智能合约"（Tezos）。该项目的目标是建立一个能跟以太坊抗衡的智能合约平台，在 7 月筹集了 2.32 亿美元。在撰写本文时，文件币网络仍未上线，只有文件币期货（一种用于押注代币上市后价格的衍生品）在以 4 美元左右的价格进行交易，其价格在 2018 年 1 月达到了 29 美元的高点。在文件币进行 ICO 的时候，IPFS 已经在运行了。

随着代币发行的进行，数百万美元被吸引进来，加密货币的价格不断攀升，全世界的目光都聚焦过来，但以太坊开发者对此只字不提。在之前的"the DAO 之年"，陈铭为了合法地保护基金会，一直在执行她写的"言论政策"；到了"ICO 之年"，她继续要求基金会的合同工和正式员工都不要谈论加密货币价格。原因是市场上出现了一些"一看就是在骗人"的 ICO 和"像要饭一样在要钱"的加密货币兄弟（她自己绝不会用这些形容词），她尽可能地不让以太坊基金会和这些负面形象产生联系。因此，当加密货币的价格成为办公室八卦时，一手打造了第二大币种的人以及负责宣传的人，都没有谈论这件事，至少在工作中不会谈。

团队正在做的是准备推出以太坊上线后的第 3 个阶段，称为都会，前两个阶段分别是边境和家园。都会版本将由两个硬分叉带来的独立更新组成：第一个被称为拜占庭（Byzantium），上线时间定在了 10 月 16 日；第二个是君士坦丁堡（Constantinople），将在迟些时候实施。拜占庭硬分叉将减少矿工的区块奖励，让他们逐渐摆脱对工作量证明的依赖，为权益证明铺平道路。此外，团队还有增加采矿难度的计划，以此激励矿工转向权益证明，他们将此称为"难度炸弹"。

拜占庭硬分叉还包括支持以太坊使用一种名为"零知识证明"的隐私增强功能，此功能允许用户在不需要透露更多个人信息的情况下，证明他们符合特定的要求。例如，零知识证明有可能允许申请抵押贷款的人在不使用第三方的情况下，证明他们符合贷款人的要求，而不用透露任何关于他们账户的个人信息。

这些更新都是网络在小步向前迈进，也是不错的优化，但对以太坊的扩容没有任何意义。不过这是一次毫无争议的更新，也没有出现任何重大问题。维塔利克用一张他和两个朋友一起举起叉子的照片来庆祝，动作就像20世纪90年代的卡通超级英雄们以剑相碰。他们在滑铁卢，也就是维塔利克之前的大学所在地，参加了第一次正式的以太坊黑客马拉松，这活动通常在周末举行，开发人员聚在一起，在几天内建立一个项目以换取资金。

在滑铁卢黑客马拉松期间，除了拜占庭硬分叉，还有一件事情的发生也改变了以太坊的进程，令所有在场的开发者出乎意料。本尼·江（Benny Giang）正忙着在浴室里贴猫咪海报，分发带有猫咪贴纸的神奇宝贝扑克牌，他还在自己的工作站上绑了猫咪形状的气球。他是温哥华一家名为"格言禅宗"（Axiom Zen）的软件孵化基地的团队成员，团队专注于为大众提供最先进的技术。本尼是第一批试用谷歌智能眼镜和虚拟现实的头戴式视图器的人之一，因此当加密货币成为每个人都在谈论，但没有实际应用的东西时，他们决定抓住这个机会。

格言禅宗的创始人罗汉·加雷戈兹卢（Roham Gharegozlou）把团队召集起来，让大家在白板上列出20个左右跟区块链相关的想法，然后技术人员和设计师都开始思考最好的想法。当天结束时，他们重新聚集了起来。技术人员心潮澎湃，认为要创造个性化的代币，也就是说代币不再是加密货币，而是一种可以收集的东西；设计师们则得出了一个重要的结论：无论他们的方案是什么，都必须跟猫有关。猫统治互联网是有原因的：它们可爱至极而且趣味无穷，不费吹灰之力就能让任何事情火爆起来。

按此逻辑，团队将要打造的是一款可以收集的"猫"，他们称之为"加密猫"（CryptoKitties）。他们将在滑铁卢举办的以太坊黑客马拉松期间建成加密猫的第一个版本。这个游戏看似轻率，背后却是货真价实的区块链创新。罗汉和他的团队不想仅将图片链接到普通的ERC20（即ICO使用的标准），于是他们决定创建一个全新的以太坊代币标准，专门用来代表独特的"事物"，而不是货币。这将是一个全新的币种。罗汉和他的团队讨论应该用什么词来形容这些代币，最后决定用"非同质化代币"（non-fungible tokens），这意味着每个代币都是独一无二的，不像以太币、比特币或其他在ICO中出售的符合ERC20标准的代币那样可以互换。除了可以收藏的数字猫之外，团队更广大的愿景是将符合新标准（称为ERC721）的代币关联到稀缺的高价值物品（如艺术品和奢侈品）、其他收藏品（如棒球卡）以及视频游戏中使用和交易的物品（如虚拟武器）。

本尼在黑客马拉松期间传出了这个消息。在3天的马拉松结束时，以太坊的黑客们对买卖加密猫的兴趣已经浓烈到就像这个项目是他们自己的一样，这还只是加密猫后续走向的前兆。

28

期货与猫

随着2017年年底的临近,加密货币界即将迎来截至当时的最大喜讯,至少是从投资的角度。10月31日,运营全球最大交易所的芝加哥商品交易所宣布计划在年底前推出比特币期货。早在8月,美国最大的期权交易所芝加哥期权交易所就表示计划在2018年上市比特币期货,但在芝加哥商品交易所的消息宣布后,芝加哥期权交易所就将推出日期改到了2017年。这意味着华尔街的交易者们将能接触到比特币,就像交易与黄金或石油价格挂钩的衍生品一样轻松。实际上他们不会"拥有"任何数字货币,因为合约是基于现金的,并没有实物交付,但在加密货币领域这被视为一个巨大的进步:两家领先的美国衍生品交易所愿意在投资者和比特币之间牵线搭桥。他们的华尔街客户一定求之不得!

虽然这些手段并不会增加人们对数字货币本身的需求,但看好加密货币行情的人则认为这只是个"诱饵",真正上瘾的东西还在后面。

比特币期货有了,那以太坊合约的出现就只是时间问题,如果基于加密货币的衍生品受到美国商品期货交易委员会(CFTC)的监管,便意味着交易所交易基金就在眼前了。毕竟,市场缺少监管是美国证券交易委员会不批准比特币交易所交易基金的原因之一,所以一旦解决了这个问题……"机构投资者来了!"加密货币发烧友们推断,很快就会有大量的资金进入加密货币市场,加密货币的价格就会继续飙升。他们常重复的一句口头禅是:"比特币不是泡沫,是市场密码。"

维塔利克并没有对这些消息感到特别兴奋。他认为人们过于看重交易所交易基金了,而对能在街边商店轻易买到的小额加密货币的关注还不够。他在推特上说:"前者更有利于提高价格,但后者更有利于实际应用。"

但投资者们都兴高采烈。12月底,彭博新闻社援引来源不明的消息称,高盛集团正准备在2018年上半年之前为数字货币市场设立一个交易部门,考虑到机构对加密货币的兴趣,这简直就是锦上添花。

虽然机构投资者实际的兴趣水平还有待观察,但很明显,加密货币的购买者已经不只是无政府主义的密码朋克以及想通过购买加密货币向金融机构抗议的黑客了。现在加密货币在人们眼中渐渐成了一个独立的资产类别,专项基金也开始相应出现。专注于数字货币的对冲基金和风险基金的数量在2017年爆炸性增长:这一年创建了200多个基金,这个数量是前一年推出的基金数量的4倍还多。这些基金提供的服务应有尽有,包括对10大加密货币的市场加权投资以及更复杂的算法交易。

与此同时,陈铭在墨西哥牵头组织了以太坊有史以来最大型的活动,即第四届开发者大会(Devcon3)。举行会议的坎昆会议中心有3层楼、2个演讲台,占地将近7 000平方米,来参会的2 000多人将把这里填满。她几乎是夜以继日地与会议供应商一起工作,讨论设计、布局、小组议题、决定发言人和赞助商。到那时整个以太坊社区都将聚集在一起,所以会议必须十全十美。

陈铭主要待在墨西哥、欧洲和美国,维塔利克则是把更多的时间花在了亚洲。以太坊早期集中在北美和欧洲发展,所以如今他专注于中国,开始支持世界东部地区的新兴以太坊社区。他还在新加坡成立了以太坊亚太有限公司(Ethereum Asia Pacific Ltd),主要专注于研究工作,到2016年底,他会聘请其他研究人员并花更多时间深入研究以太坊扩容和权益证明。与他关系密切的加密货币初创公司也都在亚太地区,有泰国的奥密斯币和新加坡的网络kyber。

陈铭开始注意到维塔利克不再像之前那样经常向她征求意见,而其他人对他的影响更大。很快,陈铭就不再参与他每日的议程细节了。陈铭本来就因为当前的工作倍感压力,与维塔利克的工作关系降温更是让情况雪上加霜。她的健康状况严重恶化,于是决定在开发者大会结束后离开基金会,在12月她将继续与维塔利克工作,留出过渡期直到1月底正式离开。陈铭觉得她在以太坊已经完成了她的目标,所以在做这个决定时波澜不惊,但她觉得重要的是在离开时有一个适当的执行董事交接,她可以向即将上任的执行董事"倾囊相授"基金会相关的信息。

以太币的价格、ICO筹集到的资金、每秒的交易次数,几乎所有的变量都表明了以太坊的指数级增长。但是当以太坊人走进第四届开发者大会时,屏幕上的所有图表都消失了,取而代之的是以太坊网络的真正核心:一个不断扩大的社区。整个会议现场都挤满了人,到处是穿着五颜六色的T恤衫、戴着独角兽头巾的以太坊程序员,甚至还有一个穿着恐龙服装的主持人站在台上。看到有这么多人参会,比看价格走势的意义要大得多。11月1日会议开始时,以太币的价格是300美元左右,此后其价格很有可能会下跌,因为市场受制于变化无常的交易者,但重要的是,所有这些在会议现场闹哄哄的人,来这儿都是为了继续建立以太坊。

会场现场,可以看到维塔利克穿着一件印有"神烦狗"图案(那个日本柴犬表情包)的绿色T恤衫,在一个较安静的地方与几个小组的人聊天;格里夫·格林四处走动,给大家送上他的拥抱,那时候很多人都知道他是个"送拥抱达人";拟写了ERC20标准的费边·福格斯特勒也在那里谈论如何改进筹款机制。像亚历克斯·范·德·桑德、弗拉德·扎姆菲尔、马丁·博泽和彼得·西拉吉这些从早期就加入以太坊的人也在那里,当然还有几百名刚加入的人。现场气氛热烈,一个个技术小组把房间塞得满满的,可以说是座无虚席。由于各小组都聚集在一起谈论他们所听到的内容。跟进他们的项目，挤得大家无法在大厅里自由走动。这群人的热情从白天的会议中心一直持续到晚上坎昆酒店区喧闹的酒吧。在4年里，开发者大会已经从在柏林的一个房间里举办、只有大约30人参加，发展成了一个为期4天、带有餐饮和多个演讲台的活动，有了2 000多个参会者。

许多最早期的以太坊团队成员，还有最初那8个创始人也在那里。但他们并没有从事以太坊协议的工作，他们已经转而专注于自己的项目，但主要也是与加密货币有关：约瑟夫·鲁宾的共世科技公司；加文·伍德的对等；杰弗里·威尔克把Geth交给了彼得·西拉吉，这样他就可以把更多时间留给家人，也好从力倦神疲中恢复过来；查尔斯·霍斯金森正在开发他自己的区块链，名为卡尔达诺（Cardano）；安东尼·迪·约里奥正全心投入他的贾克斯数字钱包；米哈伊·阿利齐现在正在开发一个名为阿卡莎的去中心化社交网络；阿米尔·切特里特仍然喜欢保持低调，当他在会议场边混迹时，几乎没有人认出他是以太坊的联合创始人，他在默默地支持不同的区块链项目。实际上，当时在迈阿密画"蛋糕"的那个原始团队中，只有维塔利克还在为以太坊工作。

比特币的价格在2017年年初突破了1 000美元，象征性地宣布了2017年是加密货币年，而现在比特币结束这一年的方式也同样令人叹为观止。在ICO狂热、比特币期货新闻、交易所交易基金和机构投资者投机的推动下，整个行业在11月下旬开始上涨，涨得甚至比这一年的其他时间还要快，最后以太币的价格飙升到了400美元，比特币的价格则是突破了8 000美元。

纹理不敢相信这一切，不断检查他的数字钱包后，才敢确定这是真的。之前某一天他持有的货币行情不错，他想着自己的钱足够在加州再待一年了，而在几个星期的时间里，他就发现自己余生都不必担心要在哪里生活了，他感觉自己就像中了彩票。之前加密货币的价格上涨时，也有很多人感觉自己像中了彩票，但对于在 2017 年年底持有加密货币的许多人来说，这种中大奖的感觉更加真实。那年早些时候，纹理跟女友、女儿一起搬进在奥克兰的公寓时，他们的消遣之一是开车在漂亮的社区里转悠，或者在开放日去参观房子。不过他们买不起这些房子，但纹理认为这能很好地启发他的女儿和他女儿的姐姐（后来和他们一起住），而且做做梦也挺有趣的。一家人甚至创建了一个愿望板，描绘他们心目中的完美房子。

有一天纹理说："嘿，你们知道有些房子里有电梯吗？想去看看吗？"他们在房产网站"房无限"（Zillow）上查了下奥克兰是否有带电梯的房子在出售，结果只找到了一个。这个房子没有开放参观日，所以他们叫上了房地产经纪人去看房。当他们走进去的时候，每个人都喜出望外：房子不仅有电梯，还有一个可以俯瞰旧金山天际线的游泳池；房子里还配有一个热水池、一个干桑拿、一个热桑拿；房间足够多，多到能容纳每个人的奇思妙想和兴趣爱好。他们之前看的每所房子都缺了些东西或者跟他们"气场不和"，但这座托斯卡纳风格的豪宅就跟他们在愿望板上描绘的房子一模一样。

当两个女孩上下楼梯和电梯的时候，纹理开始觉得过意不去。

"我们需要跟这位房地产女士坦白,"他对同行的人说,"她以为我们要买这座房子,但我们百分之百不会买。"这已经不是钱的问题了,纹理觉得这么大的房子维护的难度和压力都很大。等他们回到家,每个人都还在不停地谈论刚刚那座大房子,这时纹理开始重新考虑。在接下来的几天里他前思后想,觉得如果不买下这座房子他一定会后悔,因为他看过的房产已经够多了,知道这么完美的房子可遇不可求。于是他们在12月搬了进去,当时正值加密货币价格大涨。"梦有多大,房子就有多大"。在照片墙上发这条动态的时候,他就像平常一样在阳台上欣赏广阔的景色。

共世公司的杰夫·斯科特·沃德也因为加密货币上涨而买下了自己心仪的房子。在以太币的价格不断攀升的时候,他看上了一座建在水边的玻璃摩天大楼。这栋大楼正在修建,位置就在他布鲁克林公寓所在的街上。每当以太币价格达到一个新的纪录时,他都会从客厅的窗户看到大楼又多建了几层。一年前,杰夫从没想过自己能拥有这座摩天大楼里的一方天地,但随着市场不断上升,一个想法潜入杰夫的脑海:"那座摩天大楼完工的时候,我要买下顶楼。"12月底,以太币的价格在某天飙升到了700美元以上,次日又飙升到了800美元以上,这时候大楼已经接近完工。3月,他终于买下了顶楼,当他在第40层俯瞰曼哈顿的景色时,他心怀感激,庆幸自己能够摆脱他那一代人的经济崩溃阴霾。这一切要多谢自己勇气够足、信念够真,还多亏了以太坊。

同时,尽管共世公司的地址一直还在布什维克,但它早已经不是最开始的那个共用工作空间了,公司迅速地成长起来,积极地扩张，雇用了几百名新员工，并在旧金山到巴黎、新加坡之间的大约 10 个不同的城市设立了办事处。

加文·伍德也赶上了这波浪潮，他的公司对等科技在继续开发一种最常用的以太坊客户端。2017 年 7 月，当团队中的大部分人都在伊比沙岛进行公司团建时，客户端遭到了黑客的攻击，攻击者从公司开发的智能合约中窃取了大约 3 000 万美元，团队很快完成了修复。3 个月之后，黑客攻击已经成了过去，Web3.0 基金会（加文是其创始人和董事）在 ICO 中筹集到了大约 1.3 亿美元，目的是开发波卡（Polkadot），一个旨在连接所有其他区块链的新区块链，以实现加文的去中心化网络的梦想。

但在 11 月，顺风顺水的这一年又被打断了。一个网名为"开发 199"（devops199）的人在 GitHub 上发帖提醒团队出了问题。他称对等的多签钱包存在漏洞，而这些钱包正是 7 月被黑客攻击的钱包。多签钱包是一种允许多人控制钱包的智能合约，初创公司经常使用这种钱包来保管其 ICO 资金。网友"开发 199"的帖子对 500 多个使用这款钱包的人来说是个坏消息，那时他们的钱包存有约 50 万个以太币，在当时大概值 1.5 亿美元。一个匿名黑客写道："任何人都可以毁掉你的合约"。但更糟糕的是他（或她）随后所说的话："我不小心毁掉了。"

这个黑客似乎是不小心删除了合约的代码库，然而智能合约在执行任何操作时，都需要在代码库中获取指令。所以合约代码库被删除意味着对等开发的多签钱包无法再使用，这部分资金基本上被冻结了，甚至连黑客都无法获得。而这些资金中的很大一部分，有超过9 000万美元来自波卡自己的代币发行。这意味着对等科技刚刚因为自己代码中的一个漏洞而损失了数百万美元。加文的这个成立不久的公司，正面临着有史以来的最大阻碍，而这个损失是由代码中的一个缺陷造成的，加文却曾自豪地认为自己在代码这方面做得比大多数人都好。

对等科技公司联合创始人尤塔·施泰纳负责出面处理此事，他跟大受影响的团队讨论，决定如何回应。他们决定关闭多签钱包，委托进行审计，并要求改变以太坊的代码以允许资金恢复，这将需要一次硬分叉。这很像是第2次DAO事件，所以社区在这个问题上非常谨慎。不过资金恢复并没有得到很多关注，因为行业内发生了许多更值得高兴的事，其中一件就是加密猫。

当本尼·江和其他人从滑铁卢的黑客马拉松回来，描述人们对加密猫的反应时，罗汉决定将团队的全职员工从5人增加到12人。在11月28日发布应用之前，开发人员一直在顶着压力高强度工作，因为一旦部署了智能合约，就不能再更改，而且项目中就会带上人们的资金。发布会当天进行得很顺利，在滑铁卢黑客马拉松期间试用过该应用程序的开发者成了主要用户。他们购买、出售以及繁殖这些猫，每一只猫都有一个独立编号和一个256位的独特"基因组"，基因组赋予了猫不同的属性，他们称之为"猫属性"（cattributes），这些属性会遗传给小猫。游戏性增加了人们的使用量，猫咪开始成倍增加，因此最初一批猫咪的价值也随之提高。当这些早期的猫能够卖到数千美元时，人们开始注意这个项目。随着加密货币炒作到白热化的程度，加密猫的诞生促使成千上万的新用户进入游戏。

到 12 月初,加密猫约占以太坊交易总额的 15%,堵塞了以太坊网络,将区块确认时间延长到几个小时,还拉高了交易费用。随着一些猫的售价超过了 10 万美元,罗汉开始接到以太坊用户打来的电话,他们对他造成的网络拥堵感到生气,但罗汉并没有觉得太糟糕,他心想自己也许是在阻止某人参与一次无用的代币发行呢,而且至少他展示了一个有价值的用例,而不是在为不切实际的承诺筹集资金。不过,他还是努力通过提高繁殖费和其他有助于减缓使用的调整手段来改善当前的情况。

在 12 月的第一周,比特币在不到一天的时间里就快速突破了 1.3 万美元、1.4 万美元、1.5 万美元和 1.6 万美元。比特币期货将在那个周末开始交易,市场开始失控。虽然在早期价格跨越 1 000 美元是一个很大的里程碑,但现在,这一最大规模的数字资产增加 1 000 美元的价值,就像往甜筒上舀冰激凌球一样简单。许多人都怀疑比特币的价格可能就像叠在一起的几个冰激凌球一样不稳定,但他们仍想在它们全部摔到地上前品尝一口。

传统市场也在不断攀升。2017 年即将结束前,美国 3 大股票指数——标准普尔 500 指数、道琼斯工业平均指数[①](Dow Jones Industrial Average)和纳斯达克指数[②](the Nasdaq),都在不断创造新纪录。有的时候这些指数甚至能在同一时间内创下纪录。道琼

---

① 指道琼斯指数四组中的第一组,即道琼斯股票价格平均指数,是在美国证券交易所上市的 30 家著名公司的价格加权衡量股票市场指数,也是世界上最有影响、使用最广的股价指数。——译者注
② 是反映纳斯达克证券市场行情变化的股票价格平均指数,基本指数为 100。——译者注

斯指数在8—10月突破了22 000点和23 000点，并在当年有71次以新高点收盘，一次又一次地向人们甩出了大而漂亮的整数；以摩根士丹利所有国家世界指数①（MSCI All-Country World Index）衡量的全球股市在2017年的每个月都在上涨，像这样的情况要追溯到1988年才有数据纪录。推动美国股市上涨的原因有：公司业绩超出了分析师的预期，人们对科技的乐观态度、对美国税收改革将刺激消费的预期，以及对政府支出增加将提振经济的猜测，不过全球低利率形式的宽松货币依然是贯穿始终的主题。

12月10日星期天的下午，我走进彭博社位于第五十九街和列克星敦大道的纽约总部。在开放式的新闻编辑室里空空荡荡，一排排的长桌并排摆放着彭博终端机。芝加哥期权交易所将在下午6点开始提供比特币期货，这将是美国主要交易所首次提供比特币衍生品。我与即将与我一起报道新闻的编辑打招呼，他告诉我要在这件大事发生之前联系一些参与此次交易的人。

我面前的屏幕上显示着芝加哥期权交易所的比特币期货，股票代码为XBTF。就像彭博终端里显示的所有内容一样，屏幕的背景是黑色的，字体是类似传真机字体般的橙色字母，一看就很有技术气息，不过非常难看。但随着时间越来越接近下午6点，我开始心潮澎湃，之前在网飞上狂看节目都没有让我这么激动。当时钟指向6点整时，显示出价（bid price）、要价（ask price）

---

① 由摩根士丹利资本国际公司（MSCI）收集每个上市公司的股价、发行量、大股东持有量、自由流通量、每月交易量等数据，并将上市公司按全球行业分类标准（GICS）进行分类，在每一个行业以一定的标准选取60%市值的股票作为成分股，选取标准包括规模（市值）、长期短期交易量、交叉持股情况和流通股数量。——译者注

和成交价（last price）的空栏都有了内容。出现的第一批交易是将在1—3月到期的合约，我见证了历史。

一周后，更大的入局者芝加哥商品交易所也推出了自己的合约。比特币的价格在芝加哥期权交易所推出期货后继续攀升，突破了1.7万美元，然后又在周六突破了1.8万美元和1.9万美元。比特币的价格在短短一年内上涨了18倍，简直让人目眩神迷，对于那些在早期购买了加密货币的人来说，这些数字一时难以消化，用纹理的话来说就是"简直颠覆认知"！周日，在芝加哥商品交易所的期货交易开始前几个小时，比特币的价格在一些交易所略超过了2万美元，以太币跳升至略低于800美元。

这时候维塔利克非但没有庆祝，还正准备打一个"艰难"的电话：他要告诉陈铭她不用交接工作了。他表示陈铭已经带领基金会度过了充满挑战的时期，现在需要一种不同的领导风格，一种更适合未来和平时期的领导风格。

对陈铭来说，她完全没想到他们竟然要跳过一起讨论过的"信息传达"步骤。在将近3年的时间里，她把自己的全部生活都奉献给了以太坊，失眠、忽视朋友和家人，在不断的出差中把自己弄得筋疲力尽，还要应对上百万个不同的棘手问题和难以相处的人。她曾以为自己能帮助接替她的人以最好的方式进入角色，是团队的不二人选，但现在，她甚至连新团队的一面都见不到。

"他们想从头再来。"维塔利克解释说。尽管陈铭并不确定"他们"到底是谁，但她认为维塔利克说的是基金会的新领导层。维塔利克仍然戴着陈铭送给他的那只紫粉相间的手表，手表的指针下有一只在咧嘴笑的柴郡猫,就是《爱丽丝梦游仙境》里的那只。这让人想起了她给他起的众多绰号之一:维塔利猫,但是再多的绰号也无济于事,只要他认为有其他人能更好地服务于项目,陈铭就必须得离开。维塔利克用行动再一次表明了他对以太坊的忠诚。

对于第二大区块链来说,这一年可以说是最好的一年。以太坊已经成了初创公司通过加密货币筹资的主要平台,颠覆了传统的风险投资模式,所有ICO筹集到的资金都超过了50亿美元。盛况之下,以太币的价格飙升,以太坊上构建的应用程序如雨后春笋般涌现。很快,以太坊拥有了有数百名开发人员,这数量甚至超过了比特币的程序员,大公司、非营利性组织和政府实体都在试用这个网络。

"交易量增加了一倍多,每天创建的新账户数量超过了10万个,节点数量也增加了,"以太坊基金会在2018年1月2日发布的一份充满希望的第四季度报告中说,"我们正在进入行业增长的一个新阶段:以太坊最终将从试验和测试转向实在、实时的应用。"

维塔利克在同一天发布了关于以太坊扩容工作的消息。"随着以太坊区块链达到100万次的日交易量,以太坊和其他区块链项目经常会达到交易能力上限,扩容的需求不言而喻且越发迫在眉睫。"他写道。为此,以太坊基金会将资助外部研究人员研究扩容的解决方案,帖子称基金会将为第一层和第二层解决方案的研究提供5—100万美元的资助。带头执行这项工作的是宫口彩

（Aya Miyaguchi），她曾领导加密货币交易所克拉肯在日本的业务，现在取代陈铭成为执行董事。在以太币价格大幅上涨之后，以太坊基金会第一次有能力支持更广泛的以太坊社区，在经济实力以及组织管理方面都焕然一新。

另一边，卡斯珀——友好的最终性工具的测试网在以太坊的python语言实现版本上上线了。此版本的开发者卡尔·弗洛尔施（Karl Floersch）在12月31日将这一消息发在了推特上，文案里加上了独角兽和彩虹的表情符号。虽然离正式上线仅有几步之遥，但这个测试网代表了以太坊从工作量证明转为权益证明的具体进展，这是以太坊最具野心的事业之一。

在2017年结束时，以太币的价格约为750美元，但在2018年1月2日就飙过了900美元，然后继续猛涨并在两天后突破了1 000美元。1月12日以太币创造了超过1 400美元的纪录，它在将近两周的时间内飙升了70%以上。新闻媒体为了解释这样连续的价格飞涨，交替报道基金会拨款、第四季度报告和权益证明测试网等事件，但就像大多数的市场波动一样，根本就找不出确切的触发因素。一年前，以太币的交易价格还不到10美元，现在其价值已经膨胀了130多倍。这意味着任何以30美分的价格持有以太币的人，他们的投资价值都增加了4 000多倍，只需要投资250美元，在不到4年的时间里就可以成为百万富翁。维塔利克的公共以太坊钱包显示，他在巅峰时期拥有约37.5万个以太币，也就是5亿多美元的资金。

如今以太坊的价值已经超过了1 000亿美元。涌入市场交易的人数量太多、速度太快，一些最大的加密货币交易所瞬间崩溃，比如币基交易所的以太币买卖指令就被禁用了两个小时。美国全国广播公司财经频道的新闻主播在播送以太币走势图时，显示在他头顶上方的图像呈抛物线形，屏幕上用全大写字母写着显眼的"以太坊时代"。

但对于维塔利克和其他资深加密货币爱好者来说，这样暴涨的价格一直让他们感到不安。阿米尔·塔基也是其中之一，他在比特币价值不到 10 美元时就在为其编写代码。

阿米尔在 12 月 26 日发推特说："比特币这个项目正在走向失败。社区被上涨的数字蒙蔽了双眼，已经破碎不堪，毁灭比特币的种子就埋在这些残骸之中。"

维塔利克回应说："所有加密货币社区，包括以太坊，都应该注意这些警告。要分清楚获得数千亿美元的数字账面财富和真正实现社会价值的区别。"

对他来说，如果只是基于投机而不是实际使用，那这些触目惊心的价格上涨和他数字钱包里的数百万美元就毫无价值。

"如果我们取得的成就只有'兰博'梗和关于'窜稀[①]'这种粗鄙的双关语，那我肯定退出江湖了，"维塔利克写道，"话虽如此，我仍然对社区能够朝着正确的方向发展抱有很大希望。"

---

① 以太坊扩容的第一层解决方案中，分片技术的英文名是"sharding"，而英文中"sharding"和"sharting"这两个单词音、形都很相似，以致很多人混淆二者，"sharting"的意思类似于中文中的"窜稀"，是种不受控制的生理反应。——译者注

回到地面
ETHEREUM

第六部分

29
崩溃

让加密货币社区远离炒作一直是维塔利克的愿望,很快这就成了社区的唯一选择。11月,位于帕洛阿尔托的营销人员切尔西·兰(Chelsea Lam)收到了证券交易委员会的一封邮件。如果说 2017 年的加密货币市场就像一个巨大的热气球,那么这封邮件如同热气球上的一个小小裂口,开始撕裂整个热气球。

切尔西的故事要从 2015 年年底讲起,当时她决定追随旧金山湾区众多千禧一代的梦想,创办一家自己的公司。她想做一个专门点评食物的应用程序,类似于"耶众点评"(Yelp)①,但点评的范围不包括餐厅氛围或停车位情况,应用只关注食物本身。另

---

① 美国最大的点评网站,类似于我国的"大众点评"。——译者注

外,每条评论都需要有菜品的实物图,这也有助于排除虚假评论。切尔西在软件公司威睿(VMware)和谷歌有不到两年的市场营销经验。她找了两位联合创始人:一位工程师和一位计算机科学家,一起创办了梦奇(Munchee)。到2017年年中,梦奇已经在苹果设备上上线了,并且开始取得了一些成果。接着团队自然就知道了ICO,于是他们觉得梦奇应该被部署"在区块链上",并且要有一个基于以太坊的数字代币,可以在食客和餐厅构成的生态系统中使用。2017年10月初,他们宣布计划在梦奇的代币销售中筹集1 500万美元。

应用的设想倒是非常天真简单:餐厅将用代币向食客支付其评论费,而食客可以用代币在合作餐厅购买食物,然后餐厅也可以用这些代币在应用上打广告。团队当然已经读过美国证券交易委员会针对DAO事件进行的调查,知道委员会大概率会将数字代币视为证券,但团队认为他们是安全的,因为他们的代币出售后将在梦奇应用上使用,这并不是一种投资。他们甚至在梦奇的白皮书中这样说:"按照目前的设计,梦奇实用代币(MUN utility tokens,以下简称MUN代币)的销售并不构成涉及违反联邦证券法的重大风险。"

但当团队开始将重心慢慢转移到为代币发行寻找买家、却不管买家是否真的会使用应用时,事情的发展就走偏了。梦奇的目标市场是美国,他们却到处宣传梦奇代币。切尔西在新加坡的一次以太坊聚会上大谈特谈,团队甚至用代币雇一些人在面向代币交易者的油管频道下做推广。一位跟梦奇以这种方式合作的油管博主在一段视频中说："梦奇 ICO 近乎疯狂。你或许不知道 ICO 是什么，ICO 被称为'首次代币发行'。基本上你只要投入得够早，你就很可能获得回报。"而且不知道他是怎么就推算出 1 000 美元的投资可以创造 94 000 美元的回报。"必须参加'梦奇代币生成事件'的 7 个理由"是梦奇在 10 月 30 日发表的博文标题，其中的理由 4 是"用平台的人越多，你的 MUN 代币就越值钱"。

销售一开始资金就涌入了进来，但仅仅一天后，即 11 月 1 日，美国证券交易委员会的邮件就来了。这是一封任何 ICO 团队都不愿意在他们的收件箱中看到的邮件，切尔西和其他团队成员被吓得不轻，赶忙叫停了整个项目。项目被关闭时约有 40 个人参与了这次代币发行，团队归还了从这些人那里筹集到的 6 万美元。12 月 11 日，美国证券交易委员会对梦奇发出了禁止令，并发布了一份新闻稿，称"其行为构成了未注册证券的发行和销售"。美国证券交易委员会已经认定了梦奇代币是证券，认定的关键在于豪威测试，这个当时已有 70 年历史的测试指出，当买家期望从"他人的创业和管理行为"中获利时，他们就会签订投资合同。于是在以此为标准的美国证券交易委员会官员眼里，情况就一目了然了：梦奇是在向投资者出售 MUN 代币；投资者希望通过购买代币获得回报；而这些回报直接取决于梦奇的管理团队。

梦奇是美国证券交易委员会在 the DAO 声明之后处理的第 2 个 ICO 案例，第 1 起案例发生在两个月前。9 月，美国监管机构起诉马克西姆·扎斯拉夫斯基（Maksim Zaslavskiy）和他的两家公司：重铸集团基金（REcoin Group Foundation）和钻石储备俱乐部（Diamond Reserve Club）诈骗投资者。根据美国证券交易委员会的说法，关于扎斯拉夫斯基"生意"的一切都只是谎言，公司没有代币，更没有所谓的房地产和钻石投资作为支撑。但梦奇的情况不一样，这是ICO中的首例，表明即使公司没有涉及实际诈骗，也会因为出售数字资产而遭受监管打击。

但就像对待2017年的其他坏消息一样，市场和加密货币爱好者很快便将这件事抛之脑后。美国证券交易委员会的新闻稿是在芝加哥期权交易所推出比特币期货后的第二天发布的，交易员们仍在市场上高歌猛进。但当比特币的价格在12月26日达到了将近2万美元的纪录后，价格立即开始暴跌。不过并不是最近发生的哪一件事导致了这一情况，这只是价格达到了临界点。于是在创下纪录的第二天，这一规模最大的加密货币的价格又回落到了1.8万美元。仅仅一天后又跌到了1.7万美元，接着在后一天又跌到了1.6万美元。在接下来的几天里，比特币的价格在1.36万—1.7万美元之间徘徊，到2018年1月的时候，价格又开始继续下跌。

以太币的价格在1月份仍以"奔向月球"的态势一路飙升，但当价格超过了1 400美元时，下跌历史又重演了。涨得越久，跌得越惨，就在创下纪录后的4天，以太币的价格最低跌到了765美元。

就像2017年年初辉煌一时的增长一样，2018年年初的市场暴跌也是一个预兆。正如捕食者闻到血腥味就会猛扑过来一样，加密货币的"敌人"也开始对这个新生行业下狠手。韩国警方和税务部门突击检查了两个最大的加密货币交易所，监管机构还表示他们正计划加强对交易平台的监管。印度财政部部长表示政府将采取措施，杜绝加密货币在支付系统中的使用，理由是加密货币不是法定货币；日本交易所"币账"（Coincheck）发生的创纪录5亿美元盗窃事件更是挑动了市场敏感的神经；脸书禁止了加密货币广告，美国银行也禁止用信用卡购买加密货币，而这些都仅仅是1月份的情况。

1月底，美国监管机构明确表示在2017年处理的两起ICO案件只是一个开始。贾里德·赖斯（Jared Rice）是个罪行累累的骗子，最近又试图通过ICO发财。他在1月26日一觉醒来时，发现联邦调查局探员闯入了他在达拉斯东部的家。赖斯不仅出售未注册的证券，他经营的业务还涉嫌欺诈。他谎称自己购买了一家拥有"数百家业务合作伙伴"、存款由政府机构美国联邦存款保险公司（FDIC）承保的银行。事实是他们连银行执照都没有。他声称自己的阿里斯银行（AriseBank）的客户可以用维萨借记卡和信用卡消费"超过700种加密货币"，但实际上他与维萨也没有合作关系。

赖斯还省略了一个重要事实，那就是他因被指控犯有重罪和篡改政府记录而正处于缓刑期。其团队甚至谎称在其正在进行的ICO中筹集了6亿美元，然而实际上他们只筹集了不到500万美元。后来的法庭文件显示，他们把这些钱花在了住酒店、搭优步和买衣服上。即使美国证券交易委员会发表声明表示不赞成名人代言，他们还承诺给前重量级拳击冠军埃万德·霍利菲尔德（Evander Holyfield）发阿里斯币（AriseCoin），作为交换他需要发推文宣传他们的ICO。2018年晚些时候，美国证券交易委员会获得法院命令，要求赖斯和联合创始人斯坦利·福特（Stanley Ford）支付近270万美元，并禁止他们担任上市公司高管或参与其他数字证券发行。

维塔利克很高兴看到人们正在使用以太坊，而且他也喜欢去中心化的筹款理念，但眼看ICO成了方便骗子行骗的工具，他不禁感到厌恶。很明显，首次代币发行已经不能再按当前的形势发展下去了，维塔利克希望能更好地统一ICO投资者和发行货币团队的动机。2018年1月，他想出了一个改进的模式：在之前的模式中，初创企业可以提前获得数百万资金，无法阻止团队在进行ICO之后拿钱跑路，不交付产品，或者干脆拖着时间不开发的这类情况发生；新模式下，维塔利克提议将ICO与去中心化自治组织，即DAO结合起来。这种模式被称为DAICO，DAICO将有一个投票机制，这样代币持有人将有权控制是否向开发团队释放资金。若是团队按照重大时间表执行计划，代币持有人将释放资金；但如果进展不满足代币持有人的预期，他们可以直接关闭DAICO并拿回资金。一些团队尝试了这种新模式，但覆水难收，之前的损失已经无法挽回了。

在2017年大量涌现的骗局开始原形毕露。多元币（Plexcoin）是众多明显的庞氏骗局之一，推广人都保证每月会有13倍的回报，该项目在1月被美国证券交易委员会关闭。弗洛伊德·梅威瑟和DJ卡勒德创立了中心科技（CentraTech）公司并宣传其代币发行,后来二人因涉嫌证券诈骗罪被逮捕。一家名为现代科技(Modern Tech)的越南公司在两次 ICO 中筹集了 6.6 亿美元,随后带着这些钱直接消失了。最出名的骗局可能要数"比特连接"(Bitconnect),这也是一个庞氏骗局,一次如邪教般的集会让这个项目臭名昭著:演讲人卡洛斯·马托斯(Carlos Matos)在台上似舞非舞、似跳非跳,台下的人群在欢呼。他告诉观众:即使他的妻子和朋友都告诉他这是一个骗局,他还是把钱投了进去。在演讲的最后,他扯着嗓门大叫,拖着长长的音说他爱比特连接,就像神经错乱了一般。比特连接公司进行了一次 ICO,其代币是 2017 年表现最好的代币之一,市值达到了 26 亿美元,但在 2018 年初,创始人就带着投资者的钱跑路了。

当许多基于以太坊的代币被抛弃或被证明是骗局时,其他的一些代币却显示出了实际用途,其中一个就是 MakerDAO 打造的稳定币——贷币(Dai)。创始人鲁内·克里斯坦森在 the DAO 黑客攻击事件后,决定先放下加密货币,到东南亚进行透彻反省。他以为借社区之力 MakerDAO 就能向前发展,但到 2016 年年底项目陷入了困境,还在从事该项目工作的人一直无法决定 MKR 币的售价。MKR 币?你可能会有点混乱,但 Maker 平台有两种代币:贷币是稳定币,MKR 币则用于支付贷币贷款的稳定费(类似于利息),以及对治理决策进行投票。

看到项目停滞不前,鲁内决定回归。他意识到去中心化只能带领团队走到这里,由于 MakerDAO 仍处于早期发展阶段,项目要想继续向前推进还需要领导和方向。如果团队想推出去中心化协议，并达到能以完全去中心化的方式成功运作的状态，领导是至关重要的。早期，该团队选择定期向社区内积极活跃的人私下销售MKR代币，而不是像其他代币一样进行ICO；当鲁内自己给自己放完假回来之后，他主张以买家愿意支付的任何价格出售MKR币，即使这意味着代币的价格会越压越低。这个方法成效显著，团队在硅谷的风险投资公司安德森霍洛维茨基金和著名的加密货币基金多链（Polychain）资本主导的一轮融资中，售出了价值1 200万美元的MKR币。借此该项目得以继续推进，于是在2017年12月，团队推出了货币的第一个版本。

阿根廷程序员马里亚诺·孔蒂（Mariano Conti）在the DAO黑客事件发生几周后就加入了MakerDAO项目。在此之前，他为外国客户设计网站，这也是他进入加密货币领域的原因，因为如果客户用美元向他付费，他将会损失一半的收入。当时阿根廷有货币管制，这意味着他通过国际银行转账收到的钱是按官方美元汇率兑换成比索的，而官方汇率比黑市汇率低大概30%—50%。也就是说，如果他去黑市购买美元（这是他能获得美元的唯一途径），他只能买到他实际利润的50%左右。但如果他把钱存成比索，那每年高达40%的通货膨胀率将吞噬他的积蓄，所以他开始要求客户用比特币支付给他。月初的时候他会把一部分钱兑现成比索，用于支付房租和其他费用，然后把剩下的钱存成数字货币。2015年，他第一次听说了以太坊，喜欢"更灵活的比特币"这一概念，所以他开始要求客户用以太币支付。

第二年，马里亚诺的老板邀请他一起兼职做一个基于以太坊的新项目，这个项目就是 MakerDAO。比起本国货币，马里亚诺更喜欢比特币和以太币，但加密货币的缺点就是它们很不稳定。而像 MakerDAO 的贷币一样与美元挂钩的加密货币，保持了他喜欢的比特币和以太币的所有特点（易于跨境转移，政府难以控制），并且在储存财富方面更有优势。目前流行的稳定币泰达币（Tether）由法币支持，跟泰达币不同的是贷币还允许持有者核实支持它的资金，由社区公开投票决定所有货币政策。贷币稳定、透明、去中心化并且可程序化，于是他心甘情愿地全职加入了 MakerDAO 团队。

2018 年 2 月，马里亚诺决定利用 MakerDAO 平台购买一辆汽车。该系统允许用户将他们的以太币存入一个智能合约中，作为交换平台会向他们借出贷币。这时以太币刚飙升至 1 400 多美元的历史高位，交易价格在 800 美元左右。马里亚诺认为从长远目标来看，以太币将继续攀升，所以他不想用以太币套现去买他看中的福特福克斯 2015 款。他还跟他交往了很久的女友开玩笑说，现在这些以太币还买不起兰博基尼，但之后就买得起了。于是马里亚诺把他的以太币放进了一个智能合约中，获得贷币贷款后他就把贷币换成了阿根廷比索，然后用这些比索买了那辆车。3 个月后他偿还了贷款和 0.5% 的年利息，并拿回了他的以太币。MakerDAO 团队把这称为"抵押债仓"（Collateralized Debt Positions，以下简称 CDPs），也被叫作"小金库"（Vaults），马里亚诺是首批使用抵押债仓在现实世界中完成购买的人之一。

但 2018 年的时候坏消息铺天盖地，MakerDAO 和其他公司在此期间取得的进展就这样被湮没了。4月,有报道称美国监管机构正在调查世界上最大的加密货币交易所之一——比特菲尼交易所。同时被调查的还有被广泛发行使用的稳定币及其制造者泰达公司。这些报道让价格更难稳定下来。彭博新闻社还称美国商品期货交易委员会于12月6日向这两家公司发出了传票,而且这两家公司是由同一批人经营的。另外,虽然泰达公司声称每个泰达币(即USDT)都有1美元作为保障,还表示这是公司能维持1个泰达币挂钩1美元的原因,但他们一直未能提供可信的证据(比如其银行账户的审计报告),证明其美元储备等于未偿付的泰达币数额。虽然新闻报道中没有说明美国商品期货交易委员会在调查什么,但调查正在进行这一事实让批评的人更理直气壮了。越来越多的怀疑论者开始怀疑泰达币是否完全由美元储备支持,一些人还说稳定币就是被用来操纵加密货币价格的。

第二年泰达公司承认泰达币并不完全由美元支持,事实是只有大约3/4的稳定币是由包括现金和短期证券在内的法币等价物支持的,不过公司也否认了利用泰达币操纵加密货币市场的说法。

泰达币的发行量从2017年4月开始逐渐上升并在11月急剧飙升,这跟加密货币的繁荣期吻合。而在加密货币价格下跌时,泰达币还经常会加速发行。在一些人看来,这些数据表明了泰达币是凭空发行出来,然后用来购买比特币从而人为地抬高价格。根据数字货币市场数据供应商加密对比(CryptoCompare)的数据,大约有80%的加密货币交易是通过泰达币进行的。不过泰达币确实有一个正当用例:那些想把加密货币的波动影响降到最低,但又不想把加密货币套现成法币的投资者会购买泰达币，用它来循环买入和卖出其他加密货币。因此对于泰达币的发行模式有一个可能的解释，那就是那时候确实有越来越多的人真的购买了泰达币进行交易。但如果批评者的猜测是正确的，那么那些不可思议的止跌反弹虽然让看多者认为加密货币进入了主流，但其实只是个谎言而已。这样可怕的想法加剧了市场的不安。

到6月中旬，比特币的价格自2017年11月以来首次跌破7 000美元，以太币跌破600美元，两者都跌到了最近纪录高点的一半。市场上其他货币的价格也在暴跌。关于加密货币交易所夸大交易量的报告越来越多，这让人们更加怀疑泰达币可能一直在向市场大量注入资金。研究公司区块链透明度研究所（Blockchain Transparency Institute）在8月的一份报告中指出，在币市榜网站列出的前130个平台中，有将近70%的平台都可能存在对敲交易，将其交易量至少夸大了3倍。加密货币投资者西尔万·里贝斯（Sylvain Ribes）表示，他研究发现一些交易所甚至将其交易量夸大了95%之多。

渐渐地，加密货币看起来不过只是一种神奇的互联网货币，在一些会伪造交易量的不正规网站上交易，以及稳定币是否完全有真金白银支持也无从知晓。除此之外，ICO中出售的代币可能是未在美国注册的证券，其背后的团队甚至可能会入狱。在对梦奇和阿里斯银行进行处罚后，美国证券交易委员会开始给各个ICO团队发送传票，就好像他们发出的是圣诞贺卡一样。

一些人可能会说实际的非投机性用例也能够支撑起数字资

产,但他们会发现有这类使用需求的用户很少。联邦调查局网络调查专案组的成员利西塔·因方特(Lilita Infante)在接受彭博新闻社采访时告诉我,2017年大约90%的加密货币交易是为了投机,很少有人用比特币进行支付和跨境转账,在以太坊的去中心化应用上使用代币的人更是屈指可数。姑且不说比特币和以太币使用的去中心化账本技术每秒只能处理几笔交易,即便可处理的交易量变多,这些应用和钱包也仍然过于笨拙,基本不可能会被大规模使用。随着数字货币价格的下跌,情况开始明晰起来:前一年数字资产价格攀升的主要驱动力是人们认为其价格会走高。因为投资者在用户体验到这一突破性技术之前就已经买走了大量货币,导致市场给加密货币的定价有误。

机构这边也是"监管不作美"。在美国证券交易委员会的要求下,至少有9家正在等待比特币交易所交易基金上市批准的公司在1月份撤回了申报文件。在给这些推动交易所交易基金的交易团体的致信中,监管机构提到基金必须在每个交易日结束时为其投资组合计算一个公平市价,并允许投资者轻松兑现其股份,因此质疑比特币的波动性和缺乏流动性无法与基金适配。美国证券交易委员会还在信中表明,在这些问题得到解答之前,注册加密货币交易所交易基金都是不"恰当的"。还有报道称之前不明来源报告所吹嘘的高盛加密货币交易平台被取消了,不过这篇报道的消息来源也不详。《商业内幕》的一篇文章说,由于监管机构收紧了对区块链的控制,这家投资巨头没敢向区块链迈出那一步。另外,芝加哥期权交易所和芝加哥商品交易所的比特币期货交易量少得可怜。

5月中旬，当纽约区块链周迎来了标志性的共识会议和其他几十个活动时，依然还是有人参与，但脱衣舞俱乐部里的红牛伏特加派对、索然无味的企业区块链公告，以及租来的兰博基尼都散发着绝望的味道。在经历了一次加密货币价格的小幅上涨后，满怀希望的爱好者们把这称为"共识撞起"（Consensus bump），下半年数字货币的价格持续下滑。

在繁荣时期通过ICO筹集到资金的区块链初创公司也处境艰难。这些项目背后的发起人，很多是20多岁的技术极客，没有什么财务管理经验，他们以为加密货币会继续上涨，或者至少不会猛地暴跌，因此他们大部分资金的储存形式都是以太币，并没有将一些资金兑现为更稳定的资产。现在到了他们必须做出决定的时候：他们可以选择挺过熊市，期待价格回升，或者选择以比他们筹集时低得多的价格套现。大多数人除了出售之外别无选择，这给以太币带来了额外的压力。在7月时，人们的提取操作越来越频繁，当时以太币的价格跌到了500美元以下，在2018年接下来的时间里加密货币的价格一直下滑。根据研究公司迪亚尔（Diar）的数据，到2018年年底，大约有25%的以太币已经从100家初创公司的钱包中被提取出来。ICO曾经是推动以太币价格一路飙升的燃料，可现在的以太币却落回到了地平线。ICO在2018年年初急剧增加，分别在1月和2月创造了18亿美元和24亿美元的新纪录，但之后销售额就开始逐渐下降。美国监管机构仍未明确数字货币销售是否是未注册的证券发行，只是说根据不同情况，它们都有可能是。美国证券交易委员会主席杰伊·克莱顿（Jay Clayton）在2月份的参议院听证会上说："我认为我看到的每一个ICO都是一种证券。"加密货币初创企业听到此消息后惊慌失措，于是他们开始转向传统的风险资本筹资。

ICO不再是一个非常可行的资金来源，很多投资者对加密货币初创公司也望而却步，这让许多团队发现自己的项目难以启动，这其中就包括为以太坊工作的编程人员。以太坊基金会如今只有不到50个合同工，这些人拿着低于市场价的工资做技术开发，研究让网络更强、扩展性更好以及处理行政工作的解决方案。其余数千名从事以太坊开发的人都在各自的公司中从事这些工作，负责保障他们自己的资金安全。

基金会的主要任务是为以太坊生态系统提供资金支持，但自从资助计划开始以来，资金分配的透明度就很低。申请标准和步骤是什么、谁在做决定以及到底哪些项目得到了资助、资助了多少，这些都不清楚。区块链这项技术的一大目标是提高透明度，所以对于一个建立在区块链上的网络和社区，以太坊基金会本身非常不透明就很奇怪。基金会没有披露其财务报表，外界对其内部结构也一无所知，甚至连一个简单的官方组织结构图都找不到。虽然社区有许多人因此批评基金会，但很少有人会批评维塔利克本人，尽管他才是基金会中做出最终决定的人。

尽管如此，以太坊基金会跟共世公司仍然是以太坊生态的最大支持者，为其提供资助和举办活动。2018年3月，以太坊基金会宣布了第一波资助的获得者，资助范围从扩展扩大到建立更好的用户体验和提高安全性。

2018年，ICO筹资整体呈下行趋势，除了6月份出现的一次猛增。在这次猛增背后，是有史以来规模最大的ICO：总部位于开曼群岛的区块一号（Block.one）公司为其名为企业操作系统（EOS）的区块链项目筹集了42亿美元，该公司的CEO是比特股的联合创始人丹尼尔·拉里默。这次众销一直进行到了6月1日，持续了整整一年，筹资的目的是建立一个去中心化应用平台，跟以太坊竞争。EOS的这个例子，表明人们仍然有兴趣通过ICO为区块链公司筹资，但这次销售的方式与公司的一位顾问有关联，导致人们对加密货币产生了更多的怀疑。此次筹资规模使EOS发行成了2018年美国第二大IPO，仅次于声破天（Spotify），后者筹集了92亿美元。当然，这一次筹集到的金额再次引发了指责，人们认为初创公司过于贪婪，进入这个领域只是为了快速致富。

与其他大型ICO不同，Block.one公司在销售结束前就能够提取筹集到的资金，而且EOS代币几乎是发行一开始就可以在交易所交易，这引发了一些危险信号。共世出资支持的数据分析公司"真相"（Alethio）表示，Block.one公司有可能反复提取筹集到的以太币，将其重新投入销售，从而扩大交易量并吸引更多买家，而且在持有量仍相对集中的情况下，在二级市场上交易EOS代币可能会导致市场操纵行为。根据该报告，Block.one号公司在代币销售期间提取了93次资金。有人指责该项目是因为10个地址拥有50%的代币。除了代币持有者的集中化，该项目本身被设计为仅由21个区块生产者控制，这使得EOS拥有比以太坊高得多的吞吐量（声称每秒可以有数百万笔交易），但这增加了节点间串通的风险。不过 Block.one 公司否认了对其代币价格的操纵，并表示不清楚是否有其他人的操纵行为。

然后还有一个问题，那就是谁是这个项目的幕后推手。喜剧演员约翰·奥利佛（John Oliver）在《上周今夜秀》(*Last Week Tonight*) 节目的比特币环节公开叫板，他毫不留情地嘲笑了一段视频，视频里戴着牛仔帽的早期 Block.one 公司顾问布罗克·皮尔斯（Brock Pierce）说："现存的一切东西都不会再以今天的方式存在，这个世界的一切都将变得更好。"奥利弗称他为"昏昏欲睡、吓得人汗流浃背的未来派牛仔"，并建议人们谷歌一下"布罗克·皮尔斯丑闻"。如果观众照做了，他们会看到 2000 年的法律诉讼，3 名来自皮尔斯的第一家公司，即一家名叫数字娱乐网络（Digital Entertainment Network）的网络视频企业的员工，说皮尔斯和他的两名同事在他们还是未成年人的时候胁迫他们发生不恰当的关系。根据路透社的一篇文章报道，皮尔斯否认了这些指控，花了超过 2.1 万美元了结了其中一名员工的诉讼，而其他两起案件都撤诉了。

EOS 远不是唯一想成为"以太坊终结者"的新区块链。许多智能合约平台纷纷涌现，声称拥有更先进的技术，与以太坊每秒只能处理 15 笔交易相比，这些平台每秒可以进行数百笔交易，有时甚至可以是数千笔交易。查尔斯·霍斯金森正在建立卡尔达诺及其代币艾达币（ADA）。与由开发人员和志愿者建立的以太坊网络不同，他想建立一个架构良好的组织。有 3 大实体负责打造他所说的"第三代区块链"，它们分别是：非营利性的瑞士卡尔达诺基金会（Cardano Foundation），负责监督卡尔达诺区块链的发展；日本的工程公司输入输出（IOHK），负责承建卡尔达诺；还有日本的艾美格（Emurgo），一个风险投资公司和创业孵化基地，负责支持卡尔达诺和整体区块链生态。为了减少监管风险，卡尔达诺的众销不向美国公民开放，而是主要出售给日本投资者。另外卡尔达诺也没有采用以太坊的去中心化和无组织的形式，而是使用经过同行评议的开源代码，小心翼翼地前进。

一些人还认为由加文·伍德的对等科技公司建立的波卡将与以太坊形成竞争关系，不过加文断然否认这一点，因为波卡并不是一个智能合约平台，而是一个连接所有不同区块链并使其可互相操作的协议。但由于维塔利克个人获得了以太坊的所有荣誉，而加文认为他才是以太坊最初实现背后的"技术大脑"，所以如果波卡最终打败了以太坊，加文也能接受这件事。除此之外，还有分散无限币（Dfinity）、恒星币（Stellar）、波场币（Tron）、小蚁币（NEO）、斯蒂姆币（Steem）、僵尸币（Loom）、波币（Waves）、泰索斯（Tezos）等，争相成为主导性的去中心化应用平台，或者至少是特定用例的首选平台。以太坊的开发者和拥趸者根本看不上这些平台中的大多数，指出它们如何在安全性、去中心化或两者上都做出妥协以增加吞吐量。但问题不在于他们，而在于用户会不会在意这些问题。这些新平台的优势是一开始就有更快的区块链，而不是像以太坊一样：一边运行一边升级网络，依赖于冒着风险迁移得到的第二条链。也就是说这些新平台总能快人一步。

还在罗马尼亚的以太坊矿工奥雷尔认为现在的情况对以太币来说很不利，他把筹码押在了以太坊的竞争对手上。他被迫做出这个决定：他的房东提高了电费，而且随着以太币价格的下降，再挖矿就不值得了，所以他关闭了整个作业。这让他更加关注这个领域，也决定要卖掉他所有的以太币，并将收益用于投资权益证明链。他曾为工作量证明做出过贡献，但现在他很清楚，权益证明才是未来的发展趋势，他都不必运行采矿业务，就可以从持有量中获得收益。

奥雷尔并不是唯一失去耐心的人。联合广场风险投资基金联合创始人、早期加密货币投资者弗雷德·威尔逊（Fred Wilson）在 2018 年 10 月的一次会议上表示，以太坊正在"吹嘘"它的领先地位，以太坊要想保持领先，就应该以一个公司的组织结构和专业管理来运行。

"如果我们所有用以太坊的人都能跟维塔利克说，听着，你在瑞士搞的这个东西不好使了。快解雇那些不知道自己在做什么的浑蛋，找些能帮助你把以太坊做大做强的人去，"弗雷德说，"没有办法能实现这一点，看着手中的以太币逐渐贬值，这样坐以待毙的感觉多痛苦啊，你肯定会觉得'该死，我知道该怎么做，看啊，每个伟大的公司都是这样做的，那就这样做啊'。他们却没有这样做！"

"以太坊终结者"是为数不多的能让维塔利克失去平和风度的话题之一。他在一次会议上说像 EOS 这样的项目是"中心化的垃圾堆"。

原因 8：更好的白皮书写作能力（用快捷键 Ctrl+C 和

Ctrl+V复制粘贴的效率确实比用键盘输入新内容的效率高很多)。

但比起这些后起之秀,以太坊拥有它的竞争优势。6月,美国证券交易委员会企业财务部主任威廉·辛曼(William Hinman)在一次会议上说他认为以太坊不是一种证券,数字货币本身不是证券,但它们的销售方式可能会是(而且大多数时候都是)证券发行,这个观点美国证券交易委员会的官员以前也曾多次说过,但辛曼给出了一个新观点:他认为即使数字资产在出售时是证券,但随着时间的推移,数字货币变得过于分散,这时候就不再是一种证券。他还表示对于比特币,其运行网络"可以运行,也许从一开始就在去中心化,并且似乎已经去中心化了一段时间"。抛开众销不谈,他说在"以太币、以太坊网络及其去中心化结构的现状下,可以认为目前以太币的发行和销售并不是证券交易"。

辛曼还特地说明,在他看来比特币和以太币不是证券,交易这些加密货币不会违反任何法律,但他的说法中没有包括其他加密货币。尚不清楚美国证券交易委员会官员是否认为以太坊的众销不是未注册的证券发行,只知道委员会认为该平台和生态已经足够去中心化,目前不需要依赖第三方。

当辛曼发表这些言论时,史蒂文·涅拉约夫,那个曾帮助以太坊团队想出"实用代币"一词并从普凯律师事务所那里获得了意见书的人,正与他的加密货币基金"炼金术士"(Alchemist)的员工和投资者在以色列团建,当时他们正在马萨达遗址附近的一辆巴士上,与史蒂文共事的侄子看到了这条新闻。

"史蒂文!以太币不是证券!"侄子抓住他的胳膊,把手机塞到他眼前。

"谢天谢地!"史蒂文说。此刻他们正在圣地,这个时候看到这条消息再合适不过了。

但加密货币界 2018 年的最好消息,是纽约证券交易所的所有者、交易巨头美国洲际交易所表示将推出一个名为巴科特(Bakkt)的加密货币交易平台。平台上将会有一个 1 天期的实物交割[①]比特币期货合约,这样商家能更方便地使用比特币。在 8 月初该交易所宣布这一消息时,星巴克回应接受使用巴科特系统进行比特币交易。其他大公司,如微软、波士顿咨询公司和堡垒投资集团也陆续加入,这让加密货币社区有点欢欣鼓舞;但当 11 月的上线日期到来时,巴科特平台并没有出现,即便是像洲际交易所这样的巨头也无法从监管机构获得绿灯。

从 7 月开始直到年底,美国证券交易委员会加大了反 ICO 的力度,提交了 12 个案件,打击加密货币众筹的发起人、交易场所和推广人。美国证券交易委员会的大部分举措都是在 11 月宣布的,当时以太坊的价格跌破了 150 美元并持续下滑。随着比特币从高位暴跌近 80%、以太坊下挫近 90%、绝大多数小型加密货币的价值损失超过 90%,加密货币对冲基金因收益惨淡而倒闭;

[①] 期货合约通常分为现金交割和实物交割两种,其中实物交割即卖方按规定时间和约定的质量和数量,把交易的商品交给买方;而现金交割则指买卖双方参照现货价格,算出相互间盈亏多少,用现金转账的方式完成交割。——译者注

创业公司放弃了他们的项目，带着剩下的钱跑路，ICO 投资者只剩下了一文不值的货币；主流金融媒体转而报道其他吸睛的新闻，如大麻公司的首次公开募股。不知道什么时候，彭博电视和美国全国广播公司财经频道的滚动价格条里已经看不见比特币价格的踪影了。

甚至连共世公司都没有勇气面对残酷的熊市，愈加拘束起来。到 2018 年年底，公司将其模式转变为所谓的共世 2.0，此模式下公司将更加关注内部正在创立的 50 多家以太坊企业的营利能力和问责制度。在这个新方向下，共世公司做出的第一批决定之一就是裁掉 1 200 名员工中的 13%。

在早期为以太坊做过一些前端设计的风筝冲浪爱好者理查德，已经在接近价格峰值的时候出售了他的部分以太币，但他仍然为这样的低迷感到痛苦。在他去库拉索岛参加文件币的首次发行后，他对 ICO 模式感到非常厌恶，这让他不再相信大多数能筹集到数千万美元的团队，而且加密货币领域给他感觉就像一个陷进去就再难爬出来的沼泽。看着自己赚到的钱，不可否认这感觉很好，但在他的内心深处仍然有一种挥之不去的不安感。有一天，他意识到这种感觉是内疚：他是很有钱，但他觉得自己不配。他认为加密货币领域的任何人都不配拥有这些大量涌入的资金。

不过，他还是相信在这些垃圾下面有一些有价值的东西。他继续开发了一款加密货币钱包，但决定不再采用代币销售的方式筹款。2017 年 8 月，他和他的团队使用传统的众筹网站筹集到了大约 130 万美元，然后用筹来的这笔钱继续建设加密货币钱包。

理查德还得到了投资者们的非正式承诺，投资者说当这些钱用完后，他们会继续支持这个项目。到2018年，这个项目还是停止了。在市场溃败之后，团队也没有钱了，也没有兴趣再进入加密货币市场。理查德别无选择，只能将他的收益重新投资到他的项目，以使其继续运转。他不再那么富有了，但至少他的内疚感消失了。

然后在2018年的最后一个月，以太币的价格自2017年5月以来首次跌破100美元。

以太坊开发者试图假装价格无关紧要，也避免谈论以太币的价格，但价格越低网络越容易受到攻击，对许多人来说，即使他们完全不想承认，这也是一个心理上的打击。不幸的是，MakerDAO的马里亚诺·孔蒂在以太币800美元左右的时候申请了一笔由以太币做担保的贷款，他预计以太币能攀升到更高的价格，但当他拿回他的以太币时，加密货币已经暴跌了。他还不如直接用这笔以太币兑现然后买车。不过能够用自己的钱来贷款还是让马里亚诺大吃一惊，只需要数字钱包和数字货币，然后只等计算机代码在以太坊的去中心化网络上运行一下就好了。马里亚诺试图通过聊天室和讯佳普跟其他开发者讲话，让自己振奋起来度过低迷期。然而，12月中旬的那两个星期似乎没有尽头，那时以太币的价格变成了两位数，跌到了82美元。阿根廷的夏夜又热又闷，他躺在床上试图厘清自己的思路，但消极的想法不断涌现。他是不是该开始寻找另一份工作了？以太坊就这样了吗？

30
再聚首

其实马里亚诺·孔蒂只需回想一下几周前在布拉格的情况,就能抛开对以太坊未来的悲观想法和疑虑。像他的许多以太坊同伴一样,当时他去捷克共和国参加第五届以太坊开发者大会(Devcon4)。他下了地铁站,直接去了大会举办地,从 2018 年 10 月 30 日到 11 月 2 日,以太坊团体都将占据这里。这是一座宽阔的 5 层的灰色建筑,由混凝土和玻璃构成,大楼坐落在一个安静的社区里,距离布拉格的老城区大约有 30 分钟的路程。大楼的一侧环绕着一条屏幕带,五颜六色地闪烁着"欢迎来到第五届以太坊开发者大会"的字样,这与 20 世纪 70 年代质朴的设计风格格格不入。

马里亚诺刚走近入口就碰到了他在其他以太坊会议和黑客

马拉松中认识的人,然后跟他们一起排起了长队。会议现场看不到任何熊市的痕迹:门票已经售罄,现在大约有 3 000 名程序员、设计师和其他"建设者"(开发者大会网站就是这样称呼其与会者的)挤满了 1.3 万平方米的会议空间。大会的主题是"建设"(building),但这可是加密货币的大会,所以主题被改成了带梗的口号,也就是"生命在于建设"(buildl),这是在效仿牛市期间的一句口头禅:"生命在于持仓"(hodl)。虽然市场已经崩溃了,但参加 2018 年开发者大会的人数是一年前坎昆会议的两倍,而且那年的会议还正值泡沫高峰期附近。

维塔利克则在努力削弱自己在以太坊社区的影响。他不想被看作一个有英雄色彩、魅力超凡的领导者,他更想让自己逐渐融入背景,成为众多专注于权益证明和扩展解决方案的研究人员之一,这样网络不需要他也能生存。10 月初,他在推特上说:"现在即便我明天自燃了,我相信以太坊也绝对可以生存下去。"当月晚些时候,以太坊准备进行另一次被称为"伊斯坦布尔"(Istanbul)的升级,维塔利克称这次硬分叉的代码变化"是在'大独裁者①'零参与的情况下进行的"。

尽管如此,维塔利克对以太坊状态的更新仍然是这次会议上最令人期待的分享之一。这次分享被安排在了 2018 年 10 月 31 日,这一天恰好是中本聪发布比特币白皮书 10 周年。分享一开始维塔利克就首先指出了这个时间点:"这个 10,既是 10 周年,又是

---

① 维塔利克这是在借卓别林的同名电影《大独裁者》调侃自己,影片假借第二次世界大战的背景,刻画了一个残酷迫害犹太人、企图统治全世界的大独裁者。——译者注

二进制计数!"接着他描述了以太坊宁静版本(也被称为以太坊2.0)将带来的所有伟大进展:"卡斯珀!扩展!以太坊新一代虚拟机(EWASM)!"他几乎是喊了出来。EWASM这个缩写代表的是"以太坊网页汇编语言指令集"(Ethereum WebAssembly),这是一套用于执行计算机程序的标准,将应用在更广泛的开发空间,旨在取代以太坊虚拟机。

宁静版本将使以太坊成为"世界计算机",这也是以太坊自出现开始就有的抱负,"不是每秒只能处理15笔交易,还能玩贪吃蛇游戏的1999年产智能手机。"维塔利克解释道。宁静版本将"比现在更加去中心化",并且"可扩展性很有希望比现在高出大约1 000倍"。他没有给定宁静版本的推出日期,但向与会者保证这"真的不再那么遥远了"。在他身后有一张幻灯片,上面写着"强行可爱的动物图片",带了一张海狸的图片,它似乎在微笑着准备拥抱镜头。

在开发者大会结束时,维塔利克和其他以太坊基金会成员,包括一个穿着印满南瓜图案的连体衣的人,上台合唱:"建设,建设,生命在于建设,激进的市场正向你走来,还有工作要做就先别搞ICO了。"歌词被投在屏幕上,会议室里的其他人一边跟着唱一边鼓掌。马上就有人把这次表演拍成视频传到了网上,比特币的人因此批评以太坊有点像邪教,而维塔利克是邪教的头目。但像这样尴尬的欢庆时刻对以太坊人来说并不罕见,他们喜欢穿奇怪的服装在舞台上跳舞。他们喜欢他们的表情符号,喜欢他们的梗,还喜欢彩虹、独角兽和羊驼的照片,就像加密货币投机者喜欢他们的兰博基尼一样。

但布拉格也不全是乐观情绪和可爱的动物。在开发者大会的前2天,超过200名以太坊人聚集在一个老剧院。他们是以太坊魔法师协会组织(Fellowship of Ethereum Magicians),这是一个自发组织的社区,在今年早些时候成立,目的是让成员在大型以太坊会议之前聚在一起讨论平台和社区的问题,然后采取具体行动来解决这些问题。在每一场"非正式会议"上,他们都分成不同的小组或者"围成一圈",讨论不同的主题,从扩容讨论到教育和安全。由于基金会正在有意减少其存在感,以便让更广泛的社区发挥主导作用,所以协会讨论成了一个必要的步骤。新任执行董事宫口彩在布拉格的一次谈话中称这种理念为"减法之美"。

其中商业模式小组围过去的人最多,大约有50人,椅子都不够坐了。他们大多是20多岁、蓬头垢面、面色苍白、身材瘦小的开发人员和工程师,可能还有人刚从大学毕业没几年,他们都有点怯怯的。创建一个企业已经够困难了,何况他们还是在一个新领域,用的是开源代码,而且现在这个领域已经是出了名的难以变现,另外大多数人还没有商业经验。他们中的许多人都曾进行过ICO,然后在熊市中损失了大部分资金,而另一些人本想为项目筹集资金,却发现已经没有对项目感兴趣的投资者了。这次小组讨论的主要问题是他们如何才能找到一个更加可持续的模式来支持开源开发。他们开始头脑风暴,从传统的"第二代互联网"世界里发生的事情中汲取灵感,很快不同的想法就开始涌现:订阅、电子商务、广告、资助。这种感觉就像是他们刚刚一起经历了一场暴风雨，现在试图找到温暖的地方，将身上晾干然后继续前进。

到2018年年底—2019年年初，以太坊的第一个杀手级应用ICO已经悻悻退场了。从2017年的逐月指数式攀升到2018年1月创纪录的21亿美元，代币销售在此后筹集的金额逐渐减少，并在2019年降至几亿美金。这种新颖的筹款机制并没有消亡，只是不得已放慢了脚步。美国的参与者往往被排除在外，销售不再公开进行，有时只对合格投资者开放，发行人还会要求代币买家提供更多信息。投资者变得更有辨识能力，而"ICO"这个词已经成为诈骗项目的代名词，行骗手段往往是初创公司将代币强加入某个（有时是假的）业务，欺骗容易上当的投资者。

新的筹资模式开始出现，也取得了不同程度的成功，但很多只是比2017年大量出现的那些代币销售稍微好一点。首次交易所发行（Initial Exchange Offering，以下简称IEO）就是其中一个例子，在这种模式下加密货币交易所将收取费用，代表初创企业管理销售，并在交易平台上市该代币。另外还出现了证券代币发行（Security Token Offering，以下简称STO），也就是初创公司将数字代币卖给合格投资者获得监管机构的批准。美国证券交易委员会甚至开始批准传统的IPO，允许散户投资者购买符合ERC20标准的代币。这些筹资模式都是基于规则再三斟酌，其中一些也不失为可行的替代方案。总的来说，在几分钟内全世界匿名用户的数亿资金涌入数字钱包的日子已经过去了。

对于许多正在建设以太坊本身的开发者来说，以太坊基金会仍然是一个重要的资金来源，这让许多团队感到他们的情况岌岌可危。普雷斯顿·范·隆（Preston Van Loon）是在三色棱实验室（Prysmatic Labs）从事最先进的以太坊 2.0 实现工作的开发者之一，他在 2018 年年底发推文说他们团队最大的困扰是成员都必须有其他全职工作，比如普雷斯顿自己就是谷歌的一名程序员。出人意料的是维塔利克竟然发推特说："刚送了你们 1 000 个以太币。享受生活！"并附上了交易的链接。

推特上有许多冒充维塔利克的骗子试图骗取人们的加密货币，作为回应维塔利克把他的推特昵称改成了"维塔利克不给以太币"，他这样发送以太币的行为让许多推特用户都觉得讽刺好笑。这条推特下面点赞最多的一条回复是："'维塔利克不给以太币'刚刚给了 1 000 个以太币，我不知道该相信什么了。"

谷歌灯塔（Lighthouse）的一名开发人员正在建设另一个以太坊 2.0 的实现，说他们也可以"用 1 000 个以太币换来更多的开发人员！"维塔利克回应："看来我不得不给了"。然后就向他们发送了以太币。之后一名来自区块链设计和咨询公司"安全链"（ChainSafe）的开发人员："如果我们能得到 10 万美元的以太币，我真的直接退学。"经过一些来回，维塔利克终于确定这不是一个"冒充 ChainSafe 公司的邪恶黑客"，于是把资金发了过去，并说："我期待结果哦！"

虽然社区都在为维塔利克如此天外救星般的举动庆贺，但这些短暂的互动进一步表明：正如风险资本家弗雷德·威尔逊所警告的那样，以太坊的基础设施项目缺乏资金，而以太坊要想更上一层楼就需要稳定的资金和结构,维塔利克用自己的钱做再多异想天开的善事,也无法弥补其中的匮乏。记者劳拉·辛(Laura Shin)在 2019 年 3 月录制的《解开枷锁》(Unchained)播客直播中,要求维塔利克直接回应这位风险资本家的批评意见。

"肯定不时会有人直接说,'对,我们就得带着枪进去,开火把那些浑蛋干掉,然后招 40 个人进来把他们塞进硅谷,让他们每月支付 1 万美元的租金,每天工作 16 个小时,持续 6 个月吭哧吭哧加油干,然后朋友们!我们就得到了以太坊 3.0,"维塔利克这样一说完,观众都笑着鼓起了掌,"……并不是这样的。"

维塔利克对以太坊的结构感到满意,它没有单一中央实体控制开发,而是由许多不同的公司和基金会自愿组织起来建立所需的东西。他解释这样虽然会有一些项目失败,也有一些项目成功,在外人看来似乎是一片混乱,但这将会让以太坊更加稳健地走向以太坊 2.0。

同时许多开发者并没有在空等宁静版本的到来,他们正在使用已经上线的替代方法和扩容工具继续建设。在这方面做得很成功的公司之一是啪链(SpankChain),其创始人兼 CEO 是阿梅恩·索莱曼尼(Ameen Soleimani)。啪链从阿梅恩的一个想法变成了一家公司,并在 2017 年也就是 ICO 后一年就有了工作平台、实际用户和收入。这是一个为成人娱乐行业提供服务的平台,他们可以通过视频直播表演获得加密货币,目前银行和监管机构会经常干涉色情行业,但啪链平台会确保交易可以不受干扰地进行。有了啪链,色情业推动了加密货币的使用,就像它当初通过互联网推动了电子支付一样。到2018年年底,啪链有了将近6 000名活跃用户,自网站在4月上线以来,该公司已向30多个网络视频模特支付了约7万美元的加密货币。这些操作背后的技术是状态通道,这是一种2层网络技术,允许用户用加密货币即时付款。

以太坊的人也开始构建新的治理方案,在普通的创业公司中配备传统的管理团队不会有什么问题,但这在去中心化系统中却成了潜在的单点故障。在这种情况下DAO这个词开始重新出现。最早用于项目治理的去中心化自治组织之一是MakerDAO的系统,但随后其他组织开始出现,目的是找到一种更持久的方式来为社区中的项目提供资金,因为以太坊基金会的资金最终都会耗尽。啪链的阿梅恩名下还有"摩洛克[①]去中心化自治组织"(MolochDAO)项目,这是一个旨在为以太坊项目筹集资金的去中心化自治组织,其成员可以投票决定资助哪些项目,这与最初的DAO很相似。维塔利克、基金会、约瑟夫·鲁宾和共世都为MolochDAO贡献了资金。这代表社区已经完全从其有史以来最严重的创伤事件中恢复过来,并且敢于探索智能合约对运行更透明、更高效的组织的贡献,于是其他一些去中心化自治组织开始涌现出来。

随着以太坊的另一个主要趋势出现,阿尔瓦罗·叶尔马克,那个在差不多20年前经历过"小畜栏"经济政策的阿根廷银行出纳员,之前曾从比特币中获益,现在又赶上了以太坊的好时

---

① 希伯来神话里的火神。——校译者注

候。2018年9月，刚结婚的阿尔瓦罗带着他的妻子和孩子在巴西海滨小镇纳塔尔度假。这距离他购买第一个比特币已经过去了5年。他们为这次旅行存了几个月的钱，早在3月份就做好了预订，他们的女儿艾玛（Emma）从那时起就一直在数着日子翘首以待。有一天，他们在去海滩之前在酒店大堂查看他们的电子邮件，艾玛拽着他们的T恤衫让他们快点。

他们正要出门的时候，阿尔瓦罗想起来要看一下他的比特币钱包余额。那年的市场很惨淡，但只要一存下几个比索，他就会买一些比特币。就像在2001年危机期间一样，阿尔瓦罗在银行的工作让他对经济有了亲身体会。毛里西奥·马克里（Mauricio Macri）总统在基什内尔执政10年后上台，想要将国家从民粹主义和腐败的魔爪中拯救出来，但阿根廷就是无法避免地落入了同样的陷阱：美元债务不断攀升，预算赤字不断扩大。到2018年，比索再次如同自由落体一般下跌，通货膨胀率飙升至50%。如果说在经济中循环流通的钞票可以比作在身体中流动的血液，那么阿尔瓦罗手里握住的就是脉搏。他被提拔为图库曼的自动取款机监督员，可以知道在这个大部分交易仍使用现金、钞票的面额跟不上通货膨胀速度的国家，钱的周转速度有多快。人们很快就把取款机里的钱取光了，然后工资跟不上通货膨胀的步伐，收支平衡变得十分艰难。由于利率急剧上升，大多数人都不可能贷款，更别说是像抵押贷款这样的长期贷款。

因此当阿尔瓦罗在巴西的酒店大堂检查他用来购买和储存比特币的碎石（Ripio）数字钱包时，惊讶地发现了一个新的"贷款"

按钮。瓦莱里娅（Valeria）和艾玛拿着他们的沙滩浴巾，正在大厅的旋转门旁等他。

"等一下，我想我刚发现了一个机会。"他说。

阿尔瓦罗申请了 4 500 比索，在当时价值 100 美元多一点，想测试这个贷款功能是如何运作的。几个月前，他已经用他的身份证复印件和工资单在这个应用程序上验证了他的账户，所以这次没有再要求提交其他东西。两天后，他的数字钱包里多出了 4 500 比索，这笔钱他需要在月底前偿还，还要外加 6% 的利息。他简直不敢相信：他现在在外出度假，脚趾间还夹着沙子，不用坐在银行里，一边在虚线上签字一边还要跟无聊的客户经理闲聊，竟然这样就可以获得贷款，他只需点击几下然后等上两天就可以了。最重要的是这样贷款支付的利率远低于市场利率。

回到家几天后，他又申请了第 2 笔贷款，金额为 7.5 万比索，这次也是一样，在两天之内他的账户就收到了钱。他立即用这笔钱继续做他的常规投资：买入更多的比特币。加密货币在 9 月份下滑了近 6%，但阿尔瓦罗并不担心，因为他做的是长期投资，况且同一时期的比索下跌了 8%。

阿尔瓦罗不知道的是，并不是碎石向他提供了贷款。而是另一个投资者，他可能在世界上的任何地方，但我们就假设他在韩国，因为许多碎石的"粉丝"都集中在那里。贷款的流程是这样的：应用将阿尔瓦罗的以太币兑换成碎石信用网络代币，即 RCN 币，再将 RCN 币兑换成比索，然后在偿还贷款时再兑换回来。那个韩国人作为贷方将以以太币的形式收回他借出的贷款加上利息。贷款这个过程本身就是自动执行货币兑换的智能合约。于是基于以太坊的数字代币和网络使阿根廷一个偏远省份的工作者能够向一个可能在世界另一端的匿名投资者借款，但是双方都不知道对方是谁。与普通的银行贷款相比，这个过程中涉及的中介机构要少得多，所以阿尔瓦罗能够以更低利率借贷，而且全球网络使他能够接触到更多潜在的贷款人；而另一边的投资者则获得了可观的回报。

阿尔瓦罗有一个银行账户，但没有银行账户的人也可以获得信贷，这部分人占阿根廷人口的50%，约占拉丁美洲人口的60%。他们只需要连接到互联网，加上一台计算机或手机就能贷款。他们可以在街角小卖部和地铁站通过收款服务用现金为他们的数字钱包充钱，跟用收款服务支付账单和为手机缴费一样方便。2018年，碎石的30万名钱包用户中约有20%是没有信用卡的。

一个基于以太坊的新现象正在出现，就像之前的ICO一样，它是区块链领域创新的主要驱动力之一。像MakerDAO和碎石这样的加密货币初创公司正在从头开始创建一个全新的金融系统。他们正在抛弃传统的银行业务方式，即金融公司控制用户的信息，持有他们的资金并在交易中坐收渔利。现在情况不再是这样了，所有按照传统该由银行和经纪人提供的服务，从借贷到交易和投注，都正在以太坊区块链上建立起来。

虽然中心化的程度不同，但这些平台往往是点对点的应用程序，让用户对其资金和信息掌握了更大的控制权，不需要第三方就能完成交易，而且除了昂贵的持续攻击，比如超过50%的矿工串通或向网络发送垃圾信息会影响到交易，没有任何第三方可以审查或阻止交易。

由于这些应用程序在公开的以太坊区块链上运行，这意味着资金的流动是透明的，任何人都可以拿到开源代码并进行检查，他们甚至可以分叉一个项目并进行修改。这一运动被称为"去中心化金融"（DeFi），也被称为"开放金融"，是不需要银行的银行业务。

相比扰乱了筹款市场的ICO，开放金融完全有理由走得更远。开放金融不仅仅关于筹款，它还关系到整个金融系统。这些项目正在更好地利用以太坊的可程序化特性，探索如何以去中心化的方式重新创建金融中更为复杂的部分，如贷款和衍生品。让以太坊成为世界计算机，运行基于区块链的新一代互联网，这一"第三代互联网"愿景还远未实现，但作为最大的智能合约平台，以太坊在金融这一重要领域取得了很大进展。

平台发放贷款的常见方式是让用户存入担保金，这样就不需要审查每个用户的信用评分。例如，交易者需要将150个以太币存入智能合约，才能获得100个贷币，通常他们会用这笔贷款购买更多的加密货币。从某些方面来看，这不如不需要拿出任何资产就能获得贷款方便，但这并不需要提供任何个人信息或与任何人类打交道。整个过程自动执行，只需要几分钟就能完成，操作的地点也不受限。到2020年初，在去中心化金融运动中被用作担保金保障贷款和其他交易的金额已经超过了10亿美元，而一年前仅为1 000万美元。虽然大家使用这些贷款的主要目的还是投机，但至少这样的贷款方式产生了实际价值，而且支持者认为这只是早期阶段，最终会有更多的人不再使用银行，而是转向去中心化金融平台贷款。

由于大部分被用作贷款担保金的资产都存放在MakerDAO平台，这个平台因此成了这个新兴金融生态系统的支柱。在MakerDAO上存入以太币的用户可以换取贷币，这种稳定币与美元价格挂钩。MakerDAO开始成为类似于这整个生态系统的中央银行，只是这个银行不再由一小群过时的经济学家控制，各地的用户可以利用他们的以太币获得贷币，并投票决定调控贷币价格的利率，让其价格维持在1美元的水平。另外平台上还有贷款、支付、交易所、保险、身份识别、发行衍生品等方面的应用。

另一个应用是加利亚·贝纳兹和其他人共同创立的去中心化流动性货币池班科。像独易（Uniswap）、Kyber网络等去中心化交易所一样，她协助创建的协议让人们能够无中介交易。在2017—2018年的大部分时间里，班科被认为是一家在ICO狂潮中3小时内筹集了1.53亿美元的公司，而且还被与当时激增的投机分子混为一谈。两年后的现在，随着基于区块链的金融生态系统不断发展，班科终于成了其中的一部分，其声誉也开始恢复。到2019年年中，有4万人在该平台上交易了20亿美元。

使用以太坊的不仅只是"草根"金融运动，大公司依赖去中心化网络的程度也前所未有。在摩根大通首席执行官杰米·戴蒙给比特币贴上"欺诈"标签的大约两年后，这家美国银行在"多数派"（Quorum，面向企业的以太坊版本）上推出了自己的加密货币；微软和亚马逊也将以太坊作为他们的区块链服务平台，旨在帮助用户实施分布式账本技术；安永会计师事务所在一个名为夜幕（Nightfall）的项目中构建了以太坊工具，允许公司在以太坊之上创建、交易和销毁自己的代币。

到 2019 年年中的纽约区块链周时，没有了兰博基尼或阿斯顿·马丁，也没有脱衣舞派对的新闻头条，但以太坊的数据比以往任何时候都更加可观。根据电气资本公司的一份报告，以太坊网络的交易量高于比特币网络的交易量；开发人员的数量是比特币开发人员数量的 4 倍；人们支出的燃油达到了 2017 年 12 月以来的最高值；新开账户的数量也在继续攀升。已经没有人还想利用 ICO 赚一笔快钱了，但开发者依然还在继续建设网络，这次他们有了一个更加可持续的目标：向用户传递价值。随着去中心化金融和去中心化自治组织在以太坊上的蓬勃发展，比特币又开始了目标为跨越 1 万美元的价格上涨之路。虽然以太币的反弹滞后，但其价格也开始从 2018 年的低点恢复，远离了两位数的价格区间。

加密货币不可审查的价值主张仍然存在，但一个新的宏观趋势变得更加重要。越来越多的人发现，像脸书和谷歌这些在很久以前还不成气候的新公司，现在已经转型为大型公司，充当着互联网的主要门户，而且无论这些公司的对外形象如何，它们都有极大可能会"作恶"。很长一段时间以来，用户都没有想过自己为"免费"使用这些平台付出了什么代价。"剑桥分析丑闻"披露了这家咨询公司在用户完全不知晓的情况下使用了成千上万人的脸书数据，影响了包括英国脱欧和美国大选在内的政治事件，隐私问题因此成为公众讨论的焦点。在这些公司的操纵下，人们生活里的所有细节都被一览无余，包括每秒更新的GPS定位、私人聊天记录和秘密对话录音，而这些公司正在利用这些数据牟利。这样的未来只让人觉得天昏地暗，但区块链技术提供了另一种选择：人们能掌控的不仅是自己的资金，还有个人信息。

纽约区块链周结束时，在布鲁克林一个阳光充足、工业规模的共用工作空间，以太坊的人聚集在一起参加一场黑客马拉松。他们从周五晚上开始陆续到达，挤在他们能找到的任何桌子上，摆上他们的笔记本电脑就开始敲键盘，一直到周日。他们中大约有400人在开发以太坊的应用程序，可能那款全新的加密猫也是在那个周末开发的，甚至这其中可能就有加密猫团队的人。去中心化应用者实验室（Dapper Labs）在那儿推广其新游戏《芝士巫师》（*Cheeze Wizards*）。大家也都还在兼顾以太坊，尝试解决扩展和其他问题。已经退出共世公司的杰夫·斯科特·沃德也在，他正在做下一步的打算，啪链及MolochDAO的阿梅恩·索莱曼尼以及MakerDAO的马里亚诺·孔蒂也都在那里。

理查德·伯顿虽然没有参加这次黑客马拉松，但他仍然还在忙以太坊项目，打造他的Balance钱包，着重于提供更好的用户体验，不过这对人们的吸引力还不够，所以他被迫要在年底前关闭公司；在海岸的另一边，泰勒·莫纳汉的钱包现在叫"我的加密货币"（MyCrypto），仍然是以太坊中使用最多的钱包之一，泰勒在试图将她的应用程序集成到不断涌现的新去中心化平台上去;弗拉德·扎姆菲尔在继续研究卡斯珀——构建修正和区块链治理;纹理大部分时间都待在他奥克兰豪宅中的高科技音乐工作室里,远离纷扰以求清闲,但他仍然密切关注着以太坊,倡导更开放的以太坊基金会;如今陈铭跟以太坊没有了什么直接关联,还没从掌舵以太坊的那段时间中恢复过来的她,正在海边某地,以一个局外人的视角观察这个平台如何发展;米哈伊和罗克珊娜回到了罗马尼亚继续建立基于区块链的社交网络阿卡莎,这样还能离家人近一些;杰夫·维尔克这时也在荷兰享受与家人在一起的时光,还开发起了视频游戏;阿米尔仍然在默默支持不同的区块链项目。

2019年的史蒂文·涅拉约夫依然还在继续资助和支持区块链公司,投资了该领域的一些或顶级或最多人参与的项目,包括交易零区(tZERO①)、大零币(ZCash)、随机算法(Algorand)以及其他项目。另外,他还致力于为该行业引入监管。不过那段时间对他来说也很艰难,因为他与他提供咨询服务的一家初创公司发生了法律纠纷。

加文·伍德的第三代互联网基金会进行了第二次波卡币(DOT)销售,销售总额大概价值12亿美元,团队准备在新年前后上线波卡网络;约瑟夫·鲁宾同样也在为共世筹集资金,据传该公司的估值也在10亿美元左右,现在作为一个成熟的以太坊创业工厂运营;查尔斯·霍斯金森正在精心打磨卡尔达诺项目,好

---

① 本意是交易当天清结算,对比目前普遍是 t+1 的结算周期(传统市场)。——编者注

让每一行代码都"刀枪不入",加密货币让他拥有了一大笔财富,用这笔钱他开上了一辆全新的兰博基尼,还买下了科罗拉多州博尔德附近一个有马和山羊嬉戏其间的大牧场;安东尼·迪·约里奥卸任了分布式公司(开发了加密货币钱包 Jaxy)的 CEO,虽然他仍然是公司的董事长,但他把工作重心转移到自己的咨询公司上,更多关注健康保健领域;另外他还兑现了 2 800 万美元的加密货币,在多伦多瑞吉酒店的 50 多层买了一个将近 1 500 平方米的顶层公寓。而各地的黑客们则继续建造其他以太坊杀手级应用。

镜头回到布鲁克林的黑客马拉松。现场是大型的"网友见面会",大家都在建立相互协作的项目。在市场崩盘的时候,他们驻守原地熬了过来;而现在他们将亲自见证浴火后灰烬中的新芽。他们在键盘上打出两个字:建造,以太坊依然代表着无限的可能。这不是在工作,而是在庆贺。"我们从未离开,将以更强的姿态存在。"没有人急着离开这个聚会,在布鲁克林、在半废弃的仓库、在拥挤的公寓改成的办公室以及在世界各地的临时黑客中心举办的一场场以太坊聚会,大家都还在。

维塔利克和两个朋友一起来到纽约黑客马拉松,他们很快就离开了,留下维塔利克一个人。他走到咖啡摊前,给自己泡了一杯茶。如今他仍然管控着以太坊基金会,大部分时间他都把基金会隔绝起来,或许是想保护基金会免受早期混乱的影响,也可能是为了保护无限机器的梦想不被这个贪婪世界的肮脏之手玷污。尽管维塔利克试图让社区摆脱他的影响,但作为以太坊的创造者,他仍然广受尊崇,这点没错,不过在最为重要的有关协议的技术决策中,维塔利克只是其他核心开发者和研究人员中的一个声音,他的意见跟大家没什么区别。他看起来只是另一个年轻的极客,只是另一个理想主义的加密无政府主义者,穿着一件有趣的T恤衫,上面很可能还印有独角兽和彩虹。他身边的大多数人都是忙碌的计算机黑客,每个人都沉浸在兴奋的谈话中。他环顾四周,加入了其中一个小团体。他只不过是一个以太坊人而已。

……

第一次以太坊黑客马拉松在滑铁卢举办,当时开发人员在泡沫高峰之前聚集在一起建立去中心化应用,此后类似的活动就开始在全球各地的城市举行。两年后,在2019年11月,这帮人又回到了一切开始的地方:加拿大滑铁卢。在周五晚上的开幕式上,大约有200名年轻的开发者挤满了礼堂,一些人把笔记本电脑放在膝盖上,另一些人则是一边脱掉几层衣服,一边抖去屋外的严寒。外面天已经黑了,很快就要下雪了。

我和维塔利克坐在台上,谈论过去两年以太坊的情况。早在2017年,他就曾直言不讳地表达过他的担忧,认为加密货币创造的实际价值配不上当时的市场估值。我问他现在以太币的价格未超过200美元,比特币的价格低于1万美元,情况是否仍然如此。

"两年前,人们的期望肯定远远超过现实,"他说,"现在,一方面炒作得没那么厉害了,另一方面实际情况也更好了。我认为这两方面都是好事,我们已经取得了很大的进展。"

他表示:具体而言,以太坊开发者在可扩展性、权益证明、去中心化金融和其他应用方面都取得了进展。

不过现在主要的新闻头条上已经很难再看到以太坊的身影了，疯狂的投资者也已经离开，这可能会让外人认为这个第二大加密货币的疯狂之旅已经结束。但对维塔利克来说事实恰恰相反。以太坊比以往任何时候都更强大，并且在创造具体的价值。他说："期待看到以太坊能以更大的规模实现价值。"

那到现在，他是否会说以太币的价值被低估了呢？

以太坊开发者们全神贯注地听着维塔利克所说的话，想要听到他的回答。但周末过后，开发者们就会得出自己的答案：在黑客马拉松上创造的应用程序总数达到1 000个，答案已经不言自明了。维塔利克并不想回答，他说："……无可奉告。"在场的以太坊人都笑了起来，不久后大家就离开了现场。他们已经准备好继续回去建设以太坊了。

致　　谢

非常感谢有这么多了不起的人给予我支持、信任、鼓励和帮助，没有他们，就没有这本书。

我要感谢我在哈珀柯林斯出版集团的编辑霍利斯·海姆布希（Hollis Heimbouch），对于如何最好地塑造这个故事，感谢她的出色见解和深思熟虑的指导，感谢她让我自由地决定故事的方向，感谢她对我的信心和在整个过程中的耐心。我还要感谢整个哈珀柯林斯团队，他们给了我这个第一次写书的作者一个机会，感谢文字编辑、设计师、律师以及参与本书制作的所有人。

我要感谢我的经纪人丹·曼德尔（Dan Mandel），他帮助我将最初的粗略想法转化为实际的图书提案，并在世界上最伟大的出版商面前替我美言。在涉足对我来说很陌生的图书出版领域时，他为我提供了十分宝贵的建议。在这个过程中，悄然而至的不安全感不可避免，是他坚持不懈的鼓励帮助我度过了没有安全感的时期。

所有为我提供信息的人也具有不可估量的重要性，他们在繁忙的日程中抽出许多时间来为我讲述他们的故事，耐心地解释复杂的技术术语，慷慨地分享研究材料，为我牵线搭桥认识其他人。而且大多数时候他们都放下防备，向我敞开心扉。我没有辜负大家对我的信任，不知疲倦地工作了两年，以求准确无误地再现我们的对话。他们的名字太多，有些人也希望保持匿名，在这里就不列出了。

我想特别感谢艾伦·克拉佐夫斯基（Alan Krassowski）和亚历克斯·范·德·桑德的帮助。他们仔细地修订了原稿，艾伦看了整个原稿，亚历克斯看了其中的一部分，他们为我详细检查了所有技术描述上的不准确之处。当然，任何出现在最终版本的错误都是我自己的责任。

当我在2018年6月准备正式开始写这本书时，我还是彭博新闻社的记者。当时我的经理们自始至终都支持和鼓励我，甚至当我因为要写书而决定离开这个新闻编辑室时，他们也依然给予了支持和鼓励，我在这个大家庭中度过了快乐的8年。我要特别感谢玛德琳·林（Madeleine Lim），她在看到我对加密货币的兴趣后，提议我应该写一篇关于ICO的报道，正是这篇报道让我变身成为一个兼职报道加密货币的记者，她一直都在全力支持我。我还要感谢迈克尔·里根（Michael Regan），我还是"市场在线"（*Markets Live*）博主的时候，感谢他包容我从博主的角色中抽出时间来写加密货币，包容我在请假写书期间的决定，离开了这个小团队。

还有其他几个彭博社的同事，虽然他们没有参与本书的写作过程,但我也想提出来感谢一下。感谢罗德里戈·奥利维拉(Rodrigo Orihuela),是他最先在2013年带我走进比特币,有了他才有了我的第一篇关于加密货币的报道。我还要感谢大卫·帕帕佐普洛斯(David Papadopoulos)和劳拉·泽伦科(Laura Zelenko),我在实习结束后,一只脚刚踏出公司,他们就为我争取到了彭博社的工作。

我还要感谢尼克·托马伊诺(Nick Tomaino),在我还只有一个想法的时候,我就和他分享了我想要写一本关于加密货币的书的愿望。是尼克在2017年年底为我提供了思路,让我写一本关于以太坊是如何创建的书。

最后,我想感谢那些从一开始就无条件支持我的人:我的家人。无限感谢我的丈夫克里斯(Chris),他在我充满压力、焦虑不安时安慰我(同时也在忍受着我),包容我在此过程中一切不那么美妙的情绪,但这些都是写作的必经之路,相信一定有作者能对此感同身受。我还会跟他分享我的自豪、幸福以及满足,因为我终于以我所知的最佳方式完成了一个终身梦想。他是我的参谋、校对员和编辑,所有的文字都是他先过目。非常感谢我的母亲,自从她第一次读到我在童年日记中写下的短篇小说,她就一直鼓励我成为一名作家。谢谢你,你是我最忠实的"粉丝",而且一直都是。